农业会展实践与探索

农业部市场与经济信息司

中国农业大学出版社
·北京·

图书在版编目(CIP)数据

农业会展实践与探索/农业部市场与经济信息司主编. —北京：中国农业大学出版社，2011.4

ISBN 978-7-5655-0251-4

Ⅰ.①农 Ⅱ.①农… Ⅲ.①农业-展览会-研究-中国 Ⅳ.①F32-28

中国版本图书馆 CIP 数据核字(2011)第 045325 号

书　　名　农业会展实践与探索

作　　者　农业部市场与经济信息司　主编

策划编辑　童　云　　**责任编辑**　何志勇

封面设计　郑　川　　**责任校对**　王晓凤　陈　莹

出版发行　中国农业大学出版社

社　　址　北京市海淀区圆明园西路 2 号　　**邮政编码**　100193

电　　话　发行部 010-62731190，2620　　读者服务部 010-62732336

编辑部 010-62732617，2618　　出　版　部 010-62733440

网　　址　http://www.cau.edu.cn/caup　　**e-mail**：cbsszs @ cau.edu.cn

经　　销　新华书店

印　　刷　涿州市星河印刷有限公司

版　　次　2011 年 4 月第 1 版　　2011 年 4 月第 1 次印刷

规　　格　787×1 092　16 开本　15.5 印张　250 千字

定　　价　38.00 元

前　言

改革开放特别是我国加入 WTO 以后，随着市场机制的深化与经济全球化进程的加快，开展农产品营销促销服务，既是解决小生产与大市场突出矛盾、促进农产品产销有效对接的必然选择，也是统筹农业产销协调发展、促进农民持续增收的内在要求，更是转变农业发展方式、提高农业国际竞争力的有效途径，同时也符合 WTO“绿箱”政策规定。为此，近年来农业系统对农产品营销促销服务进行了积极实践，探索出了许多好经验与好做法。其中，农业会展因其能够在短时间内集聚大量的人流、物流、资金流、信息流，兼具展览展示窗口、贸易洽谈平台、交流合作渠道和信息传播载体等多种功能，得到了社会各界的高度关注和重视，各种综合性或专业性会展数量快速增加，区域性、全国性和国际性等不同层次的会展日益壮大，一些会展如中国国际农产品交易会、中国国际渔业博览会等在国内和国际都产生了广泛的影响。总的看，农业会展呈现出蓬勃发展的良好势头，已基本覆盖全国各个省份、涉及农业各个行业、涵盖产业各个环节，在活跃农产品流通、培育农业品牌、促进农业标准化、推动农业产业化、加速农业科技化等方面发挥着积极作用，产生了巨大的直接或间接的经济社会效益。

但也要看到，农业会展在发展中还存在许多突出问题。比如，会展举办缺乏统筹规划，不少会展模式类同，市场定位相近，存在重复办展状况，不利于充分利用和优化配置展览资源；会展举办缺乏准入机制，展览水平参差不齐，规模大小不一，特别是一些区域性节庆活动甚至有过多过滥的态势；会展举办专业化程度不高，一些会展管理不规范、服务不到位、举办效益差，不少会展由于起步较晚还没有形成知名品牌；多数会展市场化程度较低，过于依赖政府支持和行政推动，缺乏自我可持续发展能力；等等。2010 年中央 1 号文件明确提出，“发展农业会展经济，支持农产品营销”，这既是对过去农业会展发展成效的充分肯定，也为今后农业会展的发展指明了方向，同时也说明农业会展从起步迈入了规范的新阶段，从而必将迎来新的发展机遇。

为贯彻落实中央 1 号文件精神，农业部市场与经济信息司组织开展了农业会展经济征文活动，目的在于凝聚各方智慧，营造社会氛围，推动出台有关扶持政策，共同促进农业会展经济健康有序发展。征文活动开始后，得到了社会各界的积极响应和踊跃参与，应征论文有的以典型展会案例分析为主，有的以地方推动工作实践总结为主，有的以理论深度研讨思考为主，等等，分别从不同角度、不同侧面、不同视野，对发展农业会展经济提出了许多好的意见。农业部市场与经济信息司从中选择了部分优秀论文，同时收录了一些近年来农业部相关工作资料，予以汇编，以期加强工作交流，为各地提供借鉴参考。

限于编者水平，加之时间仓促，错误或不当之处在所难免，恳请广大读者批评指正。

编　者

二〇一一年一月

目　录

附录

中国农业会展发展策略研究

陈 军 安晓东 朱祥龙 连 京 刘启正
关春华 马雪飞 孙 晗

（中国农业展览协会）

会展业是随着社会经济的发展而产生、形成、壮大，并对经济、政治、社会和文化有着巨大影响的朝阳产业。会展业包括会议、展览奖励旅游和大型活动，以及与之相关的交通运输、宣传广告、仓储物流、餐饮食宿等行业，具有消费数额较大、产业链较长、计划性较强、抗风险性较大、经济联动性较强、社会带动性较大等特点和优势。

会展经济是伴随着人类会展活动、会展产业发展到一定历史阶段形成的跨产业、跨区域的综合经济形态，由会展商品生产、流通、交换、分配各个环节之中的各种经济组织及相关经济活动主体共同构成，包括会展业、为会展提供服务的相关行业，以及参与会展活动的参展商和参展观众等参与主体。会展经济是以会展产业为中心，其他相关产业为依托而形成的新型经济类型，具有内在运行规律和机制的有机整体，是国民经济的重要组成部分。

人类会展经济活动具有悠久的历史，但会展产业的形成则出现得很晚。作为一种新兴的经济形态，会展经济的形成必须以会展产业的形成为前提。会展经济是会展业发展到一定历史阶段的产物。

农业会展是会展业的重要组成部分，主要是指与农业相关的展览、会议及其相关活动。随着会展业和农业的发展与繁荣，农业会展逐步成为两者交集融合的一个特殊载体，它的服务对象是农业。农业会展经济是会展经济和农业农村经济发展到一定时期的必然产物，是两者的有机结合。目前，我国会展经济总量在 GDP 中所占份额不到 1%，农业会展经济与农业农村经济相比，所占份额更是小之又小，但会展经济作为高效益、高环保、高收益率的经济形式，决定了会展业有着巨大的经济衍生效应和经济蓝带效益。同样，农业会展对农业农村经济的发展起到了催化剂和杠杆作用，对农产品生产与市场消费之间也起到了桥梁和纽带作用。随着农业会展经济的发展和繁荣,农业会展已成为我国农业农村经济工作的重要组成部分,在宣传农业政策、展示农业成就、推广农业新技术、推动农产品市场流通、促进贸易与合作等方面发挥了重要作用。2010 年中央 1 号文件强调,要“发展农业会展经济,支持农产品营销”,为农业会展业的发展指明了方向。我国拥有得天独厚的农业资源优势,决定了农业会展市场具有巨大的发展空间。认真研究农业会展自身规律,把握农业会展业新一轮发展机遇,加快规范农业会展业市场,全面提高农业会展的质量和水平,充分发挥会展经济的功能与作用,对促进我国农业农村经济的繁荣与发展具有深远的历史意义和重大的现实意义。

关于农业会展目前国内外都缺乏系统性研究,尤其是针对农业会展的自身特点、发展规律、市场培育、发展战略等方面的研究,更是少之又少。本课题的研究对象是农业会展,具体说就是与农业有关的展览和会议,重点是农业展览会。通过调查和分析我国近年来举办的各种农业展览会,总结归纳其特点,探寻自身发展规律,找出存在的问题;通过农业会展历史与现状的分析对比,进一步明确农业会展的功能与作用,准确把握影响农业会展发展的因素和面临的机遇;采取文献搜集、实地调查、统计分析、案例解剖、归纳整理等研究方法,提出我国农业会展今后的发展思路和战略措施,为引导农业会展市场良性发展,并为农业农村经济发展发挥更大更好的作用提供理论依据。

一、中国农业会展概述

(一)农业会展的概念

借鉴会展的概念,农业会展可以定义为以展览和会议为主要形式,以农业信息交流、农业技术演示、农产品展示、农业节日庆典为主要内容的集体性综合性活动。农业会展属于服务型产业,其服务对象是农业及其相关产业。

农业会展通常包含以下三项内容:

1. 农业会议。 当今社会,会议既是一种非常重要的展示民主和集体领导制度的方式,又是商务谈判和沟通的一个重要手段。“会”是指聚会,“议”则指商议讨论;会议就是人们为了解决共同的问题或出于不同的目的而有组织地聚集在一起进行商议、讨论的集会。我国每年一度的全国农业工作会议，农业系统各种专业会议，与农业相关的各种工作会议、研讨会、发布会、推介会等，都属于农业会议的范畴。

2. 农业展览。目前所举办的农业展览，其形式多为展中有会、会中有展，所以这里所说的“农业展览”包括农业展览和农业展览会。从系统角度看，现代农业展览具有五大要素：一是组展商，即展览会的经营组织者；二是参展商，也就是展会的主体和服务对象；三是展览场所；四是展览市场；五是参观观众，即最终用户和消费者。

农业展览是农业会展活动中最普遍、最活跃、最具典型性的部分，是通过实物、文字、图标来展现成果、风貌、特征的一种推介形式，是一种既有市场性也有展示性的经济交换形式，是综合运用多种传播手段的公共专题活动。例如，2009 年举办的新中国成立 60 周年成就展农业展区部分，我们的田野——“三农”图片展等。它是利用人体所有感官的营销活动，人们通过它可以获得对产品最深刻、最全面的认知。通常，农业农村经济越繁荣，农产品市场越发达，对农业产品交易的需求越旺盛，希望参展和观展的人越多，农业展览市场也就越发达。

3. 农业题材大型活动。大型活动是指参加人数较多、规模较大、社会轰动效应较广的活动。农业题材大型活动通常由政府主办，其目的是为了宣传成就、树立形象、打造品牌、促进地方农业经济、活跃农民生活等，不是纯经济的贸易活动，而重在宣传和扩大影响。主要包括柑橘节、茶叶节、大蒜节等以农产品为主题的品牌营销活动，风筝节、农民艺术节等以传承农业文明为主题的农业文化宣传活动，以及农民运动会等以活跃农民生活为主题的体育赛事活动。

会展经济、旅游经济和房地产经济是世界上三大“无污染经济”。因此，会展经济除了具有可观的经济效益外，社会效益更加突出。会展经济通常具有八个特点，即高效性、带动性、综合性、聚集性、科学性、互动性、艺术性和国际性。农业会展除了具有这些共性外，还具有自身特点：一是涉及面广。民以食为天，农业是关系到国计民生的重要基础产业。作为一种有效结合政府调控与市场调节的经济形式，农业会展逐步成为促进农业农村经济发展的新生力量，会展主题几乎涉及农业行业的各个领域及其相关产业。二是受政策影响大。农业是关系到国家稳定、百姓生活安康的重要产业，政府出台的稳定物价、稳定市场等一系列调控政策都会直接反应到农业会展市场。三是见效快。农业受气候等自然因素影响较大。近年来，我国部分地区自然灾害频发，给农业生产和农产品市场流动造成了重大影响。农业会展在农产品应急促销等方面发挥了重要作用。

（二）农业会展产品

经济学是以产品的生产、流通、消费与分配为主线研究社会经济活动的，先有产品，再有交易和分配。农业会展产品主要包括以下几个方面：

1. **活动场所**。农业会展因其展示对象农业的特殊性，其活动场所也不同于一般的展览会。展览中心、酒店、体育馆、温室大棚、农业示范园区等都可以成为其举办地点。

2. **活动内容**。农业会展的主办方向参加者出售的产品主要是场地和同期活动。参加者以购买门票、缴纳注册费、展位费等形式支付参加费用。参展商视会展项目的质量决定是否参加。因此，会展项目需要精心策划和组织。

3. **广告宣传平台**。一个备受瞩目的大型会展活动，广告宣传平台是可供出售的一个重要产品。会刊、现场广告牌、电子屏、会议背景板、彩虹门、气球等都将成为活动组织者的关注焦点。

4. **产品差异和吸引力**。参会人员大都具有很强的目的性，因此，会展的主题和领域是参会者决定是否参与的首要因素。对于同类会展活动，活动自身的品牌、美誉度、组织水平、宣传力度等将是争夺参与者的关键所在。

（三）农业会展的分类

随着我国农产品市场的不断开放和农业产业化进程的深入，会展活动在促进农产品贸易、带动农业产业升级方面发挥着越来越大的作用。作为一个新兴产业，农业会展有着朝气蓬勃的发展势头，但行业的混乱和低效也是不争的事实。这是由于整个会展行业没有统一的标准，缺少规范行业有序发展的规则。

在世界经济全球化的大背景下，标准已经成为世界语言。标准竞争已经成为继产品竞争、品牌竞争后又一种层次更深、水平更高、影响更大的竞争形式，标准已成为国家和地区核心竞争力和软实力的基本要素。会展行业标准的制定应该考量五个方面的要素，即会展场馆、会展组织者和参展商、展会的相关服务、展会的统计和评估以及会展行业的划分。行业标准的制定将有利于大型品牌展会的知识产权保护，有利于会展经济的发展，有利于产业结构的优化。

对会展项目进行分类、认证，是国际上较为通行的会展行业监管模式，而我国会展行业目前还难以形成统一的标准体系。为加强农业会展行业规范和管理，提高农业会展组织服务水平，指导和推动中国农业会展健康、有序发展，充分发挥会展活动对农业技术交流、农产品贸易、农业产业升级和区域经济发展的促进作用，需要尽快制定和完善农业会展的认证法规和行业标准，对农业会展行业实行标准化管理，规范其行为，提升其质量，发挥其特色，逐步建成一个有名气、有实力、有效用的品牌农业会展行业。

对农业会展的分类概括起来可以遵循以下三个标准：

一是按照目的划分，农业会展可以分为农业展览、农业会议和农业大型活动。农业展览以农产品、农资产品等的展示、营销和交易为目的；农业会议则是就农业相关问题举办的论坛和洽谈会等；农业大型活动是指具有广泛社会效应的宣传和庆祝活动。

二是按照规模划分，农业会展可以分为地区农业会展、国家农业会展和国际农业会展。

三是按照主题划分，农业会展可分为综合性农业会展和专门性农业会展。前者的展品、参展商和观众都来自于农业相关的多个领域，可全面反映多个领域的产品和技术状况；后者则是针对某类产品或某类技术等专门举办的会展，其特点是展品种类专业性强，参展商及观众大多集中在特定领域。

二、我国农业会展发展现状

（一）我国农业会展发展历程

研究会展的发展历程，旨在总结经验、推动发展。与欧美会展发达国家相比，我国会展业起步晚、发展快、市场成熟度低、管理不规范。但就会展的起源来讲，我国则远远早于欧洲等其他国家。因为在欧美，展览界普遍认为展览会起源于集市。在我国古代，集市是市、集、庙会等多种市场形式的统称，它形成于公元前 11 世纪殷、周之际，唐宋时期有了蓬勃发展。而欧洲的集市最早出现在希腊，大约形成于 9 世纪，11—12 世纪达到鼎盛时期。事实上，会展活动的产生与发展并不是一个偶然与孤立的现象，是随着社会生产力的发展而形成并得以发展起来的。从形式上看，会展最早萌芽于原始社会时期的物物交换。随着以后社会经济的发展和社会分工的不断扩大,产品越来越丰富,自发性的交换逐渐变得有了固定的时间和地点,于是便产生了集市,也就是传统意义上会展的雏形。当时的集市虽然是临时性的、无组织的、无明确目标的、无主题的自发性活动,但它已经具备了会展的最基本功能即陈列、展示和交易,用于交换或者交易的主要产品是与农业有关的生活用品。由此我们可以得出以下两个结论:一是会展起源于集市,而且最早是在中国;二是最早的会展(集市)属于农业会展。

近代意义上的会展,从展示形式、展示手段、展示内容、组织方式、参与程度、影响范围等诸多方面,与古时的集市有着本质的区别。在17—19世纪工业革命的推动下,欧洲首先出现了工业展览会。之后,各种形式的博览会、展览会在世界范围内蓬勃发展,并随着信息技术、网络技术等现代科技的飞速发展而不断创新,对整个人类社会的政治、经济、文化等各个领域都产生着积极的影响。通常认为,近代意义的地方博览会起源于1798年的“巴黎工业博览会”(亦称“法国工业产品大众展”),“国际博览会”(也叫“世界博览会”)则起源于1851年在英国伦敦举办的“万国工业博览会”。由于世界博览会广泛的参与性和巨大的影响力,当时伦敦、巴黎、维也纳、芝加哥、圣路易斯、圣弗兰西斯科等地,因举办博览会而大大改变了城市乃至国家的面貌。从1798年算起,近代会展业的历史已有200多年。

会展业是伴随着社会经济的发展而发展的,会展业的兴衰从侧面反映出一个城市或一个国家的经济状况。由于我国近代的社会经济发展远远落后于西方,因此,我国会展业以集市为主导的展览形式一直持续到19世纪末。在近代中国,各种类型的展览会、陈列会、劝业会、劝工会统称为“赛会”,其主要形式有博览会和劝业会两种。从19世纪80年代起,西方资本主义国家几乎“无国无会,无年无会,而赛会遂为实业竞争上之一重要机关”。鉴于这种国际大背景,加上我国当时民族工业的兴起,中国自然被卷入了从西方传来的赛会热潮中。所以,从20世纪初开始,我国开始有了真正意义上的会展。先是出洋参赛,“初赴赛于美国,次赴赛于法国,再赴赛于荷兰”。但每次赴会,虽耗费重金,却门庭冷落,效果不佳。随之考虑“自行赛会”。1898年湖北设立“劝工劝商公所”,陈列湖北土特产和人工制品;1902年武昌兴建两湖劝业场,规模宏大,用于陈列湖北手工制造品、外省外国货物机器和两湖地区土产;1909年武昌发起武汉劝业奖进会,设陈列室16所,展出物品8 000多种,历时45天。这是我国第一次较大型的地方性商品赛会。1906年天津开办劝工场,举办了第一次为期9天的商品观摩展览，100 多家工商业者参展，15 万多人观展。这次展览为后来的商品展销会开辟了先河。同年，广东商会创设劝工陈列所，次年创设商品劝工场；从1906—1911 年，四川连续在成都举办了 6 次商业劝工会，大有现今博览会之意，而且每次劝工会提出“农商并重”、“劝奖工业，联络商情”、“略工重农，抑制外国货”等不同的宗旨。1908 年江苏农工商务局创办商品陈列所，1909 年江南商务总局开设江宁商品陈列所，1910 年 9 月南洋劝业会在南京成功召开。南洋劝业会展品丰富，涉猎范围广，除设有教育、工艺、农业、机械、通运、美术、卫生、武备等 8 个专业馆外，还设有十多个省和地区性展馆。参展产品按行业划分为 24 部，计 420 类，100 多万件。南洋劝业会无论是规模还是内容，在中国会展史上都堪称空前，它不仅有效地促进了当时农工商业的发展，而且对我国会展业的培育和发展也具有深远的历史意义。之后的 1929 年，由浙江省政府筹办的“杭州西湖博览会”在我国自办展览中首次以“博览会”命名，使得我国近代博览会事业有了新的发展。西湖博览会后，我国的民族工商业得到了一些发展，但从 20 世纪 30 年代开始，各帝国主义国家为转嫁经济危机造成的损失，加紧了对中国的侵略，输出资本，倾销商品，再加上日本发动了全面侵华战争，导致了中国民族工商业的衰退，国货活动停滞，会展事业未能得以持续。直到中国改革开放以后，从 20 世纪 80 年代开始，我国的会展业又迎来了发展的春天。30 年来，我国会展业迅猛发展，快速与国际接轨。2010 年上海世博会的成功举办，标志着我国会展业步入到一个新的历史水平。

中国农业会展的成长和发展历程大致和整个会展业相同。现代意义上的中国农业会展史应当从改革开放算起，从发展到壮大大致经历了起步、积累和提升三个阶段。

1. **起步阶段(1978—1989 年)**。改革开放对中国农业会展的意义，首先在于国际化和回归本体。改革开放之前，国内也举办过一些大型农业展览，如全国农业资源区划展、农业学大寨展等，但大都局限于宣传性的陈列、展示，只有观众而没有参展商，因此这类展览不能算是真正意义上的展览会。从展馆建设看，当时全国只有北京、上海和少数省会城市拥有专门展览馆，如全国农业展览馆、北京展览馆、上海展览中心、四川展览馆、江西农展馆等。但这些展馆的面积、格局以及配套设施都不能满足现代农业会展的需求。1978 年，中国国际贸易促进会在北京成功举办了“十二国农业机械展览会”。这不仅是新中国成立以来中国首次举办国际展览会，也是首个农业类的国际展会。进入 20 世纪 80 年代，农业展会开始有所增加，但大多都是地方性的农产品展销会，规模较小，组织水平较低，主要是为满足当地居民百姓生活需求。到80年代后期，一些全国性的农业专业展览会开始崭露头角，如1985在成都举办的首届“全国植保系统信息交流暨农药械产品交易(订货)会”(后改名为“中国植保信息交流暨农药械交易会”)、1987年由中国花卉协会在北京全国农业展览馆举办的首届“中国花卉博览会”等，这些展会当时已经具有了相当的组织水平，并借鉴了国际展会的一些经验，固定了展会的举办时间和周期。目前这些展会都已经成为我国农业行业的品牌例会。展馆建设方面，中国国际展览中心、北京国际贸易大厦等于80年代中后期相继落成，为大型农业展会的举办提供了硬件保障。

2. **积累阶段**(1990—1999年)。随着社会主义市场经济体制的确立，资源配置的基本方式由计划逐步转向市场，我国的工业化、信息化、市场化、国际化和城市化进程显著加快，会展活动开始向产业化发展，专业化程度较高的行业展览会迅速发展。一线城市如北京、上海、广州，会展产业迅速崛起，展会数量以年均20%以上的速度递增。上海1990年举办的国际展会只有40个，展览面积总共10万米^2，而到了1999年，举办国际展会已达150个，数量差不多翻了两番；展览面积80万米^2，增长达8倍之多。位居北京的中国国际展览中心，20世纪90年代之前所举办的各种国际展会总计19类，90年代以后增加到40类，就种类而言增长2倍。各地开始纷纷建设展览场馆，一时间全国兴起了展览场馆热，地方政府甚至不惜重金把会展中心建设成当地的标志性建筑。中国政府扶持会展业的力度明显加大，外企开始以合资形式进入中国市场，各种展览公司、展览服务公司纷纷成立。自20世纪90年代末开始，全国明确提出将把会展业作为新的经济增长点的城市多达30余个。农业会展数量开始迅速增加，以农业部主办的中国农业博览会为代表的农业综合性展会开始出现，各地政府也纷纷打造地方性或区域性农业博览会，全国农业机械交易会、全国土壤肥料双交会、全国种子交易会等一大批专业农业展会异军突起，规模逐年扩大，为行业发展起到积极的推动作用。这时的农业会展，无论是形式、内容、规模，还是展示手段、组织水平都上了一个新的台阶，不仅为今后农业会展的进一步发展积累了丰富的经验，也打下了坚实的基础。

3. **提升阶段**(2000—2010年)。这一阶段中国会展业发展在量的积累基础上，进入了质的飞跃阶段，突出表现在三个方面：首先是会展活动数量激增，覆盖面广，规模扩大。目前，我国会展服务业已经渗透到几乎所有经济领域，从房地产、机械、汽车、电子、建材、航空、农业，到服装、家具、文化、消费电子、药品、人才招聘会，各行各业都涌现出了专业化国际化品牌展。2008 年全国规模（3 万米^2）以上展会达 256 个，广泛分布在 39 个城市；展出面积达 1 819.3 万米^2，约占全国展出总面积的 50%。从城市看，形成了北京、上海、广州等具有全国带动性和深圳、大连、青岛、成都、郑州、西安、武汉、杭州等具有区域带动性的会展中心城市。2008 年数据显示，上海规模以上展会达 52 个，蝉联榜首，北京 28 个，位居第二位，广州和深圳各 21 个，并列第三。目前全国有各种展馆 200 多个，可使用面积近 300 万米^2。其次是会展学术活动日益繁荣，成果丰硕。会展研究意味着会展业所达到的行业自觉程度及其健康快速可持续发展的思想资源。进入 21 世纪，会展学术活动的相关成果日趋丰富，表现为学术期刊的繁荣、学术会议的增加和会展教育的升级等。20 世纪 90 年代后，北京、上海等地分别创办了《中国农展》、《中国会展》、《中外会展》、《中国展会》等行业性学术期刊。2004 年，教育部批准北京第二外国语学院、上海师范大学、上海外贸学院、广州大学、沈阳师范大学等率先设立会展专业，开展本科教育。目前全国开设展览及相关专业的大、中专院校 200 多所，培养出了一大批会展专业人才。最后是会展行业实力增强，质量提升。目前，我国几乎各个行业都拥有自己的品牌展会，汽车展、机床展、药交会、农交会、农机展、渔博会、休博会、建材展、房展等一批行业品牌展会，其国际化程度、组织水平、展示水平、带动能力等方面足以和国际同类品牌展会抗衡；一些展览主办机构的人力、财力、物力等已具有相当实力；会展产业链已基本形成，并日趋成熟；展会自身质量和服务水平有了显著提升。诚然，当前我国会展业发展现状与其大国地位和市场资源并不十分匹配，但就行业发展势头以及展会总量、展馆建设等方面已初具展览大国态势，并能与会展经济发达国家美国、德国相抗衡。

农业会展是伴随会展行业发展而发展的，农业会展行业由过去的以销售农产品为主体的展销会，发展成为今天几乎各个领域都拥有品牌展会，同时还不乏高规格的农业综合展会。与其他行业相比，中国国际农产品交易会、渔博会、畜牧博览会、绿博会等国家级展会，以及吉林、湖南、重庆、浙江、海南、安徽等地方农业博览会都具有很强的竞争力和影响力。目前，全国每年举办的农业展会 300 多个，其中省部级单位主办的约 40 个。总的来说，这一阶段我国农业展会不仅数量多，而且在组织形式、规模和形态上都有了质的飞跃。

(二)我国农业会展发展现状

农业是关系到我国国计民生的重要产业,农业的现代化直接影响到中国的现代化进程,近年来政府对农业的重视和投入也越来越高。伴随着农业经济和市场经济的高速发展,我国的农业会展业也得到了快速发展,农业会展的发展符合我国会展业发展的普遍规律,除了具有我国会展业起步晚、发展快、增速高、建馆热、品牌多等基本特点外,还有其自身的行业特点。

1. **由政府主办的综合性展会有上升趋势,辐射范围有向区域化和国际化扩大的趋势。**我国农业会展的发展与整个会展行业的发展是同步的,虽然只有30年,但发展迅速。据统计,每年全国举办各种农业展览会将近300多个,约占总量的8%。近10年,农业展会大约以平均每年10%的比例增长,其中由政府主办的农业综合类展会增长较快。2000年以前,由部委和省政府主办的农业展会不到10个,现在仅农业部系统内主办的展览就将近10个,全国由农业部挂名主办的展览30个,几乎每个省都定期或不定期以省政府名义举办农业综合性展览,规模从几千到几万甚至十几万平方米不等。从参与范围和影响力来看,过去的地方性展会主要展示本省农业发展的新成果、新产品、新技术等,现在大多数省的农业展会都有周边省份的参展商参与,并广泛邀请全国农业系统及主要采购商到会洽谈。由农业部等部委主办的农业展会,其国际参展商和采购商的比例在逐年增加。

2. **举办地点相对分散,时间相对集中,规模和层次差异较大。**随着我国会展业的快速发展,全国正在显现出会展产业带的集中化趋势。作为都市型服务业,会展产业已经在经济水平较高、基础设施完善、第三产业发达的城市迅速崛起。以北京为中心的环渤海会展经济带、以广州为中心的珠三角会展经济带、以上海为中心的长三角会展经济带、以成都为中心的中西部会展经济带和以大连为中心的东北会展经济带五大会展经济产业带框架已基本形成。就农业展会来看,农业的产业特点导致大多数农业会展的举办地分散、时间相对集中。除北京、上海和省会城市、沿海大中城市以外,许多中小城市也都举办各类农业展会,其举办时间大都集中在每年9—11月份。从规模看,几千平方米到数万平方米不等,规格和层次差异也较大。

我国每年举办的成规模的各类农业会展有300多个,就2006年我国举办的74个全国性农业会展统计结果来看,北京16个,居首位;山东15个,上海 11 个。这 3 个省市的农业会展数量占总数的一半，其次是广东、江苏数量较多，其余均匀分布在 18 个省市自治区。

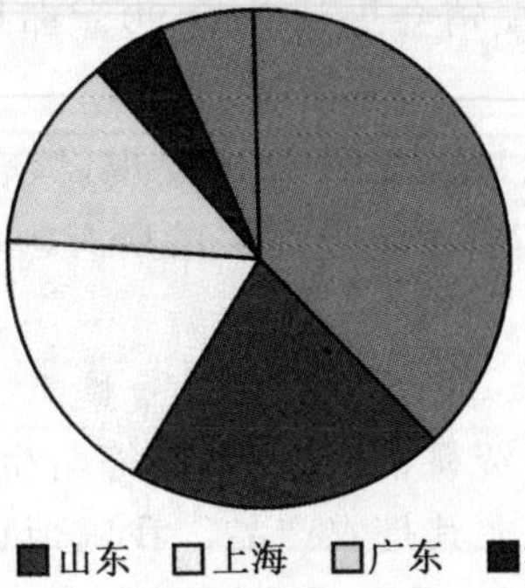

2006 年我国农业会展区域分布统计图

3. **展览形态和内容丰富，政府主导性强。** 农业会展涉及农产品、农产品加工品、农资产品、农业机械、园林花卉、瓜果蔬菜、畜牧饲料、水产、种业、食品饮料以及茶叶节、水果节、桃花节等各种带有休闲、观光、旅游等性质的会展活动等，几乎涵盖了农业行业的各个领域。农业综合性展会通常由政府主办，其内容包括成果、产品、技术、装备等。大多数农业展会都是展销一体。农业会展作为促进农产品贸易、推动农业交流、展示农业成果最直接有效的手段，越来越得到政府部门的高度重视和大力支持。从中央到地方各级政府都设立了农产品营销促销专项资金，许多展览会、交易会以及各种农产品促销活动都可以争取到一定金额的政府专项补贴。另外，

2006 年我国全国性农业会展统计表

会展类型		数量		比例(%)
综合农业展览会		25		33.8
专业农业展览会	园林花卉	9	49	66.2
	畜牧、兽医、饲料	9		
	瓜果蔬菜	7		
	农机机具	8		
	农资产品	8		
	食品饮料	6		
	水产鱼类	2		
总　　计		74		100

地方政府还因吸引投资、推介产品、应急促销、提高知名度等目的，随时随地组织不同层次的招商引资、展览展示、交易等展会活动。据统计，目前全国综合型农业展会和应急促销会展活动的90%都是由政府主办或委托事业单位、协会及企业承办。

对74个全国性农业会展的统计分析发现，综合展有25个，专业展有49个。其中49个专业展包括了农业相关的所有领域，园林花卉、畜牧饲料类居多，各领域间的数量差距并不大。

4. 观众群体大，社会关注度高，展会引导性强。农业是关系国计民生的产业，农业展会除了生产资料、农业装备类等与生产有关的以外，其他基本都和老百姓的生活有关，尤其是农产品。我国地域辽阔，南北、东西跨度大，农产品不仅十分丰富，而且品种繁多。观众通过参观展会，可以比较并购买到全国各地的优质特色农产品。因此，与其他行业展会相比，农业展会的观众量要大得多。以中国国际农产品交易会为例，连续八届，每届参观观众都在30万人以上，平均每天达到6万人。最多的一届参观观众突破100万人，开幕当天就达到30万人。随着人民生活水平的提高，老百姓的食品安全意识也逐步加强，"绿色、健康"成了人们生活的主题，这对举办农业展会提出了新的要求。近年来，以"绿色、无公害、有机"为主题的农业展览越来越多，中国国际农产品交易会、全国优质农产品（北京）展销周都曾以"优质食品与健康生活"为主题，第六届国际果蔬食品博览会主题为"让绿色永恒"，第四届中国武汉农业博览会主题是"绿色农业和健康消费"等。社会各界尤其是新闻媒体对农业类展会高度关注，这在某种程度上大大促进了农业展会质量的提升，尤其是主办方对参展企业和参展品的选择日益严格。展会质量的提高，又无形中扩大了宣传和影响力，进而引导并强化了人们的农产品质量安全意识。

5. 展会收费标准较低，市场相对活跃，现场交易普遍。从产业发展和企业群体来看，农业企业相对于汽车、通信、电子、房地产、建材等行业，其实力相对较弱，再加上政策的积极引导和扶持，目前农业类展会整体收费标准较低。相同规格的展会，农业类展会的展位费仅相当于其他行业展会的60%～70%，与汽车、通信、房地产等行业展会相比，其展位费仅有其1/4～1/5。由政府主办的综合类展会，对参展企业收费大都采取政府补贴甚至免费。近年来，随着农业农村经济的发展和繁荣，国家强农惠农政策力度的进一步加大，农业会展市场日趋活跃。就农业部支持的农业展会来看，2009年为18个，2010年为30个，增加了60%多。农业展会的参展产品，除了机械装备以外，都是生产、生活必需品，而且方便携带。因此，绝大多数农业展会是展、销一体。参展企业除了订单交易，还都进行现场销售。所以与其他展会相比，农业展会具有人气旺、观众参与度高等特点。

6. **会展管理和政策制定等方面，农业主管部门先行一步。**农业是安天下、稳民心的基础产业，对于一个占世界1/5人口的农业大国，保障粮食等农产品的有效供给是头等大事。因此，提高地方政府和农民从事农业生产、尤其是种粮积极性至关重要。农产品是一种特殊的产品，具有季节性强、储存期短、产地分散、市场流通性差等特点，一旦遇到自然灾害、农产品质量安全事件、重大动物疫情等外力影响，很容易造成农产品流通环节受阻。这不仅直接影响农民增收，而且关系到国家稳定。农业展会作为最直接有效的宣传和促销手段，近年来在促进农产品流通方面发挥了重要作用。农业部作为行业主管部门，对农业会展高度重视。一是明确了农业会展管理和审批部门，不断加强行业管理和指导；二是不断加大政策和财政支持力度，开展农产品促销；三是指导并直接参与重大农产品促销项目。为规范行业管理，引导农业会展良性发展，农业部于2007年就先于其他行业率先试行开展了会展分类认定工作，并制定了“中国农业会展分类标准”。这对引导农业会展不断提高专业化、国际化水平起到了积极的推动作用。

（三）我国农业会展发展存在的问题

近几年来，我国的会展经济呈现出快速增长的态势，从小到大，从单一到多样，从国内到国际，从综合到专业，以每年15%～20%的速度增长，其活动内容几乎涉及所有行业。从每年举办的会展数量以及全国展馆总面积来看，我国已经和会展强国德国、美国相媲美，但毋庸置疑，我国的会展业仅有30年的发展历史，在规模、规划、管理、人才、质量等方面仍存在扩张粗放、发展不平衡、市场化程度低、市场开放度低和会展业自身建设薄弱等诸多问题。一是管理体制不顺，一直没有从根本上得到解决。首先是产业主管机构不明确，导致重大产业战略规划及其政策难以有效制定、实施和调整；其次，协调机制缺乏导致无序竞争、唯利是图，产业难以健康发展；再次，行业自律机制尚未有效建立和运行起来。二是会展经济区域发展不平衡，各地发展战略雷同，不能结合当地实际配置资源、制定发展战略，制约了会展经济的发展速度和质量。数据分析显示，我国会展业发展与总体经济发展不平衡的态势相一致，发达程度依次为我国的东、南、中、西部地区。以全国举办的国际性活动为例，北京、上海、广州3个城市就占了总量的65%以上，场馆还供不应求。而其他城市展馆平均使用率不足30%，个别展馆1年只用1次。城市政府纷纷提出建成“会展之都”，大兴土木，其结果是场馆闲置，资源浪费。三是会展市场发育不良，重复办展、无序竞争严重。四是专业化服务水平较低。五是专业类的展会往往是业务部门各自为战，农业部没有完全统起来。六是理论研究滞后，学科建设、人才培养机制和模式落后于发展现实。

就农业会展发展来看，随着政府对“三农”问题的日益重视以及农业品牌的逐步崛起，农业会展市场异常活跃，但真正能够形成特色、创出品牌、产生实效的展会却不多。强调展会自身效益、低档次重复办展、抄袭甚至“克隆”展会等突出问题日益暴露出来，大大影响甚至阻碍了农业会展市场良性发展的好势头。

我国农业会展主要存在以下几个方面问题：

1. 政策法规不健全，行业管理不规范，管理体制不顺畅。作为会展业归口管理部门，商务部只管国际性展会的审批，国内展会只需到当地公安部门报批或备案。对于展会的效果却无人问津。作为农业行业主管部门，农业部只针对本系统所办展会要求申报，对系统之外的农业展会则没有任何约束力。作为农业部系统内农业会展管理部门，农业部市场司只有审批功能，但没有被赋予农业会展市场的管理职能。展会自身的发展和规划无人过问，也没有关于农业会展的政策性法规。从体制上讲，举办大型国际农业展会，主办者需要向商务部和农业部同时报批并获准后方能实施，如果是部委主办还需要向国务院报批。两家主管部门在审批过程中所站角度不同，往往都只考虑展会举办条件和部门需要等因素，而忽略整个市场的发展和展会自身的培育。协会或公司等单位举办农业展会，则没有行业主管部门审核，只需到公安部门备案。对于农业会议，我国目前尚无任何针对能否举办的统一规定或条例。这无形中造成整个农业会展市场的混乱。

2. 条块分割，资源缺乏整合，市场缺乏规划，市场机制与政府职能不能有机融合。由于没有明确的行业主管部门和有效的协调机制，举办农业会展的单位之间缺少沟通，各自为政，展览资源不能有效利用甚至造成恶性竞争，更谈不上优化组合。农业部系统目前在全国有一定影响力的农业展会有8个，除了中国国际农产品交易会由农业部主办以外，其余7个展会“渔博会”、“种交会”、“绿博会”、“肥料交易会”、“植保农药展”、“畜牧博览会”、“饲料展”分别由农业贸促中心、农产品绿色中心、农技推广中心、中国畜牧协会、饲料协会等部属单位实际主办。这些展会在国内虽然都具有一定影响，但其中大多数展会与其国内其他行业相同规格展会、国际同类展会相比，其规模、档次、组织水平、服务水平、影响力等都存在一定差距，缺乏市场竞争力。全国各地由省政府举办的综合性农业展会，其内容大致相同，布局、内容、形式也都和“农交会”、“农高会”等国家级展会类似，而且所有综合性展会的举办时间都相对集中在每年的10～12月份，这无疑会造成展览资源的分散，展示效果也大打折扣。

目前国内举办的大型农业综合展会，大都是政府主导，缺乏有效的市场机制，加上办展队伍不够专业，服务意识不强等因素，展会功能不能有效发挥。

3. **展览规模小，数量多，档次低，重复办展，缺乏具有行业带动力的品牌展会。**目前，全国每年举办具有一定规模的农业展会约300个，其中省部级单位主办的约40个，占总数不到15%，具有较大规模（展览面积超过30 000米^2）的不到10个，占3%左右。所有农业展览中，约有70%展览面积达不到5 000米^2，而且大多属于临时性或不定期展览，需要就办，有利益就办，缺乏策划，没有计划，没有特色，更谈不上市场培育，办展队伍都是临时搭建班子，办完展就散。从展会性质和展示内容看，多数农业展会属于展销会，对于参展企业和产品不设门槛，产品质量无法保证，也没有售后服务。随着农业农村经济的发展，农民渴望技术和良种，居民需要优质农产品，作为一个满足供需的良好平台，农业会展市场的发育还很不相适应，还急需培育更多的像“农交会”、“渔博会”等优质、具有行业带动性和巨大影响力的农业展会。

4. **农业展会效益低，投入少，影响市场的培育和发展。**相对于其他行业来，农业展会的自身效益较低，其原因之一是农业展会展位费较低。由于农业企业整体实力相对较弱，渴望通过展会寻求发展机遇的大多都是中小企业，为了吸引更多的企业参展，主办者不得不降低收费标准。二是规模较小。会展经济是规模经济，规模越大，成本相对越低，投入产出比就越高。三是政府办会多。全国每年举办的具有一定规模和影响力的农业展会，80%是由政府主办的，其目的是推动贸易、促进交流、扩大宣传，注重的是社会效益。对于企业参展费用往往采取财政补贴或者免费方式，不考虑或较少考虑展会自身效益。农业展会自身效益低，从某种程度会影响主办者的办展积极性，进而导致投入也低，长此以往会造成恶性循环，影响农业会展市场的健康发育。

5. **市场化程度低，专业性不强，会展理念偏颇，导致会展质量提升难度大。**我国农业会展的发展经历了起步阶段、积累阶段，现在已进入提升阶段。提升质量是需要付出长期努力的系统工程，包括市场化程度、专业性、国际性、展览方式、服务水平等诸多方面的全面提升。现阶段，真正做到提升农业会展质量难度很大。一是政府过度参与影响会展的市场化运作。长期以来，我国的农业会展乃至整个会展业都具有浓厚的政府背景，政府发文、号召，在半政府、半企业的模式下运行，不少农业展会规模上虽然已经“做大”，但市场化程度很低，并没有真正意义上“做强”。二是会展专业性不强。在农业会展市场日趋活跃的同时，很多主办过分强调展会规模、客流量、合同金额等指标，而忽略了展会的专业性，其结果导致参展商积极性不高，专业观众和专业采购商不多，尤其是国际参展商对“大而全”的综合类展会参展意愿不强。三是会展理念偏颇。主要表现在：展览方式不适应市场需求，比如只追求展台好看而不注重实际效果；缺乏行业精神和市场意识，比如仓促准备、草率行事；缺乏行业标准，会展企业经营服务不规范，比如服务水平低、乱收费等。要想真正提升农业会展质量，还需要政府、社会、企业等多方面共同努力。

6. **缺乏专业会展人才和队伍，会展企业和从业人员素质亟待提高。**随着我国会展业的蓬勃发展，人才短缺的矛盾日益突出，农业会展更是如此。目前全国举办的农业会展，从组织和运作形式上大致可分为三种类型。第一种类型，自己主办，自己承办。此类型大多为政府展会，主办方是各级政府或政府单位，为举办活动专门组建筹备班子。抽调人员大都是行业业务骨干和行政人员，而非会展从业人员，业界俗称“草头班子”。第二种类型，自己主办，委托承办。此类型大多是政府、协会、政府部门等举办的会展活动。主办单位发文、号召，具体运作委托下属单位、展览公司等实体实施。第三种类型，找人主办，自己承办。此类型大多为公司行为。一是我国会展条例对展会主办单位有具体要求，二是主办者需要一个具有号召力的招牌扩大招商。无论是哪种类型，在展会的具体运作上一个突出的问题，就是缺乏专业会展人才。尤其是缺乏既能策划，又有动手能力而且知识面丰富的复合型人才。另外一个突出的矛盾是，能办展的不懂展览，懂展览能办展的不一定能办好展览。前文说过，大型综合类农业会展大都由政府主办，展什么、怎么展、时间、周期、地点等都通过行政指令确定，很少考虑市场因素，展会的效果很难完全发挥。对于一些懂展览能办展的专业公司或人员来说，在现行的环境和体制下，离开政府、行政而完全按市场行为办事，也很难达到预期效果。只有两者有机结合，才能更好地推动农业会展市场良性发展。但无论如何，要想真正把农业会展做大做强，真正与国际接轨，高素质的会展人才和办展队伍必不可少，全面提高会展从业人员的文化素质和专业素质迫在眉睫。

三、我国农业会展发展对策

2010 年中央 1 号文件强调，要“发展农业会展经济，支持农产品营销”，为农业会展发展指明了方向。随着农业会展经济的发展和繁荣，农业会展已成为我国农业农村经济工作的重要组成部分，在宣传农业政策、展示农业成就、推广农业新技术、推动农产品市场流通、促进贸易与合作等方面发挥了重要作用。

（一）我国农业会展面临的发展机遇

虽然我国农业会展在发展过程中还存在许多问题，但同样也面临着重大的发展机遇。

1. 我国会展业的快速发展，给农业会展打开了巨大的发展空间。我国经济发展连续多年保持高速增长，可以预计，在今后很长一个时期仍将保持良好的发展态势。国际经验表明，一个国家会展业的实力和发展是与该国综合经济实力及经济总体规模相适应的。所以，随着我国经济的高速发展，必将进一步产生对会展市场的巨大需求，进而带动会展业的快速发展。与欧美国家相比，我国会展业虽说是刚刚起步，但会展经济近 10 年来一直呈现出快速增长的态势，每年平均以 15%～20%的速度递增，远远高于我国 GDP 的增长速度。2009 年我国国民生产总值为 33.5 万亿元人民币，约占全球的 8%，预计 2010 年我国会展业的年产值约为 1 500 亿元人民币，约占全球会展年产值的 7.4%。从会展业占 GDP 的比重来看，欧美发展国家一般在 1%～2%，而我国仅有约 0.45%。由此可以看出我国会展业的巨大发展空间，农业会展同样拥有广阔的天地。

2. 我国农业农村经济的发展和繁荣，是农业会展发展的坚强后盾。连续 7 年的中央 1 号文件，充分表明了农业“重中之重”的基础地位和中央发展农业农村经济的态度和决心。农业会展是伴随着农业的发展而发展起来的，近年来我国农业会展发展的良好态势充分证明了这一点。2010 年中央1号文件明确提出"发展农业会展经济,支持农产品营销",这不仅为农业展会活动进一步指明了方向,而且也必将进一步推动我国农业会展市场的活跃和繁荣。另外,我国农业产值占 GDP 的 11%,而农业会展业产值占我国会展业总产值不到 8%。再次说明了农业会展具有巨大的发展潜力。2010年是"十一五"的最后一年,也是应对国际金融危机夺取新胜利、保持经济平稳较快发展的关键性一年,为贯彻落实中央关于在经济发展方式转变和经济结构调整中继续加强农业基础、在统筹城乡中继续加快现代农业发展的一系列要求,通过发展农业会展经济,使其在繁荣农业农村经济、宣传服务"三农"、培育农业会展市场等多个方面发挥更大的作用。

3. 宣传"三农"、服务"三农",需要农业会展平台,更需要农业会展市场的发展与繁荣。农业会展不仅是宣传"三农"、服务"三农"的良好平台,而且还是农业产业发展的风向标。产业兴则行业兴,行业兴则会展旺。会展业的发展从 18 世纪到现在已有 200 多年历史,在当今互联网、多媒体等高度发达的信息时代,会展业依然能保持快速发展而成为朝阳产业,必然有其独到之处。会展是唯一能让人们全方位感触和接触到自己想获取东西的载体。就农业会展而言,通过举办展会,政府展示了成果、宣传了政策,企业树立了形象、推介了产品,农民获取了信息、得到了技术、购买了良种。产品优劣性、技术先进性、信息适用性等在展会上一目了然,所有观众都可以有效、便捷地各取所需,这便是农业会展的活力所在。随着我国农业农村经济的发展和科技的进步,新成果、新技术、新产品、新品种将会不断涌现,这不仅需要更多更好的农业会展平台,更需要繁荣健康的农业会展市场。

(二)我国农业会展的发展对策

我国拥有得天独厚的农业资源优势,决定了农业会展市场具有巨大的发展空间,政府作为农业会展发展的政策支撑,应抓住农业会展业新一轮发展的有利时机,加快规范农业会展业市场,扩大对外合作,全面提高农业会展业的质量和水平,从而挖掘经济发展潜力,调整产业结构,增加就业,推动国民经济迈上新台阶。以战略性思维发展农业会展业,明确其开放型、可持续、品牌化成长与发展的战略方向,把政府、产业和会展结为整体统筹考虑,变跟随战略为卓越战略。

农业会展业发展的主要思路和战略是:以科学的发展观为指导,依托我国农业农村经济持续较快发展的良好形势,借助丰富的农业资源和产业优势，推动农业会展市场全面发展，并不断走向成熟和完善。一是强调政府对农业会展的促进和推动作用，理顺体制关系，有效地进行调控和监管，推动农业会展全面升级；二是优化、整合资源，提高农业会展专业化水平，快速提升农业会展的综合实力；三是逐步改善农业会展产业发展的软环境，提高农业会展队伍的整体素质和会展质量；四是加大开放，有序竞争，形成农业会展经济联动发展效应，不断提高农业会展业的组织化程度；五是积极培育名牌农业展会，加强品牌展会的评估和保护，形成农业会展特有的动力产业优势，推动农业会展的可持续发展。

1. **强调政府对农业会展的促进和推动作用，理顺体制关系，有效地进行调控和监管，推动农业会展全面升级。**建立科学的行业管理体制是推动农业会展健康发展的重要保障。无论是从行业规范角度出发，还是从实际需要来考虑，农业会展都应采用具有前瞻性的管理模式，成立或委托具有专业会展协调管理职能的协会，代表政府对农业会展行业进行统筹管理。行业协会是行业利益的代言人，也是政府跟行业进行沟通的最主要渠道。只有充分发挥行业协会的组织和协调机作用，才能使农业会展真正走向市场。

一是明确机构，赋予职能。农业部现有的展览协会组织——中国农业展览协会（简称农展协会），是专门从事农业展览和农业宣传的协会组织，30 多年的协会历史使其积累了丰富的会展管理和实操经验。农展协会不仅在农业部系统、会展界都具有较高的知名度，而且具备代政府进行会展管理的基本条件。二是统一管理，进行宏观调控和监管。会展管理部门可以通过农业会展资料的统计分析，分类细化会展市场，制定具体的《农业行业会展管理办法》等，协助农业部对部属各司局、企事业单位、社团组织及各省（区、市）主办、协办、承办、支持等各种形式参与的农业方面博览会、展览会、展示会、展销会等会展活动进行审核把关，对展会进行全程监控，对展会进行评估和评级，并据此对不同展会进行引导和指导。同时，针对农业会展中存在的问题以及行业需求等进行深入研究，寻求解决的办法。三是统筹规划，强化营销促销，凸显农业会展实效性。会展管理部门利用其职能，对农业部所有的农业会展项目进行统筹规划、管理和营销促销，培育农业系统专业办展队伍，注重农业会展的实效性和专业性，正确引导农业会展市场的发展，挖掘农业会展的潜力，提升农业会展的专业化水平，为我国“三农”事业发挥积极的推进作用。

2. 优化、整合资源，提高农业会展专业化水平，培育农业品牌展会，快速提升农业会展的综合实力。现阶段我国农业会展已初具规模，各地都在举办农业展会，农业展会已成为行业发展的风向标，对推动农业贸易和交流发挥了重要作用。但是，由于缺乏政府统一调控和专业性、规范性的运作机制，农业会展市场呈现出无序发展态势，对此，需要合理规划，并通过优化组合，引导农业会展市场全面升级和健康发展。一是将展会的组织和承办职能从政府机构或事业单位中剥离出来，委托从事展览的专业机构、协会进行运作，将优势资源进行合理配置，优化展会相关组织内容，明确方向，精心策划、计划实施，打造农业行业专业品牌展会，提升农业展会的品牌形象。二是政府可根据行业发展的需要对农业展会给予专项补贴和相关政策扶持，提高农业会展专业水平，培育农业品牌展会。三是切实提高会展场馆的经营管理水平，形成以会展策划与接待、展览工程设计装修、广告、物业管理、信息咨询等多项业务为补充的多元业务体系，做大做强农业会展，切实提高农业会展的综合实力和竞争力。

3. 逐步改善农业会展发展的软环境，提高农业会展队伍的整体素质和办展质量。随着政府对农业会展重视程度的加强，农业会展行业的硬件环境在不断改善，与之相匹配的会展软环境也应尽快完善和提升。一是加强农业会展规范化管理，保证农业会展市场更加健康、有序发展。随着农业会展市场的快速发展，围绕农业展会形成的产业链也逐步延伸，加强农业会展管理，规范会展市场，保证农业会展市场更加健康有序地发展，须尽快提到议事日程。这就要求从事专业会展管理的部门承担起相应的责任，在强化制度化管理和严格自律的前提下，充分利用农业展会行业评估等科学方法和管理手段，加强对农业会展的研究和统筹规划，使农业会展项目效果更加突出，质量不断提高。二是切实加强农业会展的知识产权保护，保障参展商和展会组织者的合法权益。农业会展因受行业限制，与其他行业展会相比实效性较低的。会展规模较小、层次较低，利润空间不大，不容易做大做强。因此，必须健全机制，加强管理，切实加强农业会展的知识产权保护，保障参展商和展会组织者的合法权益和根本利益，使农业会展更趋于理性化、成熟化。三是进一步提高农办展队伍素质和服务管理水平。重点扶持农业会展专业教育和在职培训，形成完善的职业认证和人员培训体系，切实提高农业会展从业人员的整体素质，培育专业化、国际化、与中国会展业发展相适应的高素质的会展专业人才和团队，实现岗位职业化与人才国际化，适应和满足快速发展的农业会展市场的需要。

4. **加大开放力度，有序竞争，形成农业会展经济联动发展效应，不断提高农业会展业的组织化程度。**展会组织者之间的“强强联合”或会展业的“大鱼吃小鱼”、“赢者通吃”趋势，是加速国内会展行业优胜劣汰的自然选择，农业会展行业也不例外。政府部门应因势利导，推动农业会展向市场化迈进。一是加大开放力度，引导有序竞争，形成农业会展经济联动发展效应。随着会展市场日趋成熟，国际会展机构越来越多进入中国，在这个大环境下，主管部门应采取积极措施，加大会展业开放力度，引入良性竞争机制，充分体现“政府搭台，企业唱戏”。政府给予政策支持，展会按照商业运作模式经营，用市场经济规律去调整、去检验。开放和竞争必将会引发农业会展经济的联动发展效应，激发出农业会展的高效性和产业优势。二是不断提高农业会展业的组织化程度。农业会展业的开放和引入商业化运作机制，会更加放大“农交会”这样国家级综合性品牌展会的示范作用，针对展会的高峰论坛、经贸洽谈活动、展会策划、设计施工、广告赞助等相关内容，逐步形成多元化、专业化、社会化的服务格局，不仅提高了展会项目的科技含量，加强了展、供、销合作，突出了展会效果，而且借助组织间的相互协调和配合，可以大大提高农业会展的组织化、市场化程度，进而推动农业会展的发展。

5. **积极培育名牌农业展会，加强品牌展会的评估和保护，形成农业会展特有的动力产业优势，推动农业会展可持续发展。**作为我国农业走向国际市场的重要载体，应加速实施农业会展品牌战略，培育出更多更好的名牌展会，服务于农业。一是积极培育名牌展会。培育和壮大名牌农业展会，需要政府部门、行业协会和展览公司等各方面的共同努力。对于有管部门和行业协会而言，应重点做好行业管理、展会评估，并为品牌展会提供政策保障、舆论支持等。对于展览公司而言，要打造具有国际竞争力的品牌展会，应充分树立品牌管理理念，有效整合相关资源，切实重视市场研究，全面提高专业水平，积极推进品牌扩张以及努力构建全球网络。二是加强品牌评估和品牌保护。随着会展市场的进一步开放和国际化进程的加快，国内农业展会品牌价值评估和保护至关重要，会展业最显著的特点之一，就是品牌等无形资产在展会举办过程中发挥着非常重要的作用，很多展会的无形资产都是在政府长期投资的背景下形成的。因此，展会品牌评估，是确保国家利益不受损害的重要手断。三是促进展览公司的国际化。要提高农业会展产业的国际竞争力，实现展会品牌和公司品牌的互动发展，就必须提高农业会展公司的管理水平和国际化程度，鼓励有条件的展览公司通过上市、并购等资本运作手段，组建展览集团公司。通过制定相关政策，为农业会展公司和机构提供更大的发展空间，切实增强国际竞争力。

总之，我国农业会展近年来发展势头良好，但依然存在许多问题，尤其是管理体制不顺，管理机制不健全，缺乏行业标准等，给农业会展市场的培育和发展带来了较大影响。我们相信，随着政府重视程度的增加和市场的进一步发育，农业会展一定会步入更加健康的发展轨道，为我国农业农村经济的发展发挥更大更好的作用。

规范农业会展产业发展的思考

于孔燕

（农业部农业贸易促进中心）

伴随着我国社会主义市场经济体制的建立完善和产业经济的发展，会展经济蓬勃兴起、迅速发展，已逐步发展成为一个新兴产业并成为新的经济增长点。作为一种产品促销方式和手段，会展集商品展示、信息交流、市场推广、技术合作、综合服务等功能于一体，以其直接、快速、低成本的特点越来越受到生产企业的青睐；作为一个新的经济增长点，会展又以其对城市经济的强大拉动作用越来越得到社会的普遍重视。据不完全统计，全国每年举办各类展会 4 000 个左右，展会直接收入 140 多亿元，带动其他相关产业收入 1 300 多亿元。一些地区和城市将其列为重点扶持的产业，会展经济也已成为这些地区经济的重要组成部分。与其他产业展会一样，农业类展会伴随农业生产发展的阶段性转变和农产品贸易的增长，也呈现出一个遍地开花的局面和势不可当的发展趋势。

一、农业类展会发展情况的基本判断

据不完全统计，2009 年，全国各地举办的各类涉及农业农产品的展览会、推介会等 700 多场次，其中中等规模以上的展览会约 160 个（展出面积 1 500 米^2 以上），展出总面积 265 万米^2。内容涉及农产品、农产品加工品、花卉园艺、农业生产资料以及农业高新技术等。从引导促进产业发展的角度看，展会作为产业经济发展的风向标，发挥着越来越重要的作用。但就我国目前的展览规模和办展水平而言，尤其是农业类展会，仍然处于发展的初级阶段，其基本状况是：

（一）发育时间较短，大多处于刚刚起步阶段

我国会展经济发展的历程较短，农业类展会尤其如此，多数展会是近

几年才兴起的，连续举办10届以上的展会屈指可数。20世纪90年代以来，虽然各地各部门也举办了一些农业类展会，但持续壮大起来，形成一定影响的较少，真正办出水平，形成品牌的展会就更少了，总体而言，我国农业会展仍然处于探索中求发展阶段。然而在一些发达国家，农业类展会则有着悠久的发展史，有些展览近代100多年来已连续举办了100多届，享誉全球。如英国皇家农业博览会已举办了110届、意大利维罗那农业博览会已举办了112届，历史的本身就是品牌。

（二）举办地点相对分散，展会规模差异较大

由于受场馆、交通、运输、人流、物流的限制，一般展会特别是大型展会多集中在条件相对方便的沿海经济发达城市，目前全国已经基本形成了以北京、上海、广州、深圳、大连、青岛、成都、西安为举办地的会展经济格局。就农业类展会布局看，虽然趋势大体一致，一些规模较大的展会基本上也分布在这些城市。但由于农业产业发展的广泛性和生产企业规模小、地域分布广等特点，造就了农业类展会的特点：一是规模相对较小，数量较多，基本上是每个省区市都在办，有的甚至是省、地、县分级办；二是举办地分散，除省会城市、沿海大中城市以外，一些有特色的中小城市和个别产品产地、集散地大多都有过举办展会的经历；三是展出规模大小不一，区域间差距很大，不同展览之间的差别更大，有的展会规模达几万平方米甚至几十万平方米（室内）以上，几千个展位，有的则只有1 000～2 000米^2，几十个展位；四是参展单位素质、经营能力、技术水平、规模等参差不齐。

（三）政府和政府部门始终发挥着主导作用

展会作为最直接有效的农产品促销手段得到了政府部门的高度重视和积极支持。主要体现在：一是不断加强对此项工作的指导，在逐步健全专门机构的同时，延伸并不断强化农产品贸易促进工作职能，加大对农业贸易促进工作的指导和支持工作力度；二是从中央到地方各级政府大多设立了农产品营销促销专项资金，多数的展览会、交易会、推介会等农产品促销活动都可以争取到一定额度的财政专项补贴支持；三是直接参与组织展会。近年来，一些政府部门和地方政府为了吸引投资、推介产品、提高行业和地区的知名度，加快产业经济发展，直接发起并组织了大量的、不同层次的招商引资、展览展示、产品推介、交易等展会活动。据有关资料显示，目前我国农业类展会有70%以上的是由政府或政府部门主办、委托事业单位

或商协会承办。有些政府部门还以主办者的身份直接参与展会促销活动，利用会议、发文等形式促进展会的招展招商工作。

（四）实力强大的国际展览公司蜂拥而至，纷纷插足我国农业类会展市场

我国加入 WTO 后，会展经济市场普遍被看好，一些国际展览机构、会展公司纷纷踏足中国展览市场，采取或独立运作、或与中方展览机构联合运作、或作为中方展览机构境外代理等不同方式，加入会展市场竞争，大有占领和瓜分市场之势。德国汉诺威国际展览公司先机我国（上海）有机食品展就是一个典型案例。这一方面增加了国内同行开展国际合作的机会，对我国会展经济的规范健康发展起到推动作用，另一方面也给国内业界带来了竞争压力。

二、会展经济发展面临的问题

（一）产业发展规划布局工作滞后

目前全国会展产业发展基本上处于无序竞争状态，作为一个产业，缺乏行业总体布局、总体规划和基础研究，在行业发展上存在很大的盲目性。有资料表明目前全国已有 30 多个城市提出创建会展城市的目标，全国展览馆竣工面积达到 300 多万米^2，而目前大部分城市的展览馆利用率不足 30%，（有专家估计只有 10%），但展览馆面积却保持了 20%的年增长率。其中也不乏布局不合理、设施不配套的问题。农业类展会也不例外，甚至更严重，行业发展缺乏总体构思和充分的市场调研，在区域布局、展会层次、发展方向等方面缺乏系统的规划，基础研究滞后，政策导向也不是很明确，盲目办展、重复办展的情况屡屡发生。一哄而上，只求轰动效应，不求实际效果的情况更是屡见不鲜。

（二）政府行为不规范，市场竞争机制不完善

领导重视、政策扶植、资金支持都是非常重要和十分必要的，对加强贸易促进工作，从而推动产业发展有着不可替代的作用。问题是采取什么样的操作方式方法值得研究。对农业类展会而言，一方面参展企业规模小，市场竞争力弱，开拓市场需要政府的支持；另一方面政府的支持不可能覆

盖所有的展览会，且不同的地区对各自的展会支持力度也不同，正是由于政府行为不规范，干预和支持力度不同，导致了不公平竞争。而这种不公平竞争的受害者不仅仅是参展企业，办展单位同样也受到了不公正待遇。更为严重的是，由于这种不公平的竞争扰乱了会展经济市场秩序，对会展经济的健康发展带来了一系列的不利影响。

（三）部门职责欠明确，管理工作难到位

目前国家对国内展会实行举办属地登记审批制，缺乏行业统一协调，因此在举办展会的管理上存在很多漏洞。反映出的问题：一是展会冠名混乱。不论展会覆盖区域，乱用“中国”；不顾参展商和采购商的来源和比例，乱冠“国际”；不问展会宗旨概称“博览”。结果是随处可见“中国国际农业博览会”，只是举办地不同罢了。二是同类展会集中在同一时间段，撞车现象时有发生，主办单位争资源抢客户，搞得参展企业无所适从，采购企业疲于奔命，服务对象怨声载道。三是对组办单位的从业资质审查不严，导致了一些骗展、低层次重复办展，展览专业服务水平低下等问题。

（四）行业组织机制不健全，服务质量较低

办展和组展单位在行内的影响力和公信度直接影响展会的层次和定位。由于办展组展单位的性质不同，业务范围不同，实力差别也较大，加之地域差别，导致了展览会的覆盖面和影响力上的差别。同时，操作行为不规范、管理水平不高、行业自律性较差、服务不到位、专业化水平低的问题普遍存在。参展企业及营销人员的展会知识和促销能力也有待提高。

（五）信息平台建设不完备

受信息渠道和交流方式的影响，组展单位与参展企业信息不对称，造成参展商选择性差，盲目参展；采购商针对性差，收效有限。贸易促进的效果不佳，展览目的难以体现。

三、加强农业会展指导和管理工作的几点建议

2010 年中共中央和国务院 1 号文件明确提出要“发展农业会展经济，支持农产品营销”。农产品营销促销作为农业部的重点工作内容之一，近年来得到了部领导和有关司局的高度重视，支持的力度也越来越大，但就

如何坚持遵循市场规律,统筹规划布局,构建科学的农业会展管理机制,对于我们来说则是一个全新的课题。

(一)顺应会展经济发展的需要,研究制定发布农业会展发展指导性意见、规划和支持发展政策

在充分评估市场环境、城市配套设施和科学分析展会市场前景的前提下,结合农业生产和农产品贸易发展现状、特点、格局等实际情况,研究提出农业会展经济发展思路和布局的指导性意见和建议,指导展会健康发展,避免盲目发展造成的经济损失。

(二)加强理论研究及相关基础工作

组织专门人员研究会展经济发展的历史、产生和发展的社会基础和发展条件等基础理论,学习借鉴发达国家会展业发展的先进做法,总结我国会展业发展过程中的经验和问题,探索发展途径和科学的管理办法,为会展业的市场化、产业化发展提供理论依据。尽快开展农业类展会统计工作,把展会统计作为一个独立项目纳入农业统计工作体系,制定科学的统计分析指标体系,采取有效的统计方法,取得准确的相关数据,为企业提供准确可靠的展会信息,以指导其参展行为,同时也为制定产业指导政策提供可靠的依据。

(三)规范行业管理,逐步实现产业发展的有序竞争

目前在行业组织功能不健全,市场发育不完善的情况下,发挥政府部门的管理和协调作用是十分必要的。因此,建议我部有关单位加大指导、协调工作力度,当前重点要做好以下工作:一是要建立农业类展会报备案制度。各地各部门组织举办的境内跨区域的农业类展览会、交易会,应报农业部备案;对农业部门及有关行业协会组织国内企业参加境外农业类展会,应事先提出参展计划,报农业部,由农业部统一报中国国际贸促会申请立项。二是要建立农业类展会评级和信息发布制度。为加强对参展企业的指导,应借鉴发达国家的成功做法,对展览会组办机构进行审查认证,对举办的展览会实行登记审批,在此基础上,跟踪展会采集相关数据,从而对一个展会的效果及其影响作出准确的评估和判断,向公众发布,为参展企业和采购商的营销行为提供参考信息。此项工作应责成中立单位承担,以保证相关信息的公正性。三是着手开展农业会展资源整合工作。面对目

前农业类展会多、小、层次低、重复、参差不齐等情况，组织开展深入细致的调查研究，对现有展会进行归类排队，提出布局科学合理的归类整合意见。明确支持重点，支持对象的选择应该本着综合类、终端产品类的展览会以地方承办为主；专业类、中间产品和关系产业发展的展览会以产业部门承办为主。有选择的予以长期培育，采取政府支持、市场化运作的方式，在全国范围内打造出一批有影响力的品牌展会。

（四）加强行业组织体系建设，制定行业准则和服务规范，加强行业自律，增强服务功能

按照产业化发展的要求，建立不同层次的展览行业协会组织，发挥中介组织在会展业发展中的协调、规范、促进以及桥梁作用；制定行业服务规范，对展会举办机构的组展行为包括展会宣传、现场组织、服务项目及内容、服务标准等做出明确的规定；建立行业自律机制，加强行业内部监督，维护公平竞争的市场秩序，形成良好的行业风气。

（五）提升办展单位实力，提高从业人员的素质

在我国会展业由政府行为向市场行为转换的过程中，作为市场主体的办展单位必须具有扎实的经济实力与从业经验。展览业的内部竞争主要是人才的竞争和服务意识的竞争，而竞争者的素质最终将直接决定整个行业的质量。提升办展单位实力是一项复杂的工程，其中重要的一个内容是组织建设，就农业系统而言，应该整合展馆、资金和人力等办展资源，提高资源效率。作为办展单位则必须从提高展览从业人员专业素质着手，加强业务技能培训，提高办展专业服务水平。

浅析会展应急管理

王 军

（农业部农业贸易促进中心）

当前我国正处于全面建设小康社会的新时期，经济发展处于关键阶段，随着社会的发展，影响公共安全的因素逐渐增加，各类突发公共事件时有发生。如2008年我国突发的多种自然灾害，2009年暴发的甲型H1N1流感，再如全球经济危机影响范围之广速度之快更是前所未有。在这种情况下，为了规避风险，加强应急管理，显得更加迫切。毫不例外，随着会展经济的发展，会展应急管理也引起越来越广泛的关注和讨论。

一、会展应急管理的客观需求

1. **突发事件和会展危机**。会展给全社会带来的经济效益令人瞩目，同样会展一旦发生突发事件，其损失也触目惊心。如1997年7月27日，位于亚特兰大奥运会主新闻中心旁的奥林匹克公园内的一颗炸弹突然发生爆炸，导致2人死亡，110人受重伤；2004年2月5日，北京市密云县举办迎春灯展，因人员拥挤、踩踏，造成多人死亡和受伤。2006年，波兰南部卡托维兹的一座展览馆举办的“鸽子2006”展览会，展馆屋顶突然倒塌，造成近百人受伤，这也是波兰历史上最严重的建筑物倒塌事件。

2008年随着世界经济泡沫的破裂，影响到了中国经济的稳定和增长。我们还遭遇了百年不遇的雪灾和地震，这给展览业带来了不小的冲击。因此，我们需要思考：什么是会展业所面临的危机？如何去面对和处置这些危机？针对危机，如何通过有效的应急管理转危为安？

西方的危机处理更注重与媒体的关系，通过与媒体建立良好的关系，保持在新闻曝光中处理有利的位置，从而与客户和其他利益相关人保持合理的关系。因为在西方的社会中，新闻相对更为自由、更公正。但是自由往往会产生一些副作用，特别是在危机中，一些负面的，甚至空穴来风的新闻，往往成为压垮企业的最后一根稻草。

而在中国，新闻管理相对来说严谨，尽管与媒体关系管理仍然是重要的一块，但我们更需要重视由于中国特殊的社会、经济和人文环境产生的其他的一些重要因素。我们需要结合中国的实际国情，来定义中国会展业的危机。结合我们会展行业的特点，归纳为：是指会影响参展商、专业观众、相关媒体等主体对会展的信心，甚至会扰乱会展继续正常运营的非预期性事件。根据具体的特性，我们可以把会展危机分为五大类，依次为：不可抗力、经济衰退、行政命令、不公平竞争和瓶颈。

2. 加强应急管理。对于大型活动中突发事件，国家高层也给予了极大的关注，《中华人民共和国国民经济和社会发展第十一个五年规划纲要》强调，要建立健全应急管理体系，提高处置突发事件能力。《国务院关于全面加强应急管理工作的意见》要求，把应急体系建设和管理作为一项重要的职能和任务，明确指导思想和工作目标，高度重视。会展作为重大经贸活动，人员密集，高端产品密集，信息密集，必须站在构建"和谐社会"的高度，加强突发事件的应急管理工作，努力构建"和谐会展"。

二、会展应急管理原则

1. 预防为主。专家们根据以往处理危机的成本，总结了 1∶10∶100 的理论，认为危机出现后，处理危机所需的人力、物力、财力的成本，在第一阶段控制危机的成本是 1，到了第二阶段采取措施的成本是 10，到了第三阶段采取措施的成本是 100，因此会展应急管理必须以预防为第一。

2. 快速反应。会展突发事件发生后，不论事件大小，都要及时准确地了解，把握事件的情况信息，分析发展动向，迅速启动应急预案，快速反应，及时有效地控制事态发展。

3. 统一指挥，相互配合。会展应急管理应建立应急预案指挥领导办公室，办公室负责人指挥展览、安全保卫、接待、会务、新闻等各小组工作。一旦事件发生后，各小组要充分发挥各自的专业性，加强沟通协调，明确职责。服从统一指挥，协同作战，相互支持，相互配合，保证应急工作有序、高效运行。

三、会展应急管理中值得注意的几个问题

(一)会展消防管理

首先应要求会展单位严格落实内部消防安全组织,建立消防安全工作领导小组,明确各部门的消防安全工作职责,使单位内部消防安全工作政令畅通,指挥有效。强化安全意识要求安全工作小组人员必须经过消防培训,让他们熟悉火情识别、报警要求、灭火程序和疏散方案,学会使用灭火器材,了解消防设施和安全出口的分布情况,并对其进行严格考核。

从展会招商阶段起,就要注重强化参展商的防火安全意识。要求每一位参展商必须与组委会签订治安消防责任书,以进一步明确安全责任,把展会的消防安全工作落实到具体的参展商。同时,还应要求他们在设计参展图时,按照消防法规,留足消防疏散通道,不得遮挡消防栓、手报器等消防设施。在特装展位的设计上,尽量使用金属材料,减少木材等易燃饰材料的用量,使展具的消防要求与国际接轨。在审查确定展位图和特装工程方案时,严把特装设计方案消防安全评审第一关,针对每个展会的特点单独制订消防应急方案。

布展阶段,除日常消防检查外,在展会布展前应专门组织人员对所使用的展馆进行消防检查,检查内容包括消火栓是否完好,消防门是否正常,通过吹烟、点火测试烟感器、温感器是否灵敏,灭火器是否失效,消防通道是否畅通等,并对发现的消防隐患逐级落实整改。当确保展馆无任何消防隐患时,方可允许参展商入场布展。在参展商进场布展期间,应严格按照消防部门的要求,落实展场消防巡查制度,防止参展商遮挡消防设施,阻塞消防通道。对于存在的火灾隐患的施工作业,应及时制止或采取有效可靠的监护措施,并随时提醒布展搭建人员注意消防安全。对消防意识淡漠的参展单位,应坚持原则,严格要求其对火灾隐患进行整改。口头说服教育无效时,再出具整改通知书,如仍无效,则要立即向有关部门汇报,依靠组织单位和执法部门的力量敦促其整改,直至落实为止。

(二)会展搭建的安全管理

一直以来与搭建公司的技术水平与图纸设计的合理与否有关。在会展业不断发展的今天,安全问题也在与会展一起的发展。在各地展馆中,

依然不时传出展台质量问题。如何规范会展搭建成为会展业的重中之重，安全搭建展台的方法很多。现在的参展商都希望自己的展台有一种与众不同、出人意料的效果，这样一来就使得现代化展会中的展台甚至展会本身都进入了一个高标准搭建。不管是两层楼的展台还是一面跨度非常大的展示墙，它的搭建的每个部件和部件之间连接的强度 以及各种力量之间的平衡都必须提供很高标准的安全。只有解决展台的结构平衡和牢固问题，可以帮助展台搭建商省去很多麻烦。

（三）知识产权管理

知识产权是一种无形产权，它是指智力创造性劳动取得的成果，并且是由智力劳动者对其成果依法享有的一种权利。专利权是指依法批准的发明人或其权利受让人对其发明成果在一定年限内享有的独占权或专用权。专利权是一种专有权，一旦超过法律规定的保护期限，就不再受法律保护。传统的知识产权是专利权、商标权和版权的总和，由于当代科学技术的迅速发展，不断创造出高新技术的智力成果又给知识产权带来了一系列新的保护客体，因此使传统的知识产权内容也在不断扩展。保护知识产权能够提供激励机制，激发出更多的创新。

一般会展时间都在 3 天以上（含 3 天），展会主办方应在展会期间设立知识产权投诉机构。设立投诉机构的，展会举办地知识产权行政管理部门应当派员进驻，并依法对侵权案件进行处理。

未设立投诉机构的，展会举办地知识产权行政管理部门应当加强对展会知识产权保护的指导、监督和有关案件的处理，展会主办方应当将展会举办地的相关知识产权行政管理部门的联系人、联系方式等在展会场馆的显著位置予以公示。

展会知识产权投诉机构应由展会主办方、展会管理部门、专利、商标、版权等知识产权行政管理部门的人员组成，其职责包括：接受知识产权权利人的投诉，暂停涉嫌侵犯知识产权的展品在展会期间展出；将有关投诉材料移交相关知识产权行政管理部门；协调和督促投诉的处理；对展会知识产权保护信息进行统计和分析；其他相关事项。知识产权权利人可以向展会知识产权投诉机构投诉也可以直接向知识产权行政管理部门投诉。

（四）会展应急预案管理

会展应急预案的建立，是为了加强和规范突发事件的应急管理，以便在最短时间之内,通过最有效的途径,采取最有力的措施,把突发事件带来的损失和社会影响降到最低。要做到防患于未然,遇到突发事件能够得到满意的有效处置。会展预案主要有以下内容:

1. **组织指挥机构及职责。**明确各组织机构的职责、权利和义务,以突发事件应急响应全过程为主线,明确事件发生、响应、结束、处置等环节的主要部门与协作部门;以应急准备及保障机构为支线,明确各参与部门的职责。

2. **预防和预案机制。**包括信息监测与报告,预案预防行动,预案支持系统。

3. **应急处置程序。**包括分级响应程序(原则上按一般、较大、重大、特别重大四级启动相应预案),信息共享和处理,通信,指挥和协调,紧急处理,应急人员的安全防护,群众的安全防护,社会力量动员与参与,事故调查分析、检测与后果评估,新闻报道,应急结束等11个要素。

4. **应急保障措施。**包括通信与信息保障,应急支援与装备保障,技术储备与保障,宣传、培训和演习,监督检查等。

综上所述,我们应该看到,有效的危机应急管理,可以帮助我们及时转危为安,渡过难关,我们相信,危机创造机会,危机敲响警钟,危机促进变革,危机增强竞争力。会展主办方通过建立各方预案最大限度地减少对会展的影响,只有建立有效的会展应急管理措施,才能确保会展圆满举行。

展览用户的非对称性及其影响浅析

刘启正

（农业部农业贸易促进中心）

展览是现代市场经济中常见的经济活动，也是最古老的“新经济”活动。自1851年举办的“大英万国工业博览会”至今，展览业已历经了150余年的发展；直至今天，仍与网络、电信服务等被并列为“朝阳产业”和新经济形式的代表。与前两者一样，展览在经济属性上也可以被看作一个面向用户的服务性平台。而在平台经济的研究中，用户的属性和结构通常具有决定性的影响，面向同质用户的单边平台和面向异质用户的多边平台在运营原理上存在差异。

参展商和观众是展览最基本的两类用户。在展览活动中，主办机构通过提供一个基于产品和信息展示的平台，促进经济实体（企业或者个人）之间的信息交换和商业资源匹配，并收取服务费用，用于补偿服务成本和获取商业利润；参展商通过购买展位、观众通过购买门票参加展览，实现信息交换、贸易对接以获得效用。参展商与观众这两类用户的异质性使展览具有双边市场的经济特征，而双边用户的非对称性更进一步对展览的举办造成一系列的深入影响，本文将就此展开简要的分析。

一、用户参展收益的非对称性

如果用最简练的词汇表述展览的主要功能，人们一般会联想到“信息平台”、“交易平台”等表述。与其他平台物品类似，展览用户的收益受到网络外部性的巨大影响。从常识中可以得知，在大多数展览平台中参展商和观众关注的都是“对面”用户的情况。这是因为参展商所要发布信息、达成交易的对象就是观众，而观众获取信息、达成交易的对象则是参展商。因此，观众的数量和质量基本决定了参展商所能获得的效用，而参展商的数量和质量又反过来决定了观众所能获得的效用。

这种某一类用户对另一类用户效用的影响，就是通常所说的“间接网络外部性”。这种影响的大小取决于两个因素，一是“对面”用户的数量，二是每一个“对面”用户所能带来的效用。对于不同的展览活动来说，参展商（观众）能够带给观众（参展商）的效用是不同的，有的展览参展商获益更多，而有的展览观众获益更多。这种用户收益的非对称性是如何影响展览的举办呢？Mark Armstrong 于 2006 年提出了一个一般的垄断平台对双边收取注册费的模型，从原理上揭示了平台差别定价的经济意义。

根据 Armstrong 的模型，设用户效用函数为：$u_A=\alpha_A n_B-P_A$，$u_B=\alpha_B n_A-P_B$；需求函数为：$n_A=\phi_A(u_A)$，$n_B=\varphi_B(u_B)$；平台利润函数为：

$\pi=(P_A-f_A)n_A+(P_B-f_B)n_B=\varphi_A(u_A)(\alpha_A n_B-u_B-f_A)+\varphi_B(u_B)(\alpha_B n_A-u_B-f_B)$

其中，f_A，f_B 是平台对两边提供服务的平均可变成本，为外生变量。

由平台利润最大化的一阶条件$\dfrac{\partial\pi}{\partial u_A}=0$，$\dfrac{\partial\pi}{\partial u_B}=0$ 可得：

$u_A=(\alpha_A+\alpha_B)\varphi_B(u_B)-f_A-\dfrac{\phi_A(u_A)}{\phi_A(u_A)}$，$u_B=(\alpha_A+\alpha_B)\phi_A(u_A)-f_B-\dfrac{\phi_B(u_B)}{\phi_B(u_B)}$。整理成价格与需求量表示的均衡条件为：$P_A=f_A-\alpha_B n_B+\dfrac{\phi_A(u_A)}{\phi_A(u_A)}$，$P_B=f_B-\alpha_A n_A+\dfrac{\phi_B(u_B)}{\phi_B(u_B)}$。

从以上均衡价格应满足的条件可以看出，利润最大化的价格是对一边用户的服务成本加以调整而确定的，其中包含一个由需求弹性决定的正向的调整和一个由“对面”用户的间接网络外部性决定的负向的调整。

在平台两边用户具有非对称性的情况下，平台主办方对一边用户的定价有可能远远低于服务成本和“对面”用户的价格，甚至可能是零价格或负价格，即这些用户从“对面”用户获得了价格补贴。

在现实展览活动中，那些观众对参展商带来的效用更大的展览会倾向于对观众低价格甚至免费开放而对参展商收取较高的展位费用，如绿博会、茶博会等大多数经贸性农业展览；而那些参展商对观众带来的效用更大的展览则倾向于低价出售展位而对观众收取较高的门票费用，如寿光菜博会等博览性农业展览。

二、用户参展目标的非对称性

除参展收益以外，参展商和观众两类用户在具体参展目标的期望上也具有明显的非对称性。

以2009年在广州举办的中国国际种业博览会为例,在现场对参展商和观众进行的问卷调查中(有效数据分别为168个和3 197个),参展商参加展览的主要目标依次是:达成交易合作、寻找开发客户、拓展公共关系和交流技术信息,入选率分别为38%、34%、31%和26%;而观众参加展览的主要目标依次是:寻找开发客户、交流技术信息、拓展公共关系和达成交易合作,入选率分别为34%、33%、19%和14%。

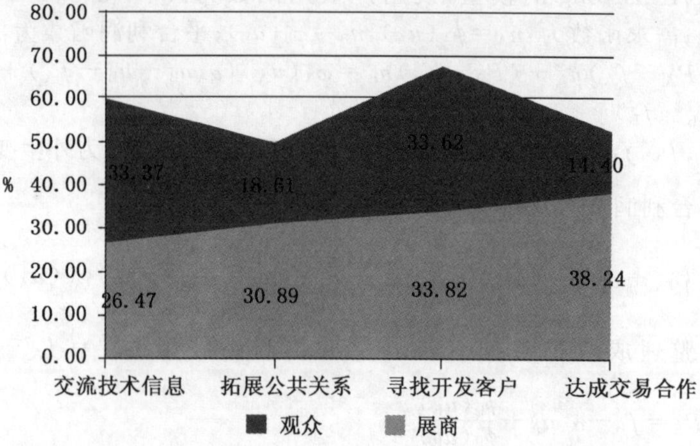

图1 2009年中国国际种博会参展商/观众参展目标比较图

从图1还可以看出,参展商在参展目标上较为分散和多元,而在目标与达成交易的关联度上,交易性越高的目标入选率越高;与之形成对照,观众在参展目标上更为集中和一致,且参展目标与交易意向的关联度并不明显。另外,由于在调查的选项要求上允许复选两项,参展商在参展目标各项上的比重之和超过100%,而观众在各项上的比重之和刚刚过100%。这种差异可以解释为参展商在参展目标的设定上比观众更多,对参展收获的预期更大。以上结论是以一个展览的现场调查数据为基础的,然而其意义却带有普遍性,在对2009年举办的11个农业展览的调查中,结果大致与此一致。

参展商与观众参展目标的非对称性对展览举办的影响分为两个方面。一方面,这种非对称性降低了展览的对接效率和贸易效果,削弱了平台的功能。具有较强交易动机的参展商如果不能找到同样具有较强交易动机的观众就难以达成交易。由于参展商的目标更多，预期更高，其对展览的满意度往往会低于观众，这一点在调查中可以发现明显相符的结果。另一方面应该看到，观众用户数在基数上远远超过了参展商的用户数，因此这种参展目标的非对称性可以看作是因观众内部的异质性而造成的。一个较小比例的观众群体在参展目标上与参展商是基本一致的，其交易合作动机较强，这类观众通常被称为“专业观众”。由于大多数展览往往同时具有展示教育和促进贸易的双重功能，因此观众的构成上就难免存在异质性。这为展览平台的主办者提供了两种改进展览的可能，要么提高专业观众的比重，使展览向着更加专业化的方向发展；要么调整展览的定位，使参展商明确其能够从参展中实现什么样的目标，使展览向着更加大众化的方向发展。

三、用户参展意愿的非对称性

在第一节的模型设定中，展览用户的参展意愿被假设为由效用和成本决定，也就是展览平台中“对面”用户的数量和质量以及展位价格决定的。而在实际展览活动中，当期展览“对面”用户的情况并不是可准确预知的，因此用户在决定是否参展时有另一种可能依据，即对上一期展览的评价，这种评价可以大致分为两个部分，满意度评价和实际参展收获。在用户评价对参展意愿的影响上，参展商和观众两类用户再次表现出明显的非对称性。

在对 2009 年 11 个农业展览的参展商和观众的调查基础上，根据展览对接水平、展览服务水平等满意度指标，实现交易、交流技术、了解新产品、寻找合作对象、了解市场行情等展览收获指标对参展商和观众的参展意愿分别进行相关性分析和回归分析，得出如下两组结果：

$$Y = 1.585 - 0.211F_1 - 0.110F_2$$
$$(55.8)\quad(-5.4)\quad(-2.8)$$

$$Y = 1.598 - 0.096F_1 - 0.152X_1 - 0.090X_3 - 0.195X_4$$
$$(60.7)\quad(-6.0)\quad(-2.7)\quad(-2.8)\quad(-4.5)$$

其中，因子 F_1 主要由用户对展览实现贸易效果、宣传及观众质量以及产品技术新颖度等方面的满意度评价组成，代表了展览的对接水平，而因子 F_2 主要由用户对展览的组织、接待、服务的满意度评价组成，代表了展览的组织服务水平；X_1、X_3、X_4 分别对应于实现交易、了解新产品和寻找合作对象等三项展览收获。

从以上结果可见，影响参展商参展意愿的主要因素是其对展览对接水平和服务水平的满意度评价，而与企业具体获得何种收获关系不大。换句话说，不管企业在参展中获得何种收益，只要其对展览的对接水平和服务水平感到满意，其下届参展的可能就大。而影响观众参展意愿的主要因素则既包括其对展览对接水平的满意度评价，又包括其在实现交易、了解新产品和寻找合作对象等方面的收获情况。这意味着如果观众在展览中取得了交易性较强的实际效果，其参展意愿就会有明显提高。

了解到参展商和观众参展意愿方面的这种差异，展览主办方就可以有针对性地改进展览。若要提高参展商重复参展的比例，就应当着重从改善服务入手，提高参展商的满意度水平；若要开发新的参展商，就应当在提高对接效率、促成实际交易方面下功夫，以改进观众的参展收获。

以上是对参展商、观众两类展览平台用户在参展收获、参展目标和参展意愿三方面差异的一个简略分析，从中可以看出，展览具有明显的面向非对称双边用户的平台属性，对这一属性的深入研究将有利于平台的改进。然而，值得一提的是，尽管参展商与观众两类用户的现实界限很明晰，然而潜在地却存在着一定程度的转化可能，而用户的转化问题在目前的双边市场理论中还没有很好地解决，这也是该领域未来研究的可能方向。

对发达国家会展业发展经验的分析及思考

远　铜

（农业部农业贸易促进中心）

会展业指通过举办各种形式的会议、博览会、展览会而获取经济效益的一种行业，其产品在国际上统称为“MICE”，即 Meeting、Incentive、Convention 和 Exhibition，具体包括大型会议、交易会、展览会、博览会、体育运动会和节庆活动等。作为都市型的朝阳产业，会展业不仅自身能产生可观的经济价值，而且具有 1∶9 的产业带动作用，同时又可以促进不同区域信息文化的交流与传播、提高城市知名度、推动区域合作等。从世界会展经济在全球经济中的地位来看，近年来，国际会展业呈现平稳发展的趋势，2009 年世界会展业的直接经济效益超过 3 000 亿美元，已经成为全球经济中占有相当比重的新兴产业。从世界会展经济在全球范围内的发展来看，发达国家凭借其在科技、交通、通信、服务业水平方面的优势，在世界会展经济发展过程中处于主导地位。其中，欧美是国际会展业最为发达的地区，具有会展实力强、规模大、国际化程度高、专业性强、重复率低等特点。特别是德国和美国，都是世界级的会展业大国。亚洲的会展业以新加坡为代表，凭借广阔的市场、巨大的经济发展潜力、发达的基础设施、较高的国际开放度以及较为有利的地理区位优势，已经成为展览大国。研究这些发达国家会展业发展的成功经验，对我国会展业的持续稳定发展具有积极的参考借鉴作用。

一、发达国家会展业的发展概况

（一）德国会展业概况

德国是世界第一博览会强国，其博览会年营业额为 23 亿欧元左右。

在世界上营业额最大的10家博览会举办者当中，德国就有6家。目前，德国共拥有室内展出面积240万米^2，约占世界展览总面积的20%。在23个展览场地中，室内展出面积超过10万米^{2}的有8个，超过5万米^{2}的有5个。在世界上最大的10个展览场地中，有5个位于德国。国际上每年共举办约150个大型、著名的国际博览会，其中130个左右是在德国。每年，参展商和参观者为德国博览会支出85亿多欧元，同时，有近10万人全部或主要从事与博览会有关的工作，综合经济效益达205亿欧元。

作为世界会展大国，德国政府对会展业给予高度重视。先后将汉诺威、法兰克福、科隆、慕尼黑、杜塞尔多夫、纽伦堡、斯图加特、柏林和莱比锡等城市的展览业作为支柱产业加以扶持。为了保证展览业的健康发展，出台了一系列鼓励措施和优惠政策，吸引展会组织者和参展商。德国政府鼓励企业到国外参展，每年制订一个官方参展计划AMP(Ausl and smesse programm)，除对国外参展工作加以指导和协调外，还对参展企业给予适当补贴。德国政府对会展业的扶持还体现在对会展设施的资助和投资上，尤其是对大型和特大型会展设施和国际会展经济区予以支持和资助。德国政府是建造大型现代化展馆设施的主要投资者，其拥有21个博览会场地，展览场馆总面积240万米^2。

(二)美国会展业概况

美国会展业以其规模大，反映世界最新科技及商品而独具特色。拥有四大展览城市——拉斯维加斯、亚特兰大、芝加哥和达拉斯，全美广播电视展以及全世界规模最大的三个会展——工程建设机械博览会、国际消费电子展和国际动力传动展，都在拉斯维加斯举办。从1995年至今，美国一直在兴建展览场馆，2000年兴建和扩建的场馆达94个。美国奥兰多会议中心原仅有展示面积110万英尺^2，到2003年10月就扩建到210万英尺^2。在美国，展览产业对地方经济的拉动作用也十分明显。比如，2000年美国举办了13 000个展览会，直接收益约120亿美元，与展览会相关的社会综合消费约1 250亿美元，展览会的经济带动比例约为1∶10。据有关调查机构估算，每位参观者每次参观平均要支出1 200美元，可以给当地的国内生产总值带来2 000～8 000美元的增长。就会展业本身而言，其增长速度比美国GDP增长快得多。

美国会展业的发展得到了政府强有力的支持。在会展业发展中，政府除编制产业规划、开展行业统计、制定政策法规和提供配套服务外，对于某些特定的项目，尤其是涉及对外贸易时，美国政府还会提供全方位的支持和服务以帮助展会顺利举办。此外，美国商务部还要求展会组织者专门为展览会出版《出口意向商品目录》，详细刊登美国参展企业名录、意向出口商品目录和意向出口地区目录等方面的信息。另外，美国会展业透明的市场化运作方式也使会展市场拥有良好的竞争环境。以拉斯维加斯为例，每年2 000多场展会的成功举办，完全靠市场化运作，企业想要参展，只要按手续预定、缴纳费用，就可以得到展位，无须向政府部门申请。这种完全透明的市场化运作，既保证了那些发展迅速的成长性小企业也有机会参加各种会展，也有利于展览公司之间的竞争，从而进一步促进了整个展会行业的发展。美国会展业的独特魅力还在于其进行了业态创新，即在同一建筑空间内，融会展、餐饮、宾馆、娱乐、大卖场、旅游观光等不同的业态于一体，使之相互补充，相得益彰。这一创新，不仅减少了展览场馆的空置浪费，而且极大地提高了会展业的综合效率和经济效益。

（三）新加坡会展业概况

新加坡会展业起步于20世纪70年代中期，由于发达的交通、通信等基础设施、较高的服务业水准和国际开放度，以及政府的高度重视，到2003年新加坡已连续20年获得国际展览业协会联盟颁发的亚洲最佳会议城市荣誉，连续4年被评为世界最佳会议城市第5名。据新加坡旅游局统计，2004年新加坡接待旅游者835万人次，其中会展活动接待量约200万人次，2005年新加坡共举办了5 000个会议和展览，商务旅行和会展业的收入约为30亿新元，占旅游业总收入的28%。

为了发展会展业，新加坡政府专门成立了新加坡会议局（SCB），充分利用当时已有的饭店会议设施和多功能厅，开拓国际会议旅游市场。新加坡对举办展览会不实行申报审批制度，也没有任何管理法规。无论本地的或国外的展览公司在新加坡举办展览会都不需要向政府部门登记。政府还对会展业提供一定的财力支持，如对外出参展办展的企业由新加坡贸易发展局给予支持。为了扶持会展业，新加坡贸发局还提出了一系列的计划，如国际贸易展览会资格计划AIF、特准贸易论坛计划、国际展览发展协助计划等。对基础设施度的大力投资有力保证了会展的举办。为了保证会展业的不断发展，新加坡政府重视会展基础设施的完善，建设了一批一流的国际饭店，可以接待各种类型的会议。

二、影响会展业发展的必备要素和增值要素分析

(一)基于双因素理论的会展业影响因素分类

从发达国家会展业的发展经验来看,会展业有其自身的发展规律,会展业的发展受到多种因素制约,其中部分因素是举办会展所必须具备的各项基本条件,另外一些因素则能够起到加速、激励会展业发展的作用。根据赫茨伯格的双因素理论,可以把影响会展业发展的因素分为必备和增值两类(表1)。

表1　会展业发展的影响因素

要素类型	名称	具体含义
基本要素	基础设施	展馆、会议设施,交通、水电气等设施
	配套产业	商贸、餐饮、住宿、物流等配套产业
	办展人员	举办会展必须的布展、策划和管理人员
	会展企业	筹划、组织或筹办会展的企业
	扶持政策	政府给予的免税、减税、补贴等经济扶持及公共安全、货物通关、工商管理等服务支持
增值要素	产业基础	本地及周边区域是否有与会展展品类似的支柱产业
	城市资源	对当地独特的环境、文化或旅游资源进行市场化运作或开发,使其在会展活动之外,能够持续吸引世界各地的会展组织者和参与者前往该区域
	综合配套	城市或展馆设施是否具有良好的交通、通关、金融、保险、邮电等综合配套服务
	品牌展会	是否正在培育或已经拥有自身的国际知名的品牌展览会
	运作经验	以市场化的运作方式,利用国际化的办展经验为参展和观展者提供无微不至的贴心服务,并结合当地实际情况开发新的会展产品
	持续发展能力	以上各类增值要素是持续的,能够为会展业提供持续的支撑,促进展会实现对组展商、参展商和消费者的持续吸引的目标

表1中，基本要素指会展业发展必不可少的要素，增值要素指有利于会展业加速发展或提升地区会展业发展潜力的要素。对某一国家或地区而言，基本要素是发展会展业的必备条件，如果不具备这些基本要素，该城市或地区会展业发展成功的可能性极小。这些因素包括基础设施、办展人员、会展企业和相关行业。然而，具备了基本要素只是说明具备了展览展示的基本功能，并不意味着会展业就必然能成功，如何形成自身独特优势、具备持续发展的能力才是会展业成功的关键，而这些优势和能力就是促进会展业发展的增值要素。增值要素包括政策扶持、产业依托、城市资源、品牌展会、运作经验、综合配套支撑和持续发展能力。当然，会展业要获得成功，并不需要具备并激活全部增值因素，这就需要根据自身实际，集中资源使其中一项或若干项优势因素发挥作用。

（二）影响会展业发展的双因素实例分析

根据上述对影响会展业发展的必备要素和增值要素的区分，下面以美国拉斯维加斯市为实例进行分析。拉斯维加斯目前有大小展览场所1 000多个，每年举办2 000多场专业性会展，约有500多万厂商参展，数千万厂家和专业人士进场参观和洽谈。如表2所示，拉斯维加斯发展会展业的基本要素齐全，并具备了多项增值要素。拉斯维加斯发达的博采业和娱乐业使其成为全球最著名的旅游胜地，且其融会展、餐饮、宾馆、娱乐、大卖场、旅游观光等不同的业态于一体的功能设计，更加方便了办展人员和参展人员的参展与消费，对全球组展商、参展商和普通消费者形成了持续的吸引力。正是凭借这两点独特的增值要素，拉斯维加斯已经成为当前国际上最著名的会展中心城市之一。

表2　拉斯维加斯会展业影响因素分析

要素类型	名称	具体内容
基本要素	基础设施	机场、高速公路网络发达，能够安全、快捷、高效、大容量地解决参展和参观厂商的人流和物流问题
	配套产业	高档的宾馆酒店多，资讯、金融业发达，饮食、娱乐及购物场所鳞次栉比
	办展人员&会展企业	会展专业企业和人才众多

续表2

要素类型	名称	具体内容
增值要素	城市资源	拉市的展览场馆多,大小展览场所1 000多个,规模大,可以同时举办多个专业会展
		拉市的博彩业和娱乐业发达,对全球消费者有着巨大的吸引力
	综合配套	在同一建筑空间内,融会展、餐饮、宾馆、娱乐、大卖场、旅游观光等不同的业态于一体
	品牌展会	全世界规模最大的三个会展,工程建设机械博览会和国际消费电子展,国际动力传动展,以及全美广播电视展都在此地举办
	运作经验	每年举办2 000多场专业性会展

三、关于我国会展业发展的思考

近年来,在国内发展会展业热潮带动下,各地大建展览场馆的势头此起彼伏,很多省市均提出要把会展业发展为支柱产业。经过一段时间的发展,北京、上海、广东等少数省市会展业发展较好,而多数省市的会展业发展缓慢,许多会展场馆利用率和收益率不高,特别是在一些经济尚不够发达、产业结构不尽合理、配套设施不完善的中小城市,会展场馆甚至已经成为财政的“包袱”、“政绩工程”和舆论诟病的焦点。对此,借鉴一些发达国家会展业的发展经验,运用双因素理论进行分析,对当前我国会展业发展提出以下建议供参考:

(一)编制产业总体规划,加强宏观调控

建议由国家商务部、中国贸促会等相关部门或单位牵头,编制全国会展产业发展总体规划。在总体规划中,对会展业的产业定位、会展行业管理体制、各省市的品牌展览会、会展人才培养等重大问题作出清晰的说明和合理的安排,以指导我国会展业的健康发展。同时,要着力建立符合市场经济体制要求的会展业宏观调控体系。为此,政府应从利用行政手段干预甚至直接参与会展经营活动,转到利用法律和经济手段调节会展业的发展方式上来。

(二)建立会展行业协会,发挥中介组织作用

以会展企业为主体,组建具有权威性的全国性展览行业协会。行业协会应具备以下职能:制定行业规范,进行行业间的协调和管理;对展览会进行资质评估,为政府审批项目提供参考;开展行业统计工作,为政府有关部门制定政策和企业经营决策提供依据;加强信息交流和调研,提高会展市场的透明度;举行专业培训,提高会展活动的组织水平和质量。同时,大力发挥行业协会的中介作用,协调政府和企业关系,搭建企业与政府之间交流的平台,整合政府与市场、海内与海外的资源。

(三)优化场馆资源利用,抓好招商引展

优化现有场馆资源的使用,提高使用效率,做到展会规模与场馆设施相互匹配。做好大型活动后场馆转型使用的规划安排和会展引进工作,通过巡回办展、申办或主办大型国际展览、为世界巨头展览公司提供场地等方式提高场馆的使用效率;加强对老场馆的改造,发挥其区位优势,作为小规模会展的主场地;增加老场馆的网络信息技术建设,建造电子信息发布平台,为参展商提供会展信息、政策信息以及产品展示、形象展示的平台,提高展览的信息交流水平。

(四)推动产业链内联动,提高协作力度

切实加强会展业与相关产业的合作,引导各行业在共同发展上达成共识,形成高效的行业联动机制。在举办大型涉外展览时,商务部门要组织各相关行业到场,如媒体报刊机构到现场提供新闻服务;银行、邮局到现场提供咨询和进行业务办理;加强会计、税务、审计、资产评估、法律和工程咨询、管理咨询、广告策划等中介服务机构与会展企业的合作,保证展会的顺利进行。此外,还要与酒店、旅游机构密切合作,为国内外参展商提供"一站式"服务。

(五)加强会展教育培训,培养优秀人才

加强对会展专业人才的培养,鼓励高校和会展企业联合,安排相关专业学生参与会展活动,提高学生实践能力,并为企业输送优秀人才,探索新型的会展教育之路;引进国际先进的人才培训机制和理念,并有计划地选派专门人员到国外会展业发达城市和地区学习其运行规则和先进经验;组

建专门的会展培训机构，培养满足会展产业发展需要的高级服务人才和管理人才，建立会展职业认证培训体系，推行会展业从业人员资格认证。

（六）培育优秀会展企业，给予资金支持

大力发展会展经济主体，鼓励会展企业举办高质量、影响大的会展项目。积极推动国内企业与国外会展公司、组织机构开展合作，引进先进的办展理念和经营模式，提高企业国际竞争力；通过财税、费用补贴等优惠政策，推动会展企业到发达国家和地区参加国际性会展；加强政府与世界国际性组织的推介作用，鼓励企业以"展览馆"、"展览品牌"的身份加入国际展览联盟，并对通过 UFI 认证的会展企业给予精神鼓励与物质奖励。

（七）建立会展品牌目录，打造知名会展

建立《展览会重点扶持品牌目录》，确定一批具有较高影响力的自主会展品牌，作为重点支持项目。对列入目录的展会，制订长期计划，加大对外宣传推广力度，由政府和行业协会共同协作，制作影视片、宣传册，设计会展品牌形象等，并积极向国外会展机构推介，争取打入国际市场。

浅谈农业会展的可持续发展

张雪春

（农业部农业贸易促进中心）

随着几千年来世界物质和精神文明的不断进步，人类社会终于不得不面对发展本身——发展的可持续性所带来的挑战。“可持续发展”这个词已经快速渗透到世界范围的各行各业发展中，这一发展观念上的转变已不仅仅涉及环境资源领域，还广泛影响到人们的思维方式以及生存领域的方方面面，正逐步演变为全球经济社会发展的新主题。农业会展，这一特殊行业与可持续发展的联系又是怎样？作为服务性行业，农业会展的可持续发展之道又该如何走下去？本文仅以本人从事农业会展的实际工作经验出发，简单阐述一些个人观点。

农业生产，是人类社会最早的价值创造活动之一，也是历史最悠久的一门社会经济产业。会展行业，则是社会经济发展到一定阶段所出现的促进催化其他行业的发展重心由生产阶段向流通阶段转化的一种辅助性的服务行业。在工业、信息等其他行业领域中，会展对特定行业的发展起到了明显、卓著的引领和推动作用，因而形成了一股专业性强而且颇具有潜力的发展力量。由于会展这一专门服务性行业的出现，不仅为其所服务的行业，甚至因为会展举办而为社会各行各业都带来了发展机遇和动力。例如，促进举办地的餐饮酒店、交通运输等方面的发展。因而也被社会各届广泛上升为“会展经济”。农业会展这一传统与新兴行业结合而成的经济现象或者说经济存在，在我国发生得似乎有点晚，也因此而具有一定的区别于其他行业会展的特殊性。

一、我国农业发展决定农业会展的发展特点

(一)我国农业发展阶段转变决定了农业会展发展起步较晚

由于人口众多、农业生产规模小、技术落后等原因,我国农业经济长期以来都是以解决人民温饱问题为基本目标。直至1998年,农产品生产供大于求和中国加入世贸组织,中央作出了我国农业发展已进入新阶段的重大判断,这意味着我国农业发展具备了进入市场经济的基本条件。而会展行业(主要指商业展览)是市场经济发展到一定阶段,市场的供需关系的一种新型的匹配方式。会展将某一行业的供应者和需求者在特定的时间、特定的地点集中起来进行交易和沟通,是一种非常高效的将产品由生产方向需求方转移的途径和方法,极大地促进了产业的价值流动,从而催化产业的迅速发展。我国农业长期以自给自足方式为主导,欠缺农产品的商品化意识,因而不具备会展形成的基本条件,尽管其他行业的会展已经发展到相当规模和水平,我国农业会展仍然处于非常初始阶段。自我国农业发展进入新阶段开始,农业的商业意识增强,剩余农产品开始需要借助市场寻求销路,以及国际农产品竞争者的进入带来了会展这种市场营销和进入方式,才使我国的农业发展被动地与农业会展联系在一起。

中国国际贸促会农业行业分会,是国内最早从事农业展会行业的专门机构,自1990年接受海外会展公司的合作邀请,共同主办中国国际农业新技术展览会,展会的运营以海外主办方为主,参展商也完全来自国外,没有一家中国参展商。同样方式,1996年贸促会农业行业分会与美国一家展览机构合作,举办了中国国际渔业博览会,并创办了农业类展会中国内参展部分。1998年以后,短短几年间,国内各地已经出现众多涉及农业、规模各异的展会。这个变化与我国农业经济新阶段的飞速发展是分不开的。正是我国农业产业发展的巨大潜力吸引了会展行业并促进了二者的结合,促进了我国农业会展的产生。

(二)农业从业者的整体素质决定了农业会展整体发展水平

我国农业产业长期以来在国民经济发展中一直占据基础地位,也一直

处于稳固的发展状态，没有显现出工业、信息业以及服务业等产业的迅速的强大的发展潮流。在价值创造方面，也一直处于低附加值阶段，这也导致了农业从业的经济实力相对薄弱，市场竞争意识差的现实。农产品的商品化发展缓慢，农产品加工程度不深，就不能为农产品创造更多的附加值，不能为农产品生产者带来更多的利润。没有剩余资本的再投入，也难见企业更高的发展与壮大。这也是我国农村与城镇差别化加剧的一个根本原因。

我国农业从业者相对较低的整体素质，使农业会展的发展遇到障碍。国内农业参展企业往往只注重参展费用的多少，而忽略展会带来的市场与机会，甚至机会来临，由于语言、营销、贸易等方面知识的欠缺，而错失企业的商业机会。在多年的农业会展招商招展工作中，深刻体会到我国农产品企业的发展参差不齐。如相对发达的水产品行业，参展企业一般都已经从事国际贸易，非常注重展会的参与，有专门从事展会的人员或部门，定期参加不同层次不同范围的专业贸易展。而一些相对落后的农业产业，如马铃薯产业，很多从业者对于参展本身都不了解，参展程序更不用说。即使已经报名参展的企业由于缺乏市场营销方面的专业知识，不注重展台形象，简陋的洽谈环境，导致自家门庭冷落，根本起不到参展的效果。

（三）行政化办展的运营模式扭曲了农业会展的进一步发展

虽然我国农业会展经济已经进入新兴并成长阶段，但从整体上看，我国农业会展的发展还是缺乏后续动力，表面上轰轰烈烈、热热闹闹，而推动产业发展的实际效果不明显。这主要是行政化办展的运营模式破坏了商业会展的生存和发展机制。

据统计，我国农业会展80％有强大的政府支持，无论从财政上还是运营上。在发展初期，财政上的支持是非常必要和有帮助的。但在运营上，特别是行政文件招展、展位摊派等行政上的干预，对展会会起到致命的摧残。即使很多企业迫于压力前来参展，没有专业的观众和采购商，也会让展会的财政投入付诸东流，甚至造成巨大的浪费。对展会的后续发展造成不利。还有些政府行为办展，盲目招商引资，对采购商特别是国际采购商不分质量、不问缘由的上宾款待，无形中加大农业会展的支出而收效甚微。本人自从事农业会展工作以来，常有地方农业展会主办机构前来洽谈邀请国际采购商的合作。有的甚至直接提出，只要邀请到黄头发、蓝眼睛的外国人充充门面即可，且所有费用全包。

二、我国农业会展可持续性发展建议

（一）明确农业会展在农业经济发展中的地位和意义

在社会经济发展的价值链中，会展作为一个服务性行业对各个产业的发展可以起到促进催化作用，横向整合、集中发展可以发展成为“会展经济”。农业会展是在农业产业链上一个专门化的服务手段，应强调对农业的辅助性功能，服务于农业经济发展从而扩大农业的经济效应。会展在农业发展中虽然只占据辅助性地位，但是现阶段会展对农业经济发展的推动和催化作用却是非常重要而不可替代的。明确了农业会展的地位和意义，合理的发展农业会展经济，才是可持续发展之道，它将成为农产品商品化、精深化发展的关键环节。

（二）发挥农业会展对我国农业经济的促进和催化作用

要发挥农业会展对农业产业的促进和催化作用，应该明确所要促进的产业发展方向和主题，并且要具备一定的产业基础和条件。盲目地发展农业会展经济，会导致重复性的基础设施建设、财政资金的流失以及人力、物力资源的浪费。这样的农业会展经济是不可能长久发展下去的。做好一个展会，使其对农业产业起到积极的促进作用，应注重以下几个方面。

1. 主题明确。无论是政府参与还是商业办展，鲜明的主题是展会成功的基础。明确的产业发展需求，可以吸引更多的相关企业和机构，从而为共同的目标聚集和交流，提高展会沟通的效率，增加展会参与者对展会的认知，实现展会的市场定位，也为展会的品牌树立奠定基础。特别是在分工和专业化日益发展的今天，市场细分的程度也越来越精确。因此，明确的主题已经成为一个展览项目立项、存在和发展的前提。

2. 专业服务。专业性的服务是会展行业本身所应具备的属性之一。由于专业性的存在，才会衍生出会展服务行业，这包括会展组织服务、场地服务、搭建展示服务、物流运输服务、餐饮差旅服务等一系列的工程型服务。所谓工程型是指以上服务要在短时间内精确巧妙地联结，使参展商和观众能够通过展会高效地沟通和交流。这里面既有展会特有的服务内容，如展会组织、场地、搭建展示服务；又有普通的商业服务，如物流运输、餐饮差旅服务。

3. **产业引导**。农业会展还是一种特殊的产业展示平台，它的特殊性体现在展示的时间性和高效性。短短几天的时间，高度集中了相关产业的企业、机构、专家和人士，这期间所释放的产业信息将被快速高效地传递，更加刺激了产业的进一步发展。充分运用这一平台，发布产业发展的新技术、新理念将成为产业发展的催化剂，促进引导农业产业的发展。

(三)创新我国农业会展政府参与度较高的运营模式

我国农业经济发展的特点决定了农业会展的发展模式，相对薄弱的农业产业基础和较低水平的农业从业者素质，必然需要政府在财力上、人力上、物力上给予一定的支持。但是在运营模式上还应坚持市场化运作，培养农业会展的市场生存能力。行政化办展，在前期培育阶段，行政干预过多，既挫伤参展商的参展热情，也损害了农业展会的品牌基础，无利于展会后续发展潜力的积聚。

要促进农业会展的可持续发展，政府要一手给予支持，一手给予引导。支持和引导已经成熟的会展服务从业者以专业的会展服务为农业行业的发展积极活跃起来，充分发挥他们的专业优势。政府应尽量避免直接从事会展的商务性操作，而要对农业会展进行宏观调控，在给予资金支持的同时，制定好绩效考核的方法和标准，鼓励、引导农业会展的健康发展。

绿色食品博览会的评估分析与对策研究

——基于中国绿色食品2008年上海博览会的调查

王　敏　　　　　　王　南

（中国绿色食品发展中心）　（上海市农产品质量认证中心）

一、"绿博会"回顾

（一）"绿博会"概况

1990年，农业部正式启动绿色食品开发和管理工作。同年，在北京亚运村举办第一届"绿色食品宣传展销会"，之后在天津、广州、昆明、福州、上海等地举办。经过多年市场培育，"绿博会"成为国内绿色食品产业专业型展会，参展企业来自绿色食品认证企业，参展产品呈增长态势。"绿博会"的举办，推动了绿色食品生产和消费，增强了农产品的市场竞争力，树立了农产品精品形象。中国绿色食品2008上海博览会是第九次全国性绿色食品集中展示和贸易洽谈活动。

（二）"绿博会"的主要特点

一是专业展会特点鲜明。"绿博会"的专业性强，参展的准入条件为有效使用绿色、有机食品标志和推荐使用生产资料的产品。经常伴随研讨会、报告会以及产品推介会。二是参展产品范围广、种类多。产品包括粮、油、果、蔬、茶、畜、禽、蛋、奶、水产等及其制品。三是展会规模大。本届"绿博会"展位数为340个，较1994年上海宣展会增长了3倍。据2001—2008年统计图表，绿色食品每年认证与有效使用绿色食品标志的企业和产品数呈递增态势，绿色食品企业参展的积极性较高，使得"绿博会"的规模增大。四是政府支持力度大。"绿博会"的主办方为绿色食品开发、管理的专门机构和其主管部门以及举办城市的政府部门，支持力度大。政府干预模式的展会具有极高的权威性，发挥行业协调功能。

二、2008 年第九届“绿博会”的基本评估

本次调查向绿色食品委托管理机构、参展商和观众发出了评估问卷 1 000 份，回收问卷 862 份。有效问卷为 754 份，有效率 87%，其中绿色食品委托管理机构 26 份，参展商 247 份，观众 481 份。对展会组织服务、展览视觉效果、宣传等方面广泛征询了绿色食品委托管理机构、参展商与观众的意见。

（一）“绿博会”规模方面的评价

1. 展馆规模与交易规模。本届“绿博会”的展示面积为 7 600 米^2，共设 340 个展位。展期 4 天，实现总交易额 59.5 亿元，其中，签约额 14.2 亿元，意向金额 45 亿元，现场零售额 2 425 万元，签订经贸与技术投资合作意向项目 287 个。本届“绿博会”专门设立采购商专区，采购商专区在展期共签约 11.5 亿元人民币。与 2006 年上海“绿博会”相比，交易额、签约额、意向金额有所下降，但现场零售额有所上升。

2. 参展商与观众的数量与质量。全国 41 个省（区、市）的 37 个绿色食品展团组织了 681 家绿色食品企业来进行绿色食品产品展示、交易和现场销售活动。同时，本届“绿博会”吸引了大量的中外采购商，有大商集团、上海商业连锁协会集团等以及来自韩国、日本等国家的上千家中外采购商到展会洽谈采购，逾上万消费者参观展会。

从参展商的抽样调查来看，有 31.69%的参展商是第一次参加“绿博会”，68.31%的参展商曾参加过往届的“绿博会”，可见“绿博会”的参展商回头率较高。同时，参展商参加展会的主要目的排在前三位的分别是展示公司和产品形象、获得订单以及与同行交流。

对观众的调查显示，70.44%的观众已经不是第一次参加“绿博会”了。观众对展会的兴趣因素值为 97.7%，美国的这个指标一般在 45%左右，一般来说，展会限定的范围越窄，观众的兴趣因素值越高。同时研究表明，展会规模的大小与这个取值的大小成反比。可见目前观众对“绿博会”的兴趣因素值很高，“绿博会”的办展规模还可以进一步扩大。

从观众的调查统计来看，71.52%的受访观众表示参加“绿博会”的主

要目的是购买绿色、有机食品，40.75%的受访观众表示他们主要是参观展品，而为了收集信息的观众占受访样本的比例仅为25.16%。由此可见，大多数观众参加“绿博会”还只是为了采购，因此还需要更好地对“绿博会”的观众进行组织，尽量多组织些专业观众。

（二）“绿博会”组织方面的评价

展会的组织水平主要是评估展会主办单位对整个展会项目的组织协调能力、维持良好秩序的能力、处理紧急或突发事件的能力等。本调查对门票、入场、场馆内部交通以及场地布局这几方面征询了绿色食品委托管理机构、参展商和观众的意见。对绿色食品委托管理机构的调查显示，75%的受访机构表示他们都安排了两人以上来负责本届“绿博会”展览事务。可见，绿色食品委托管理机构对本届“绿博会”的重视。参展商和观众的调查结果显示（表1），超过2/3的参展商和观众对“绿博会”的门票表示满意，但对场馆内部交通的满意度低。对于展会的场地布局，有超过90%的参展商和观众认为本届“绿博会”场地布局很方便和比较方便。本届“绿博会”组委会下设展务、商务、会务、宣传、安全保卫、监管组。其中监管组的职责是在展前对参展企业和产品进行核查，防止假冒绿色食品产品参展，清理超期及超范围用标产品，及时处理不规范用标情况。

表1　参展商和观众对2008“绿博会”组织的评价　%

	非常满意		满意		一般		不满意		非常不满意	
	参展商	观众	参展商	观众	参展商	观众	参展商	观众	参展商	观众
门票	22.77	33.74	50.50	50.99	25.74	13.05	0.99	1.23	0.00	0.99
场馆内部交通	19.28	11.01	47.09	45.39	27.35	38.65	6.28	4.27	0.00	0.67

	很方便		比较方便		不方便	
	参展商	观众	参展商	观众	参展商	观众
场地布局	27.24	33.19	65.04	60.47	7.72	6.34

（三）“绿博会”服务方面的评价

一个成功的展会，除了要拥有一定数量和质量的参展商和观众以外，还必须具有优质的展会服务。展会服务贯穿于展会的始终，是现代会展业最为常用和最为重要的竞争手段之一。本文对本届“绿博会”的指示牌系统、安全保卫、清洁、咨询等服务进行了调查。参展商和观众的调查结果如表 2 所示。从调查结果来看，清洁服务和卫生间是表示不满意和非常不满意的人数最多的两项服务。据研究者现场调查，展会开幕以后，观众携带的物品以及参展商发放的宣传品在场馆产生很多的垃圾，而这些垃圾没有得到及时的处理，严重影响了“绿博会”的形象。对此，可以对展会中的清洁工作进行如下分工：①展馆通道和公共区域的清洁工作，由展会清洁服务商负责，并且要增加清洁频率，做到有序清理。②各参展商展位内的清洁工作，由参展商自己负责，产生的垃圾由展会清洁服务商定时收集。

表 2　参展商和观众对 2008“绿博会”服务的评价　　%

	非常满意		满意		一般		不满意		非常不满意	
	参展商	观众	参展商	观众	参展商	观众	参展商	观众	参展商	观众
指示牌系统	21.59	19.65	53.30	56.29	21.15	21.63	3.96	2.21	0.00	0.22
安全保卫	22.03	18.06	52.86	52.42	20.26	25.33	3.96	3.96	0.88	0.22
清洁服务	21.93	12.94	47.81	42.32	22.81	34.65	6.58	8.77	0.88	1.32
卫生间	20.18	14.74	51.32	46.03	19.74	30.84	6.58	5.22	2.19	3.17
咨询服务	21.13	14.72	53.52	47.66	21.13	32.24	3.76	5.14	0.47	0.23

(四)“绿博会”展览视觉效果方面的评价

展览与销售是不同的，展览尽管有销售的义务，但更重要的意义在于树立企业的形象。展览展示设计，是在一个相对比较短的时间里集中向观众展示企业的形象与产品，而每一个人在一个展位旁边所停留的时间一般不会超过 5 分钟。所以，展览视觉形象是至关重要的。展位对参观者来说就是一个 5 分钟的形象艺术。本文调查了参展商和观众对“绿博会”展览视觉效果这一方面的评价。表 3 显示的是参展商和观众对“绿博会”的总体展览视觉效果的评价结果。总体来看，有超过 2/3 的参展商和观众认为本届“绿博会”的展览视觉效果是“好”。有超过 20％的参展商和观众对此的评价是一般，“绿博会”的展览视觉效果的提升还有很大的空间。

表 3　参展商和观众对 2008“绿博会”展览视觉效果的评价　　%

展览视觉效果评价	非常好	好	一般	不好	非常不好
参展商	18.44	56.15	24.59	0.82	0.00
观众	22.34	52.40	23.80	1.46	0.00

(五)“绿博会”宣传方面的评价

展览举办单位对展会的宣传推广,是客户形成对展会期望的重要信息来源,尤其是在客户展会了解还不多的时候,这些信息能极大地影响客户对展会期望的形成。表4所示的是参展商和观众对2008“绿博会”宣传的评价结果,参展商和观众对“绿博会”实际与宣传之间的看法存在差异。

表4 参展商和观众对2008“绿博会”宣传的评价 %

对宣传的评价	出入很大	出入不大	没有出入	不清楚
参展商	7.82	63.79	15.64	12.76
观众	6.93	66.60	18.07	8.4

总体来看,“绿博会”的举办单位可以有意识地调整自己的宣传推广策略,引导参展商和观众各自对“绿博会”形成合理的期望,举办方在做展会宣传的时候应围绕展览的卖点和亮点来进行有真针对性地宣传。

三、“绿博会”发展对策

“绿博会”现已成为国内绿色食品产业专业性最强的展览贸易盛会。在国家高度重视食品安全、人们崇尚消费绿色食品的发展机遇下,努力实现“绿博会”的“展示成果、树立品牌、促进贸易、培育市场”的宗旨,将其打造成一个具有公信力的品牌展会。

(一)加强组织专业观众

一个行业展会的质量高低、成功与否很大一部分与参展商和参展观众的专业化水平成正比。展会是以专业人士为观众目标的商务活动。观众的构成和质量极为重要。本届“绿博会”为了满足专业人士交流的需要,安排了展会的第一天为专业观众场,并专设“采购商专区”。对参展商和绿色食品委托管理机构的调查中发现“采购商的邀请服务”被认为是“绿博会”最需要改进的地方,可见目前“绿博会”在采购商的邀请服务上还不能满足参展商的需求,举办单位要面向绿色食品专业人员进行招商,建立“目标观众体系”,吸引更多的专业观众。

(二)完善配套服务体系,提高服务水平

随着我国会展业的飞速发展和展会品质的逐步提高,优质的展会服务

正日益成为各种展会之间展开竞争最有力的武器之一。它渗透到展会举办的方方面面之中，是展会不可或缺的重要组成部分。本届"绿博会"的服务评价调查表明总体上参展商和观众对本届展会的服务还比较满意，但是还存在很多不足，比如清洁卫生服务有待加强。因此，"绿博会"要在我国绿色食品行业的各个展览会中处于领头羊的地位，改变参展商"被动参展"的局面，必须要不断地完善和创新自己的服务，同时要针对参展商和观众的需求，设计有针对性的个性化的服务项目，使展会服务变得更加人性化。

（三）重视展览视觉效果

好的展会展览视觉效果不仅仅能吸引观众，帮助宣传企业形象和产品，重要的是还能吸引目标客户，为参展企业赢得商机。本届"绿博会"的展览视觉效果得到了广大参展商和观众的肯定，但是，还是有近1/4的受访参展商和观众认为此次展会的展览视觉效果一般和不好，对此提出几点建议：①"绿博会"的主办、承办单位和参展商应重视展览视觉效果，培养企业视觉形象的意识。②各省市的展团组织者要给予本省市的绿色食品企业在品牌形象宣传方面的指导，在组织企业参展的过程中，要培养企业重视展览视觉效果的自觉性。③绿色食品企业要加大对展位设计工作的力度。企业布展，涉及工程学、美学和心理学范畴，通过平面、立体艺术造型，借助于声、光、电的作用，表达展示内容的文化，吸引观众的注意，激发客商的热情。

（四）加强媒体宣传力度，重视对特定群体的宣传

强化对外宣传是塑造品牌的一个重要环节。这次的调查结果表明"绿博会"在媒体宣传上还需要进一步加强。因此，需要通过强势媒体加大力度宣传打造"绿博会"的品牌，使"绿博会"形成的影响力在时间上得到延伸，在空间上得以辐射，以达到"绿博会"参加者最大限度的认知，从而获得一种长久效应。通过十多年的培育，"绿博会"在专业化程度、信息功能、对外贸易等方面已十分突出，成为我国绿色食品类展会中规模较大、档次较高、成效明显的行业展会。超过85%的受访参展商和观众认为"绿博会"能被称为品牌展会，它能代表绿色食品行业的发展现状和发展趋势。"绿博会"的品牌效应日渐显现，在推进全国绿色食品市场的协调发展以及开拓国际交流与合作中都起到了积极的作用。因此，实施品牌化战略是"绿博会"在现代市场条件下增强自身竞争力的必然选择，也是向专业化、规模化、国际化发展的必由之路。

关于北京农业会展规模的思考

鄢毅平

（北京农业职业学院）

北京是大城市小郊区，目前城区面积超过 1 000 km^2，城镇人口超过 1 500 万人，而郊区农民不到 300 万，农业产值虽然不小，但在北京总产值中所占比例很小。在北京这样的城市中，是否能够举办大型农业会展，举办大型农业会展是否能够有良好的经济效益？通过调查、分析、对比和研究，我们认为，北京不但有举办大型农业会展的有利条件，而且，在北京举办的大型农业会展也有取得良好经济效益的基本条件。主要原因有以下几点：

一、农业规模并不决定农业会展规模

总结归纳国内外已有农业会展的情况可以看出，一个地区大规模的农业并不是农业会展发展的充分条件，甚至也不是必要条件，但农业规模大，有利于农业会展的发展。从北京及世界各地的实例可以看到，一个城市的经济发展条件，交通信息条件，会议及展览条件，消费市场条件，以及中转物流、科研支持条件等会展业的条件是农业会展能够发展的前提和基础条件，甚至可以成为决定性的条件。由于在这些条件上北京有明显的优势，使北京成为我国举办农业会展条件最好的地区之一，也使北京有可能在农业规模较小的基础上将农业会展做大。

我国不少地区农业生产的规模很大，农业生产的专业化程度很高，并有较大规模的产业组织，但由于当地会展条件较差，在这些地区会展业的发展难度很大，很难办起有规模、有影响的会展。相反，在会展条件好的地区，有时即使完全没有某一农产品的生产条件，也有可能办出有影响力的农业会展。从现时看，与其他地区相比，北京农业的规模比较小，但在这种条件下，北京却能够举办在我国乃至在世界有影响的农业会展，形成小农业办大会展的现象。如北京完全不产茶叶，但我国第一届茶博会将举办地点选在北京。再如，我国第一届全国农业展览，第一届涉外农业机械展览等都是在北京举办的。进入 21 世纪后，除北京市市区外，在北京的几个区县也举办了国家及至世界级的农业会展。虽然针对这些专题的农业会展，北京的农业产业规模并无明显的优势。

2008 年，北京密云县的板栗发展到 30 万亩，虽说在北京各区县中板栗种植面积首屈一指，但与我国的板栗大县河北的迁西相比，面积不到其 50%，产值则只有 30%左右。然而，国际板栗大会暨第四届国际板栗学术会议却将第一次在我国办会的地点选在了密云，此次会议吸引了来自 13 个国家的上百名专家和众多国内外的企业参会。

昌平是北京知名的草莓产地，但与草莓业发展较快的广东省恩平市相比，草莓种植面积只有其 8%左右，种植的历史不长，草莓的总产值也不高，但仍能在 2008 年，于众多国家申办的世界草莓大会中脱颖而出，使 4 年举办一次，有草莓奥运会之称的世界草莓大会确定 2012 年将在北京的昌平区举办第七届，这不但是我国草莓产业的大事，也是世界草莓大会第一次在亚洲国家举办。

北京丰台区现有的农业种植面积很小，当地种子的生产量和使用量微不足道，但十几年来，这里却能将一年一度的全国最大的种子交易会越办越好。

2008 年，北京顺义区花卉的产值仅有我国最大花卉产区云南省滇中的 4%左右，却争得了我国第七届花卉博览会的举办权。2009 年，顺义区花博会成功举办，并获得了良好的效益。北京上述农业会展申办和举办的成功，说明北京在举办农业会展上已经有较强的竞争能力和一定的吸引力。这些实例说明，只要有足够规模的农产品消费市场和良好的会展条件，就有可能办起较大规模的农业会展。

从世界上的实例看，巴黎、东京、柏林郊区农业规模都很小，但这几个大都市多年来均能够成功举办世界知名的有影响的大型农业会展。这些实例也说明，在北京这一农业规模较小的都市，完全可以举办有世界影响的大型农业会展。

另一方面，虽然一个地区的农业规模不会对当地农业会展的规模形成决定性影响，但从我国农业生产地举办的部分农业会展绩效来看，如果既有会展发展的条件又有农业的产业支持，农业会展能够有更广泛的基础，也会有更大的影响和更高的效益。如山东省寿光由于生产蔬菜的规模大，在该市举办的菜博会一方面有大量专业人员和消费者参与，一方面又受到当地及周边众多农民的关注，使其在第一次举办时就形成了旺盛的人气，因参观者众多，不得不延长举办的时间。产业支撑使菜博会有了旺盛的生命力，很快成为我国农业的知名展会之一。

目前北京郊区农业生产的专业化正在逐步深化，区域分工已经形成，如果能够打破行政局限，也可形成较大的农业产业规模，利用这一条件，加上北京的会展条件，北京可以举办有更大吸引力和更高效益的农业会展。

2009 年，北京的人均 GDP 已经超过 1 万美元，达到初步发达水平，北京的开放程度在不断提高，交通和信息条件还在进一步完善，对国内外的影响力逐步加大。奥运会后，北京会展业的发展有了更好的条件，新农村建设进一步提高了北京现代农业的规模和水平。虽然北京农业的规模不大，但根据目前的情况及发达国家的经验，北京在现有甚至更小规模农业的基础上也有可能举办在国内外有较大影响的农业会展。

二、北京的农业会展不仅仅面向北京郊区

北京是我国的首都，是我国北方的最大城市，是环渤海经济圈最有影响力的城市，也是京津塘地区的中心城市。这一特点使北京的农业会展能够从多个层次上展示其作用。

（一）面向北京郊区的农业会展

北京的农业会展首先面对的是北京郊区的农业和农民，同时要考虑北京的消费者和广大市民了解和认识农业和农产品的需求。由北京市及各区县举办的农业会展，特别是农业节庆活动等主要是面向北京地区。

（二）面向北京周边地区的农业会展

因北京又是我国华北地区最大的城市，同时也是这一地区举办会展条件最好的城市，农业会展还需要考虑面向周边地区。特别是当前，北京周边多数地区经济不发达，举办会展的条件差。同时，由于周边对北京的发展至关重要，周边地区与北京的发展是唇齿相依的关系，在北京举办的农业会展必须需要考虑对周边的作用和影响，要打破封闭状态，创造让周边地区的农民来北京参加农业会展的条件。在北京举办的农业会展内容也要考虑周边农业发展，环境保护、生态涵养等需求。通过农业会展的举办，

带动周边地区农业生产技术的提高、农产品销售和生态环境的保护，这些也能为北京自身的发展创造更好的条件。

（三）面向环渤海经济圈的农业会展

环渤海地区以京津两个直辖市为中心，大连、青岛、烟台、秦皇岛等沿海开放城市为扇面，以沈阳、太原、石家庄、济南、呼和浩特等省会城市为区域支点，构成了中国北方最重要的集政治、经济、文化、国际交往和外向型、多功能的密集的城市群落。在这一城市群落中，北京是举办农业会展条件最好的地区，也是经济圈的中心。根据杨凌“农高会”等的经验，环渤海经济圈中的农民及相关人员都有条件来北京参加有关的农业展览。随着我国农民收入的提高和交通条件的改善，今后来北京参观学习的农民数量会不断增加。在北京举办的农业会展还需要考虑在环渤海经济圈的中心的地位和作用，要发挥出北京中心城市的优势，成为这一地区农业会展的中心。

（四）面向我国农业的发展

历史上，作为首都的北京就曾是我国农业会展的中心，我国的首次全国性及国际性农业会展都是在北京举办的。目前，北京在举办农业会展的硬件条件方面仍然是全国其他城市不能比拟的。有了条件的优势，还需要积极组织，使北京作为全国农业展览的中心作用进一步发挥出来。

从世界各国的情况看，中心城市都有展示农产品新成果，促进农产品销售的做法。东京、纽约、柏林等城市的农产品展览会目前都已成为世界知名的农业展览会。改革开放以来，我国经济保持了稳定增长的势头，广大民众的消费能力在不断提高，北京需要发挥我国会展条件最优城市的优势，积极创办世界知名的农产品交易会，提高北京农业会展的规模与水平，尽快使北京成为我国农业会展的中心。并争取成为东亚地区的农业会展中心之一。

三、农业会展能够吸引大量的城市居民

在北京举办的农业会展，不但要考虑周边农业和农民的需求，也需要考虑城市居民对农业会展的兴趣。北京是大城市小郊区，市民比例高而农民比例小，故有小农业之称，由于农业会展既有面向农民的一面，也有面向

市民的一面，如果能够处理好面向两者的关系，在北京这个农业产业规模不大的城市，就能够有大规模的农业会展，农业会展也能够取得良好的经济效益。农业会展虽然是专业性会展，但由于农业直接涉及人们的生活，市民中也有大量的人员对农业的某些会展非常感兴趣，故此，农业会展既要面向农民，同时也要顾及广大市民的需求。

农业会展首先是面向农民的会展，在农业会展上展示的农业新产品、新品种、新设备、新技术能够满足农民提高生产、丰富品种、改良技术等的需求，在一定程度上促进农业的发展，帮助农民增收。故而，从目前的成功农业会展来看，这些会展除科研和教学人员外，也都有大量的农民参与。如寿光的菜博会，杨凌的农高会都吸引了周边地区近百万的农民参观、参展。面向农民的会展主要展示的是农业的新技术、新产品、新农艺等与生产密切相关的内容，考虑农民提高生产水平的需求。

由于农业关系到千家万户，社会没有一个人能够离开农产品，农业会展的大部分内容常常也是市民感兴趣的内容。如寿光的菜博会，巴黎的农博会的参观者大部分都是市民，甚至还有大量的儿童。从促进农产品销售，普及农业常识等角度看，部分农业会展还需要考虑市民对农业会展的需求，有些农业类会展的主要参观者是城市的消费者，如东京、纽约的农业类会展，除农产品的经销商、生产商外，大部分参观者是对农产品感兴趣的市民。由于农业会展常常有促进产品销售的功能，在举办农业会展时还要考虑广大市民的需求。可以说，以农产品为主的展览既可以面向农民及农业工作者，也可以面向对农产品感兴趣的市民。

当前，世界上发达国家的都市，农业功能主要转向生态、景观、环保等，其郊区农业生产的总量不大，但不少发达国家在这些都市中却能举办有世界或地区影响的大型农业会展。如柏林市有至今已经举办了70届，世界最大的农业和食品的博览会，2008年的展会吸引了来自55个国家和地区的1 600多家参展商、不少于10万人的专业参观者及几十万市民，不少参展商都将这一展会视为农产品和食品进入欧洲的窗口。与柏林类似，巴黎郊区的农业展览会也已经举办了46届，也是世界知名的农业会展之一。不同的是，巴黎的农业展览会是以农业文化展示和宣传为主，面向整个欧洲，展览面积超过15万米^2，近几年每年参观的人数在60万人左右，其中有相当大比例是青少年以及儿童。

在北京举办的农业会展既要考虑农业新技术的普及与推广，又要考虑广大市民对农产品的需求。为此，一方面要办好面向广大农民和农业科技人员的有关农业生产技术的展览会、研讨会、交流会；另一方面，也要考虑广大市民的需求，办好有关农产品的展示、展销会，办好农业的节庆活动。由于北京市场的消费比例大，农业生产的比例小，面向广大市民的农业会展在北京能够占有更大的比例，也会有较好的效益。

农业会展经济发展对策研究

蒋国文　邵德林　杨　波

(山西省名优产品开发中心)

农业会展是各种农业会议、展览、展销活动的简称，主要包括有关农业和农村发展的各种主题论坛、研讨会和各种类型的博览会、交易会、招商会等活动，具有各种要素空间分布的高聚集型、投入产出的高效益型、经济高关联性等特点，是促进城市了解地方特色农产品和农业对外交流与合作的现代化平台。农业会展经济源于农产品市场交换，随着市场经济的发展而日益繁荣，是农业市场经济发展到一定阶段的产物，与旅游、贸易等产业一起必将成为颇具前景的朝阳产业。

一、农业会展在现代农业和社会主义新农村建设中的地位和作用

(一)农业会展是现代农业发展阶段性成果的展示和交流

随着农业农村经济的发展和农业产值的不断增加，农产品展销成为展示我国农业和农村经济发展的一种潮流，最主要的表现形式是每年一届的中国国家农产品交易会。中国国家农产品交易会已成功举办了7届，经过多年积累和发展，第八届“农交会”以“转变发展方式，推进现代农业”作为主题，将全面展示我国农业和农村经济发展成果。通过贸易交流，农产品成交量逐年增加，2009 年达到了 420 亿元。由于经济效益明显，参展产品更加丰富，新技术、新成果展示面积不断扩大，深加工产品、农业机械、活畜等特色产品不断加入展示展销行列。

(二)推动了农村物流等相关产业的发展

农业会展经济不仅本身能够创造巨大的经济效益，而且带动了交通、

旅游、餐饮、住宿、通信、广告等相关产业的发展。据各会展行业专家公开数字:会展业的产业带动系数大约为1∶9,即展览场馆的收入如果是1,相关的产业收入则为9,农产品物流带动当地农业经济发展的乘数效益也非常明显。

(三)加快了农村劳动力转移和农产品走出去的步伐

农业会展业的发展,为当地企业扩大经营创造了机遇,在带动当地农业经济发展的同时,从农业人口中吸取的从事农产品生产及销售的农村工人占企业用工的80%以上,从事第三产业的农村劳动力占到当地就业人口的20%左右,有力地促进了农村劳动力的转移。随着中心城市会展业的发展,农业会展成为重要组成部分,农业展会凭着独特的地方特色、口味及食用方便等优势,吸引了大量的采购商及市民争相采购,为特色农产品走出去创造了更多更大的机遇。

(四)为农产品生产发展提供了广阔的空间

会展前期的主要作用是宣传推销,提供了品牌效应;会展中期,采购商与生产上面对面商谈,降低了成本,促进了交流,同时在签订合同的同时获得了生产上的主动权;会展后期,在企业增收的同时,促进产品的不断升级换代,提高了企业管理水平,间接推动了农业和农村经济协调发展。

二、我国农业会展经济发展的模式

近年来,全国各地农业会展发展迅速,很多二类城市都在举办具有相当规模和不同模式的农业会展,以此提升城市形象和扩大对外合作与交流,带动城市相关产业发展。2010年全国将要举办的各类农产品展示促销活动有112场,展会主要以坚持政府主导和市场化运作相结合、同期举办各类农业博览会、农业专业性展览会及国内外参展活动等模式,促进了当地经济的发展。

(一)政府主导和市场化运作相结合

这种模式起源于中国国家农产品交易会,各省、市目前举办的各类农业展会也参照了这种模式。以“农交会”为例,由农业部主办、各省副省长挂帅、农业厅牵头组团,调动各省农业行政主管部门和龙头企业参展,积极宣传展示本省农业和农村发展成就。主要特点:一是质量安全、公信力强。政府办展,公信力较强,要求参展的农产品都是经过无公害、绿色、有机农产品认定认证,在展览期间有专人进行产品检查,以确保参展产品质量安全。二是资源丰富、集约型强。通过强大的行政资源,发动当地农业龙头企业、特色农业企业积极参展,将各地区特色农产品集中展示。通过农业部邀请的大型采购商,容易形成订单。三是产业带动、服务性强。为体现区域产品走出去战略,体现产品的特色,各地区都要召开发布会、项目签约、推行广告宣传、实行特色布展等,带动了很多相关会展产业发展。四是宣传引导、影响力强。根据每年惯例,从中央到省里,都制订有宣传方案,媒体对农交会进行深入细致的报道,能更多更好地体现和展示农业发展成就。

(二)大型展会同期举办各类专业展览会

这种模式是展览会形式的一种模式融合,也是近1~2年甚至今后展会发展的主要形式。如第七届中国国际农产品交易会暨第八届中国长春国际农业食品博览(交易)会,第八届中国国际农产品交易会暨信息化与现代农业博览会。主要特点:一是覆盖面广,关注人群多。二是规模大,参观人数多。三是新闻媒体广泛关注、大力宣传。四是举办形式具有复合性,即综合运用展、会、坛、节等举办形式,有展览、有洽谈、有会议、有节庆活动等,展会的同时举办及规模扩大,有效地吸引了大量的展览参观人群,此种方式作为展会形式的一种有益探索。

(三)举办农业专业性展览会

如上海西郊国际农产品展示展销中心等模式,主要特点:一是组织者专业。成立了专门的组委会,精心策划展会主题。因为有部分资金补贴,展会会采取透明的展位分配原则,同时营造良好的交易环境。二是服务专业。在信息交流、打造农业产业链、交易洽谈等持续性方面给予很大的方便和支持。三是观众专业。有专业性的目标人群。

(四)国内外参展活动

目前主要形式是参加各种农业展会、食品展会及糖酒类展会。展会形式主要趋于国外展览或二类城市。国外参展主要目的是学习交流国外先进的农业技术及办会方式,二类城市办农业展主要提供城市间的交流与合作，促进农产品贸易与交流。

三、农业会展经济发展存在的问题

总体来看，我国农业会展发展速度快，规模日益扩大，国际化进程加快，并取得了良好的效果，在宣传城市、招商引资、拉动经济、丰富生活等方面起到了积极的作用。然而，就整体规范性、竞争力、效益水平而言，尤其是与国外会展相比还有很大差距，存在一些亟待解决的问题：

一是扶持力度不够。农业展会不同于一般的商业展会和贸易展会，它肩负有宣传党的农业政策、展示成就、引领市场的功能。从组织形式到展示内容，很大程度上需要政府去推动，去引导。但具体的运作和实施，需要引进市场化机制。农业作为基础产业，广告收入、资源性收入薄弱，作为一个产业，仅依靠行政资源动员参展，发展后劲不足，且容易形成疲于应付的状态，直接导致会展经济出现边际效应。建议按照国外农业会展发展经验，将农业会展作为一种产业进行扶持，加大农业场馆规模建设，出台一系列优惠政策，吸引各地展会组织者和参展商参展。

二是创新力度不够。农业会展作为一种服务性行业，主要服务于“三农”。农业企业作为会展的主要组成部分，主要目的是促进农产品贸易和农业、农产品技术交流。代表我们农业会展的主要向导的农交会，以促进贸易交流、发展现代农业为主。真正忽视了农业企业作为参展商的主要作用，忽视他们作为主要交流对象的选择和积极性。从参加历届农交会来看，创新农业只是一种成果的展示，新技术、新成果的应用和发展成效不是很明显，直接导致企业为参展而参展，未能激发农业发展的潜力，必将流于形式展会。

三是农业会展专业性不强。近年来举办的农业会展尤其是二类城市举办的会展，多利用各个会展公司进行操作，除展示展销的产品具有专业性外，以农业为题的展会体现农业特色不够明显。从开幕式、演艺、会展设计、场馆装修、会展的广告等各个方面几乎都是照搬公用会展模式，以先进的声光电等技术服务农业会展，农业会展正演变为会展的鸡肋产品。

四是农业会展经济效益低。从采购商来看，农业会展邀请的采购商很多，成交量不大，成交合同难以落实。虽然每年农交会成交量成比例上升，但一部分成交量来源于非农产业的成交合同。

五是会展服务水平有待提高。从硬件看，农业会展的数量增加了好几倍,但农业展览多租赁与于商业会展,农业展馆建设滞后。举办地的交通安排、周围环境、展馆内环境及就餐等服务项目还有待进一步提高。

四、对策研究

我国农业会展经济起步较晚,目前多为政府主导和市场化运作相结合模式,在促进农业会展业快速发展的同时,也在一定程度上阻碍了其市场经济行为。农业会展作为资源薄弱性专业会展,在未来 3～5 年内,农业会展经济模式还应遵循以政府举办为主导,适当制定政策措施,引导部分办展行为向市场行为转变。政府以资金支持和补贴的形式扶持农业会展发展,创建农业会展平台,逐步放开农业会展市场,让市场自发调节,促进农产品交流与贸易。

(一)进行调查研究

农业会展作为一个新兴产业,在近几年的发展中已经积累了部分成功的经验,也出现了一些矛盾,为迎接快速发展的会展行业,农业会展办展的各项举措应结合时代发展的特点,从现代农业发展的角度,研究农业会展作为新兴产业所应具备的地位和促进农业发展所应作出的贡献。制定农业会展调研计划,深入各农业会展区域,从资源禀赋、农业会展条件、规范化管理、农业市场体系建设、人才队伍建设等方面进行专题调研,制定农业会展发展五年制规划。

(二)坚持政府主导和市场化运作相结合

农交会展尤其是农交会不同于一般的商业展会和贸易展会,它肩负有宣传党的农业政策、展示成就、引领市场的功能。从组织形式到展示内容,很大程度上需要政府去推动,去引导。但具体的运作和实施,需要引进市场化机制。一是推动政策投入和经济投入,尤其在农业场馆建设、土地使用、税收等方面给予政策优惠。二是在政策范围内,为农业企业提供出省、出国参展经费支持。借鉴德国等农业展览发达国家经验,通过农业机构,对走出去参展的农业企业在展位费用、物流、产品出境手续办理等方面给予一定比例支持。三是支持、配合展会开展推广工作。通过政府的影响力,通过新闻媒体、行政资源等方式,发布展会有关信息,邀请各地采购商前来洽谈签约。

(三)加强农业会展人才队伍建设

每年中国国际农产品交易会已经成为一项日常工作,对于此项工作,每年各省都成立临时的组织机构,并借调部分人员参与。从展会长远发展看,每年几乎没有大的改变和创新,难以适应日益发展的会展经济的需要。作为日常工作,建议各省成立专门的会展组织,固定会展人员,深入研究会展发展的政策措施,为农业会展的进一步发展打下坚实的基础。

(四)发挥“搭台”和唱戏的主要作用

农业作为国民经济收入的组成部分,近年来得到了各级政府的重视,在扶持农业农村经济发展的政策方面给予了很大支持,有效地促进了农业生产。但随着农产品产量的增加和农产品加工业的发展,农产品一定程度上出现了“卖难”的现象。农业会展作为促进农业市场建设和农产品营销手段,政府应在政策和投入上给予大力扶持,积极搭建农产品展销平台,在农业展馆租金、企业参展补助以及物流等方面给予相应的补贴,积极调动农业企业和农民合作社等农民组织进入市场的积极性。同时充分尊重市场行为,让农业经济细胞发挥应有的参展作用,实现看得见效益、拿得出成果、品味出特色的真正的农业展会。

(五)农业会展经济应创新发展,跳出农业抓农业

我国的农业会展处于发展起步阶段,会展市场的发展是一个复杂的过程,它不仅需要有高等级的配套基础设施、高级专业技能的人才以及组织者专业化的组织能力,还要拥有举办展览必备的学术氛围、下榻环境和与这些环境相适应的休闲环境。在经济全球化的今天,农业会展不仅要具有自己的特色,而且必须适应国际大趋势潮流,实现农业会展专业化发展。一个城市大力发展农业会展的条件必须有:城市收入水平在全国中等以上,服务业GDP比重过半,基础设施相对完备,行业协会力量相对较强等因素。要实现农业会展发展的目标,在配合城市基础设施建设的同时,还需要进一步加大场馆建设、农业市场体系建设、农产品附加值等方面的投入。

(六)加快农业会展专业化建设,打造农业会展经济品牌

通过参加多次农交会和参与举办中国(山西)特色农产品交易博览会,

总结会展经验，我认为农业会展需要专业化，需要树立农业会展的品牌，实施农产品走出去战略。农业会展专业化需要培育专业的会展专业人才，抓住经济快速发展的有利时机，加快规范农业展览市场。在农业会展上发现亮点，多加宣传，多树立几个农产品品牌，以建立长效机制的行为多下点功夫。在促进会展经济发展的过程中，应积极吸取国内外农业会展发展经验，不断提高农业会展的质量和水平，推动农业产业结构调整，促进农民增收。

（七）推进市场化办展

农业会展业必然要从政府办展走向市场办展行为，以解决管理观念滞后、展会效益低、内外两张皮等不利于展会发展的行为。要靠市场推动农业会展经济化，在竞争中实现农产品展销的积极作用。会展行业协会对于农业会展的规范发展起着政府部门不可替代的作用，将会在行规行约、行业标准、市场规范、促进优胜劣汰等方面起到积极的作用。农业会展经济应该是一个发展的经济体，应站得更高、走得更远。

农业展会如何惠及农业的思考

杨爱珍

（内蒙古自治区巴彦淖尔市农牧业局）

会展经济是利用一定的地域、经济、资源等优势，通过举办专业性或综合性会议和展览，集中进行产品宣传、展示、交易及信息传递等活动的经济现象和经济行为。专家称，“展会是现代城市的面包”，一个好的展会能对整座城市产生 1∶9 的效应。作为新兴的朝阳产业，会展经济不仅拥有强大的产业联动效应，又具有现代城市发展所追求的“绿色、无烟、朝阳”等经济形态，而且被冠之“城市的名片”、“城市经济的助推器”等美名。在西方发达国家，会展经济已经有相当长的历史，会展业兴办也相当成熟。其中德国是第一号的世界会展强国。世界著名的国际性、专业性贸易展览会有 2/3 都在德国举办。据资料称，德国贸易展览会的组织者年收入约为 45 亿马克，拉动参展商和参观商的消费为 170 亿马克，展览业从业人员 10 万人，每年展览业的综合产值为 410 亿马克，为社会创造 23 万就业机会。办展单位的经营收入与展览业创造的社会综合产值之比为 1∶9.1。而且，在德国有一支长年参展的企业队伍，这支队伍代表着德国 50 000 多家企业，长年在世界各地进行参展，旨在通过展会这种面对面的交流形式，拉近企业与客户之间的距离，让客户感到亲切并产生信任感，达到打开市场的目的，据说其效果远比花钱做广告有效。正是展会业的无穷魅力，点燃了培育、发展会展经济的热情，我国会展业从无到有，渐成兴旺之势。

在全国各类展会蓬勃发展的同时，各种名目的农业会展也越来越多。据资料称，预计 2010 年全国将举办各种名目的较大型农业类展会就有 120 多场，涵盖多个行业，其中，由农业部牵头筹办的全国性农业展会有中国渔业博览会、绿色食品博览会、名优水果交易会、种业博览会、农业信息化博览会等。地方各级政府也在筹办各类农业展览活动，多层次为产销双方搭建农产品贸易与合作平台，目的是为推动农业和农村经济发展提供有效服务。最具代表性的中国国际农产品交易会已连续举办了七届，逐渐成为国内最具权威和影响力的国家级农业盛会，农交会的贸易成交额逐年增加，已达到420亿元，发展势头良好。

就现状而言，我国农业会展的发展之势迅猛，但是真正对农业发展起到推动作用的展会却是极有限的。

农业会展是农产品展示、交易、交流的大舞台。农业会展为农业走向市场提供了新的契机和可借助的重要平台，曾被称为是政府搭台，企业唱戏。通过展会农产品及其加工产品可以快速地进入国内外大市场；在展会还可以集中领略农业生产最前沿的新品种、新技术、新模式，了解农业生产最新发展趋势；可以一次性与多个商家接触，近距离地宣传、推销农产品；在农业展会上，参展者能够得到新思维、新理念的洗礼，更新思想、转变观念、了解市场、学习技术。如果把农业展会的优势能够真正发挥到农业上，将大大推进农业现代化的发展步伐。

而当前我国农业的经营方式仍然是以一家一户分散经营为主，尤其是落后地区，农业协会、农业企业发展缓慢，产业化水平低；农产品加工企业生产规模小、竞争力差、品牌影响力有限，对农业的带动作用有限，而农产品最容易出现滞销的地区，基本上都是农产品主产区、贫困地区及相对落后的地区，农业会展的优势很难惠及到这些地区。

当前，农业会展大多集中在东部沿海发达地区，能够参加农业展会，一般是规模较大的农产品加工企业，而参加农业会展的农业初级产品又大多由政府进行组织产品参加，会展业与真正的农业直接对接还有一定的距离。因此，农业会展与农业、农村、农民更多地处于脱节状态。

如何将农业会展优势和农业发展有效对接，让会展业切实服务于农业，有效促进农业发展，还需要多方努力，本人从多年参与农业会展感受谈几点粗浅的看法。

一、农业会展服务农业、服务农村的目标应该明确

农业会展是一种手段，一个工具。举办农业会展，其目的是为了促进农产品的销售、推动农业产业的发展，进而达到农民增收的目的。而当前的许多的农业会展目的不明，或者单纯看准了会展者的营利目的，或者为了会展而会展。或者更直截了当，为了政绩、为了形象工程搞会展。造成农业会展名目繁多，层次不一，一哄而上，有多而烂之嫌，展会目的不明，缺乏创意，只求办展，不求实效；办展者缺乏吸引力，参展者不以为然。许多

展会只在开幕当天差强人意，之后便流于冷清，既没有体现出展会经济的优势，又造成了资源的极大浪费；从办展分布上，绝大多数有影响的展会又多分布在东部沿海发达地区，向内地辐射带动作用小，造成对发达地区影响过剩，欠发达地区带动不足。因此，农业展会应该在研究农业地域优势的基础上统筹规划，目的明确，不同层次的展会应当体现出不同的特色。大的品牌展会尽可能在高度上、产业领先、辐射面上体现优势，而中小规模的展会，则应该更多地体现地域特色、地域优势，促进地域农产品的销售和地区农业的发展，也可以结合文化、旅游、农业特产于一体，如产品节、产销会的展会，小而精，更容易取得实际效果。

二、农业会展应该扩大服务范围，为整个农业这个"生产企业"来服务，应该注重全面性，而不单纯成为个别大企业的宣传舞台

当前我国农业产业化水平较低，特别是农业主产区，农业企业对农业的带动作用有限，除农产品加工企业外，还存在着许多农民专业合作经济组织，农民经济人，他们是农业和农产品市场的最直接纽带，因此，农业展会在把农业加工企业作为服务对象的同时，还应该致力于如何吸引农业合作经济组织、农业行业协会、农村经济人，甚至是农民，把他们也纳入到展会的服务对象中来。从多年组织参加农业展会的经验来看，由于所处地区农业加工企业有限，每年参加展会的任务落在了个别有一定规模的企业身上，而这些企业已经有了自己的宣传、销售渠道和网络，而展会对于这些企业来说不过是锦上添花而已，缺乏雪中送炭的效应。而绝大多数农业生产者由于缺乏有效的组织而与展会无缘。

三、政府应该加强对中小农产品加工企业、农业合作经济组织、行业协会、农村经纪人、农民等群体的参展扶持力度

目前，农业展会的参展主要以较大的农产品加工企业为主，参加展会的代表仅限于个别企业代表和政府官员，而参展企业对展会信息量的需求是个别的、有针对性的。展会大量的信息流、行业领先水平、新技术、新产

品、新模式在企业代表和政府官员环节停滞和消失。而大批相对迫切需要信息的中小企业、农业合作经济组织、行业协会、农村经济人等由于经济实力薄弱、无人组织而无缘展会。因此,政府应该加强扶持力度,加强对这些最基层环节的组织扶持,让展会的优势逐渐惠及到农村。

四、农业会展应该政府筹办和市场运作结合起来

农业是个弱势产业,农业会展优势的需求者面对的群体是个相对弱势的群体,农业会展由政府进行扶持是必不可少的,农业会展完全市场化运作将会使办展宗旨在只追求展会经济利益上,而忽视了对“三农”的服务。只有政府参与办展才能把服务“三农”的意图有效地体现出来。才能真正有效地推进农业的发展。

五、加强对农业会展优势的认识

尤其是落后、偏远的农业主产区,应该致力于对会展优势的认真研究,认真找本地区筹办会展、参与会展的准切入点,积极参与到会展经济中来,整合本地的优势资源,打造有本地特色的区域性会展,形成特色品牌会展,同时也应加快本地区农业的组织化程度,积极扶持农业走出去,引进来,借助会展优势快速提高现代农业的发展步伐。

六、加强网络会展的发展

在实体会展兴办的同时,也应该加强网络会展的同步发展,把实体会展的内容尽可能丰富地搬到网络上,让更多的人受益。

创新农业会展
助推扎兰屯市“三品一标”产业相融发展

鄂雪松

（内蒙古扎兰屯市绿色食品办公室）

一、农业会展的基础优势

扎兰屯市地处内蒙古自治区东北部，以其独具大兴安岭的磅礴气势兼江南水乡的壮丽秀美而蜚声祖国北疆，是内蒙古目前唯一的国家级风景名胜区，也是中国优秀旅游城市、中国特色魅力城市和中国县域旅游品牌百强县。扎兰屯市产业门类齐全，工农业关联度高，经济发展的空间和潜力较大，农业结构调整成效显著，农牧业产业化格局已经形成，是国家绿色农业示范区、全国绿色食品原料标准化生产基地、全国产粮大县、产油大县和首批国家现代农业建设试点县市。

2006—2009 年，扎兰屯市已连续四年成功举办呼伦贝尔市和自治区级绿色食品交易会。第一届设国际标准展位 105 个，集中了呼伦贝尔市和周边地区近百家参展企业的 170 个品牌、380 余种商品，成功对接项目 22 个，协议引进投资 4.5 亿元；第二届设国际标准展位 195 个，集中了外省市、呼伦贝尔市和周边地区的千余种商品，签订意向订购资金 1.3 亿元，项目签约金额 15.3 亿元，引进了世界五百强企业英糖 ABF 集团；2008 年绿色食品展会的办会理念进行了进一步的调整和深化，提升为内蒙古自治区级绿色食品交易会暨绿色产业发展论坛，共设 300 个国际标准展位，参展企业达 300 家以上，参展商品增加到 1 200 余种，引进投资 28.5 亿元。2009 年绿色食品交易会以获得地理标志登记保护的农产品为主题，突出品牌、地域、专业等特色，以内蒙古域内绿色食品产业为核心，积极引进全国各地绿色食品企业，共实现签约项目 127 项，会展达到了预期目的，对扎兰屯市无公害农产品、绿色食品、有机农产品和农产品地理标志产业相融发展，起到了极大的助推作用,成为促进"三品一标"产业发展的有效载体,实现了经济效益和社会效益的双赢。

二、农业会展的初步成效

(一)促进基地建设快速发展,彰显了绿色食品产业发展的巨大潜力

扎兰屯市连续举办绿色食品交易会,对于强力推进绿色食品产业基地建设,扩大基地规模,发挥了重要的作用。通过会展,扎兰屯市、呼伦贝尔市和内蒙古自治区域内的企业、旗市县区、乡镇农户对绿色食品产业的关注度进一步提高,投资热情持续增强。截至2009年12月,内蒙古自治区绿色食品原料生产基地面积达到3 000余万亩,扎兰屯市绿色食品原料标准化生产基地面积达到131.5万亩,占总耕地面积的54%,基地规模位居全区第一,在全国省、地、县级均排名前列。

(二)推动产业集群不断壮大,创造了"三品一标"产业发展的良好机遇

扎兰屯农业会展采取政府主导、企业参与、市场运作方式,通过培育市场主体,拉动绿色食品消费,推动了扎兰屯市绿色食品产业链的形成和延伸,为今后打造出拥有知名品牌、有较大影响力和市场占有份额的绿色食品产业集团提供了基础和保证。截至2009年8月,自治区绿色食品生产企业达到240多家,有效使用有机、绿色食品标志的产品达到500多个;扎兰屯市无公害农产品、绿色食品、有机农产品生产企业22家,"三品"认证35个,5种农产品获农业部农产品地理标志登记保护,通过农业会展,创造了绿色食品产业发展的良好机遇。

(三)打造优质产品展示平台,提高了扎兰屯市对外招商的引资水平

按照内蒙古自治区和呼伦贝尔市"十一五"经济发展的总体部署,立足扎兰屯市、呼伦贝尔地区和全自治区,面向全国各地,广泛开展对外招商招展活动。展销期间,参展商与经销商全面接触,深入洽谈,部分外地客商深入扎兰屯各大企业和基地调研考察,寻求更广泛的合作,开展富有成效的

经贸签约活动，仅2009年会展达成的交易和项目合作意向金额近40亿元，使会展成为实现内蒙古绿色食品产业参与全国分工合作的重要平台。

（四）树立独具特色会展品牌，形成了各个产业相互带动的良好局面

围绕“穿越森林草原，共享生态文明”的主题，按照科学发展的理念，扎兰屯农业会展在内容和形式上不断创新，努力实现现实与未来的结合，交易与论坛的结合，产业与文化的结合，立足本地与面向全国的结合，实现了各市场要素之间的良性互动，形成了和谐整体和持续热点，推动“三品一标”产业的相融发展。

三、农业会展的主要特点

（一）规格更加提高

首先是办会单位规格高。扎兰屯农业会展由内蒙古自治区农牧业厅、农牧业产业化办公室和呼伦贝尔市人民政府主办，承办单位是呼伦贝尔市农牧业局、农牧业产业化办公室和扎兰屯市人民政府，支持单位是农业部农产品质量安全中心、中国绿色食品发展中心和中国绿色食品协会。从支持单位讲，有国家级专业机构，其影响力将辐射到全国。其次是参会企业知名度高。参加会展的展销商和经销商有：中国绿色食品实业总公司、沃尔玛、家乐福、麦德隆、伊利、蒙牛、清谷新禾等400余家知名商家和企业。最后是报道媒体级别高。前来采访报道的新闻机构主要有：中央电视台、中央人民广播电台、黑龙江电视台、内蒙古电视台、内蒙古人民广播电台；人民日报、新华社、农民日报、经济日报、香港商报、黑龙江日报社、内蒙古日报；人民网、中国农牧网、搜狐网、新浪网等40余家媒体。

（二）范围更加扩大

扎兰屯农业会展不仅有自治区内外、呼伦贝尔市内外和扎兰屯市的企业参展，也有扎兰屯市及周边地区从事绿色食品及土特产品生产加工的小企业。客商方面，主要面向国内外绿色食品产业商会、协会，绿色食品加工企业原料采购商、大型超市等绿色食品销售商，国内外有兴趣投资绿色食品产业的知名企业、投资商。

（三）内容更加丰富

扎兰屯农业会展既有商机无限的展示、洽谈、交易，又有获益无穷的论坛研讨，使参展企业、参会客商以及广大群众都能各取所需，各得其所。同时还有全面展现扎兰屯市文化底蕴和精神风貌的开幕式、文艺演出、绿色食品产业基地参观、采摘节等，使整体活动的绿意更浓，内容更丰富。

四、农业会展的主要经验

（一）各级领导高度重视是会展得以成功举办的根本保证

主承办和支持单位以及扎兰屯市委、市政府十分重视和关心扎兰屯农业会展活动，农业部农产品质量安全中心、自治区农牧业厅、呼伦贝尔市委市政府等领导专家在会展举办前期多次来到扎兰屯视察指导，听取筹备工作进展情况，要求在不断创新的基础上要注重安全和实效，切实保证农业会展顺利召开。自治区农牧业厅、自治区农牧业产业化办公室和呼伦贝尔市委市政府及呼伦贝尔市农牧业局、呼伦贝尔市农牧业产业化办公室领导多次听取会展筹备工作汇报，并在办会经费方面给予大力支持；扎兰屯市委市政府领导对会展的各项工作做出明确指示，一定要把会展办的“精彩”；扎兰屯市各相关部门积极支持各项筹备工作的开展；会展组委会各工作组，明确责任分工，确保了各项工作顺利推进和落实。

（二）组织周密协调有力是会展得以成功举办的关键所在

为保证会展筹备工作顺利进行，办会单位建立了运作有力的组织机构和灵活高效的会议制度，就会展各个环节拟定了完整详尽的工作方案。定期召开会展组委会工作会议和专题会议，部署各项工作任务，明确各部门职责分工。同时，组委会在借鉴其他地区农业展会成功经验的基础上，结合扎兰屯实际情况，制定出了一整套完整详尽、操作性强的工作实施方案，确保会展各项工作高效顺利完成。

(三)宣传推介效果良好是会展得以成功举办的重要基础

为做好会展的宣传推介工作,组委会通过新闻发布会,全面推介会展基本情况,引起了国内外新闻媒体和出版发行界的广泛关注,产生一定影响;新闻发布会得到了中央及自治区内外众多新闻媒体的高度关注,中央及自治区内外新闻媒体 60 多名记者参加了会议,广泛的系列宣传推介工作引起了境内外重要媒体对扎兰屯农业会展的高度重视和大力支持。

(四)严格把关确保安全是会展得以成功举办的基本条件

扎兰屯农业会展以展示绿色食品事业发展成就、树立绿色食品品牌形象、促进绿色食品市场贸易为宗旨,从严控制活动数量,注重活动实效,既要争取无公害农产品、绿色食品、有机农产品和农产品地理标志产品参展,也要组织安全、卫生的一般性农畜林土特产品参展。参展单位均为呼伦贝尔市、自治区其他盟市及周边省市生产符合交易会展出范围的生产企业,参展机构、规模、展品符合农业部绿色食品管理办公室、中国绿色食品发展中心制定的《关于绿色食品展览展销活动管理暂行规定》的相关要求。组委会统一部署分配、展品储运、产品成交统计等工作,规范展销行为,确保展品卫生安全。

(五)分工负责通力合作是会展得以成功举办的重要环节

农业部农产品质量安全中心、中国绿色食品发展中心和中国绿色食品协会以及自治区农牧业厅、自治区农牧业产业化办公室和相关部门的领导,亲临会展指导工作;自治区产业化办公室、自治区绿色食品办公室及呼伦贝尔市人民政府、呼伦贝尔市农牧业局、呼伦贝尔市农牧业产业化办公室对会展的各项工作特别是招商招展工作提供了大力支持;扎兰屯市各相关部门主动积极配合,为会展做了大量卓有成效的工作,确保会展的顺利举办。扎兰屯市人民政府在会展组委会的领导下,集中大量人力物力投入会展各项筹备工作,工作人员凭着严谨的工作态度和热情,完成了各项工作任务。

五、农业会展的深远影响

(一)全面提升绿色食品基地建设水平

目前,扎兰屯是全国重要商品粮基地,粮食年常产能力达7亿千克,2008年获全国粮食生产先进县称号。2008年6月24日,扎兰屯市被确定为国家绿色农业示范区;同年12月17日,被批准创建全国绿色食品原料标准化生产基地。截至2010年6月,扎兰屯市已建立无公害农产品、绿色食品和有机农产品基地236.37万亩,占全市耕地总面积的74%。农业会展进一步扩大了扎兰屯绿色产业的影响力,全面提升了绿色食品基地建设水平。

(二)加快推进地理标志登记保护工作

扎兰屯市历史悠久,地域生态各异,具有明显地域性和独特品质的农产品种类多、分布广,扎兰屯大米、葵花、黑木耳、沙果、白瓜籽5种农产品已获农业部农产品地理标志登记保护。通过举办"2009·内蒙古(扎兰屯)第二届绿色食品交易会暨首届农产品地理标志品牌与区域经济发展论坛",将促进特色、优质农产品地理资源向经济效益转化,会有更多地方特色农产品获得地理标志登记保护,从而实现扎兰屯市传统地域农业特色品牌建设工作又好又快发展。

(三)培育壮大绿色食品中小企业集群

以会展为契机,大力发展农牧林产品深加工业,优化提升以玉米、大豆、马铃薯、葵花、牛奶和木材等农牧林产品为核心的特色工业体系,促进产业结构生态转型、经济发展方式转变和经济增长质量提高。目前,扎兰屯市规模以上的农畜林产品加工企业达到25家,占规模以上企业总数的64%;绿色农畜林产品加工业增加值达到10亿元,占全市规模以上工业增加值的78.7%。一大批绿色食品中小企业集群已现雏形,绿色产业开始呈现良好发展势头。

(四)绿色产业成为市域经济重要支柱

借助于农业会展这一发展平台,扎兰屯市农畜林产品加工业发展迅速，涌现出了一大批上规模、上档次、上水平的企业。以淳江油脂、伊利乳业、博天糖业、嵩天薯业、鸿巍杂粮、冰海肉业、蒙森特产、长征饮品、蓝林果干等企业为代表的一批农畜林龙头企业，产业门类齐全，品牌知名度高，经济效益好，辐射带动力逐年扩大，成为市域经济的重要组成部分。

（五）巩固强化地区商贸物流中心地位

扎兰屯农业会展以内蒙古自治区绿色食品企业为参展主体，西起阿拉善沙漠，东至大兴安岭，从国家级产业化龙头企业，到正在发展中的新型特色加工企业，内蒙古绿色食品产业的整体形象得到充分展示，赢得了社会各界的高度评价。在会展的带动下，企业和产品向扎兰屯汇聚集中，扎兰屯蒙东系列市场进一步完善提升，物流业发展规划逐步落实，围绕绿色食品产业，地区性特色商贸物流中心地位进一步强化。

（六）会展经济相关产业互动效应凸显

近年来，扎兰屯依托优越的旅游资源优势，结合阿尔山-柴河旅游开发，突出国家级风景名胜区的唯一性，进一步规划建设旅游线路，设计景点布局，积极建设少数民族、中东铁路、商业物流、野生动物等系列博物馆，扎兰屯的旅游产业呈现旺盛的发展势头，会展经济与旅游产业已经形成相互带动、相互促进的良好局面。

六、农业会展的前景展望

实践证明，发展农业会展经济大有可为。今后，扎兰屯市将抢抓机遇，积极创新，拟在更高的层面和更大的范围上，继续办好农业会展，通过坚持不懈的努力，积极争夺“绿色话语权”。依托呼伦贝尔和内蒙古的绿色食品资源，突出扎兰屯市的生态优势和商贸优势，充分奠定和强化扎兰屯市作为绿色食品生产加工基地和交易中心的重要地位，打造有地域特色的、有辐射影响力的、有绿色食品产业水准的高端会展品牌，进而全方位地传播扎兰屯市的城市文化形象，打造城市品牌。届时，扎兰屯这片青山绿水所蕴含的财富会充分显现，创新农业会展将推动扎兰屯市经济全面升级提速，实现美丽与发展双赢。

农业会展促进农业现代化进程

王绍武　何　妍

（辽宁农业博物馆）

农业会展指以推动农业发展和农产品贸易为主题的各类展览、展销、会议和节事等活动。其中，直接以"展示产品、促进贸易"为主题的农业展（博）览会和展销（交易）会，是中国农业会展的主体。近几年，我国农业会展经济蓬勃发展，取得了不俗的成绩，特别是去年各种农业会展累计实现贸易成交额 3 200 多亿元，为我国有效应对国际金融危机等不利影响，保持农产品市场繁荣稳定，促进农业持续稳定发展发挥了积极作用。

一、农业会展在农业发展的作用

农业会展为农产品的宣传和推介、市场开拓、品牌推广提供了一个直接、互动的平台和高效的营销模式。既是现代经营形式的推进和创新，也是现代发展理念的引领和创新。农业会展已成为现代农业发展过程中向社会、向大众传递农业信息，进行农产品贸易交流不可缺少的重要媒介。

（一）农业会展促进农业产业化

我国农业会展作为国内外农产品贸易的桥梁，促进内销并扩大出口，通过洽谈和交流，引进技术和资金，最终达到了扩大投资的目的。随着农业会展的发展，近几年，中国国际农产品交易会、中国绿色食品博览会等大型农业展会，加快了一大批区域优势特色产业的快速扩张和发展，并带动了许多龙头企业的发展，同时还培育打造了一大批名优特新尖农产品品牌，促进了农品贸易增值和农业科研、生产、加工、贸易等领域的全方位、深层次、宽领域合作交流，为整个农产品生产链条注入了活力，对推动现代农业的发展发挥了不可替代的作用。

(二)农业会展拓展农产品市场

现今,国家大力开发利用农业资源,建立农产品生产基地,深化农产品加工,实施品牌战略,形成了一大批在国内外有着较深影响的农产品精品和名品。发展农业会展业,由政府搭台、企业唱戏,构筑优质农产品进入市场的平台,加工企业通过会展,拓展农产品市场,提高市场占有率,帮助企业抵御风险、提高应变能力,促进企业在激烈的市场竞争环境中做大做强。

(三)农业会展优化资源配置

举办农业会展,让农产品加工企业把握当前人们的需求趋势,即由以往单项选择(价格选择)向农产品的多项选择(安全、营养、质量、品种、外观、风味、价格、包装、产地及服务)等发展。同时,加工企业通过农业会展,倾听消费者的意见、采纳消费者的建议,将自己的发展计划紧密与市场需求相结合,不断地根据市场的变化来调整农产品品种的结构,向消费者提供适销对路的农产品。让加工企业能够正确把握农产品市场的发展趋势和规律,更快更好地适应农产品市场发展的要求、合理优化配置农业资源。

(四)农业会展促进科技成果转化

会展是连通研、产、销的纽带,是农业科技成果转化的重要推动力。在展会举办期间,往往都会组织一些论坛活动,例如,展会在展示、交易的同时所进行的与行业发展技术有关的讲座、报告、示范教育等推广活动;注重产学研结合,发动企业反哺支持相关科学研究的基金集资活动;宣传行业发展意义、行业生产销售管理、培育和拓展市场以及培养年青一代产业从业人员的活动。这些活动既将技术研究、生产、销售等过程中出现的问题提出来,交由大学、研究机构和科学家去研究解决,同时也对现有的研究成果进行推广和宣传,寻找科技成果向现实生产力转化的市场条件。不仅促进了农业技术和科学水平的提高,也极大地促进农业的健康发展,技术的更新换代,以及专业人才的培养提高。

二、我国农业会展存在的主要问题

目前,我国农业会展工作总体上仍处于发展阶段,与发展都市农业的要求还有明显差距,主要存在以下几个问题。

(一)忽视产业规划,缺乏行业管理

目前,由于各地农业会展发展不均衡,整个产业还处于无序竞争状态,缺乏行业总体布局、总体规划和基础研究,在发展上存在很大的盲目性。部分展会只看重经济利益,盲目扩大展会规模,而忽视对参展企业资格的审定与管理,造成展会鱼龙混杂,管理混乱,不仅使展会的自身形象大打折扣,同时这种现象严重影响农业会展的健康发展。

(二)市场竞争机制不完善

由于没有统一的展览管理部门和行业自律组织,导致了多头审批、重复办展,而且很多政府主管部门成为办展的主体。往往是参加了省举办的农博会,还要再参加各市、区、县(市)组织的农业会展,这种多层次、多渠道办展的局面使得许多农业企业疲于奔波,加上展览管理混乱,展览资源被分散浪费,而造成行业秩序混乱无章。就这一问题,2009 年 3 月份,由中国国际贸促会农业行业分会发起的农业会展分类认定工作在全国范围内正式启动。旨在更有效、更有针对性地对外推介优秀农业展会。希望可以借此举动,能够促进农业会展行业资源整合和健康发展。

(三)管理机制不健全

虽然许多地方都建立了会展行业协会,但多数也只是对行业进行一般性的理论指导,无法起到规范市场,管理行业的作用,单纯依靠行业自律和政府的干预,难以维护市场秩序。如今重复办展的问题依然严重,行业数据统计结果差异较大,导致无法对市场进行准确的分析及预测。这些管理机制上的问题,必然会严重影响农业会展的经济增长,也制约了会展产业的整体发展。

三、加快农业会展业发展的对策建议

今后,农业会展业要不断优化环境,加强引导和管理,提高农业会展业的档次和水平。

(一)规范行业,统一思想

认真总结农业会展的成功经验,充分发挥我国农产品优势,创新农业

会展工作发展思路、体制、方式,促进农业会展业的健康发展。鼓励各省、区、县(市)充分发挥自己的优势,在推销本地区的农产品上有所创新,积极探索市场运行机制,不断摸索农业会展业的市场化运作情况,促进我国农业会展业的规范发展。

(二)加大政府扶持力度,加强市场建设

目前我们的农产品生产还处于小生产的方式,农民的组织化程度还比较低,多数农业企业规模都比较小,加之农产品的利润率比较低,农业生产的风险又不断加大。为此,政府要进一步加大财政扶持力度,促进农业会展业的良性发展。同时,还应该举办具有较强影响力的名牌展会,使农业会展逐步走向整合之路,以实现规模化经营,提高农业会展的竞争力,整顿市场秩序,规范市场行为,促进农业会展健康有序的发展。

(三)完善行业协会,加强机制管理

借鉴国外办展经验,完善以农业会展行业协会为主的管理机制。在展会举办权的申请上,由目前的展会审批制逐渐向登记制过渡,协会必须在规范和协调会展举办权、理顺行业准入资格等上有所作为。提高行业协会的权威性,行业协会提供的行业信息和服务要能代表一定的水平和档次,能令人信服。

总之,农业会展是为农业现代化发展而服务的,其潜力十分巨大。但要发挥作用,就必须适应市场经济发展的需要,进行市场化运作,这是会展发展的趋势,也是其自身发展的需要。

试论上海品牌农展发展战略

丁菊芳

（上海农业展览馆）

一、上海会展品牌的塑造

（一）品牌会展的内涵

品牌是企业在市场活动中逐渐培养出来的，为消费者崇尚的一种信心、信任和荣誉，一种消费者所期望的质量和价值观，是企业发展过程中巨大的无形资产。品牌会展是指具有一定的规模，能代表和反映该行业的发展动态和发展趋势，对该行业具有较强的指导和影响力的会议或者展览会。品牌展览会自身是一个服务品牌，它通过自己建立起来的品牌平台提升参加展览会参展公司的品牌，品牌展览会项目吸引品牌参展商，品牌参展商吸引品牌观展商，这种良性互动的关系，使组展、参展和观展品牌相互依托，相互扶持，共同发展，形成一个品牌产业链。品牌展会不断发展，它能引领着行业发展，并对经济发展起着举足轻重的促进作用。

（二）品牌会展的特质

会展品牌具有四大基本特征：一是具有较高的知名度。二是具有较好的规模成效。三是具有较强的权威性。四是具有规范的服务和完善的功能。品牌展览会的标准：行业协会和政府主管机构的支持；代表该行业的发展方向；提供专业的展览服务；有行业媒体及大众媒体的强力参与；获得国际展览业组织，例如 UFI 的认证；具有先进的品牌营销策略和品牌管理技术，并坚持长期品牌发展战略。

（三）品牌会展的塑造

品牌建设是一个从无到有的长期的工程，要经历市场调研、项目策划、宣传推介、组织实施等多方面的手段来完成。要培育上海的品牌展会，经营者首先必须树立品牌意识，并从主题的选择、展会的规划、展会的组织与管理等方面来实施品牌化策略：一是：制定品牌发展战略；二是提升品牌质量；三是拓展品牌空间；四是强势的媒体宣传；五是打造网络品牌；六是保护知名品牌。

1. **展会主题和内涵的不断创新。**注意结合行业发展趋势和方向及时调整展会主题，包括增加扩充展览项目，分离展览项目单独办展，赋予原有展览项目时代特色，以此保持原有客户，吸引新客户，保持展会的长久生命力。

2. **展会表现形式的创新。**品牌是最简单易识别的符号，商品或产品特征能够帮助观众记忆，但是它们埋没在展会巨大的商品及产品堆里，挑出的困难可想而知，而展示作为拥有一定规模的空间形式，在帮助受众识别商品及追寻品牌时，无疑也是大有作为的。要实现展览展示的理想目标，既要设计的视觉美感，也要礼仪的服务得体。

3. **展会服务及营销方式的创新。**细致周到专业的展会服务可以帮助主办方培养客户对展会的忠诚度，这样的理念应该渗透到展会的各个过程中。首先根据公司的发展规划及营销目标，对企业的优势资源（产品、信息、技术、服务）或需求进行分析，之后再斟选出适时对路的展会推广，最后再从策划的角度考虑资源如何出奇制胜。

二、上海品牌农展的发展现状

中国是一个农业大国，“精耕细作”的中国传统农业有着悠久的历史，支撑着中华民族五千年文明历史的延绵发展。随着经济全球化进程的不断加快，人民生活水平的不断提高，环境与可持续发展得到了人们普遍的关注。经济、科技、社会、人口和环境的协调发展，已经成为世界各国的共识。消费观念的转变，人们不仅要提高生活水平，更重要的是，要提高生活质量，重视农产品品质和安全。

随着全球经济的高速度增长和农业生产的快速发展，我国农产品在满足自给需求以外进入商品交换，粗级低质的农产品缺乏市场竞争力，产品销售不畅，加上发达国家纷纷筑起的“绿色壁垒”，使我国农业遭到了严重的打击，损失极大。农产品的低价位运行，远远适应不了人们日益增长的物质生活需要，而适销对路的安全、无污染的优质农产品，越来越受到人们的追求和赢得市场青睐。安全、优质、无公害的“绿色”食品，在全国的生产和消费领域迅速形成了一股绿色浪潮，绿色产品将会成为全国商品市场的主导产品。

上海一直有“大城市，小农业”一说，如果单从 GDP、人均拥有耕地等指标来考量，上海农业所占的比例和数量都是很小的。但“加快自身发展、主动服务全国”的步伐从未停止过。

上海通过举办品牌农展为“生产者”和“消费者”、“生产者”和“采购商”、“国内”和“国际”架起桥梁。

（一）天时——上海创品牌农展时机已经成熟

上海举办了部级品牌农展（上海从 2004 年开始，有农业部中国绿色食品发展中心举办的两年一届的“绿色食品博览会”落户申城）；省市级品牌农展（有江苏省、浙江省、安徽省、云南省、江西省、四川省、新疆维吾尔自治区等品牌农展每年在上海定期举办）；上海自己主办的品牌农展（已连续举办九届的新春农副产品大联展、连续举办了四届的盛夏大联展、连续举办了两届的金秋农副产品大联展）；地级市品牌农展（浙江的湖州、嘉兴、衢州；江苏大丰、江苏泰兴等地级市县农展）。这些品牌展会的成功举办，使更多的农产品进入了上海。

生产企业通过品牌农展，走向上海乃至世界市场，如：在 2002 年新春农副产品大联展的展会上，来自江西上饶的农民姚长庚拉着市农委领导的手激动地表示感谢，因为他生产的地瓜干在“大联展”上虽然包装粗糙，但由于味道好销路很好，同时上海方面还给予他指导和帮助，向他们县带队参展的领导建议由县政府组织牵头解决本地优质“地瓜干”打造品牌和包装问题，实现产业化销售。2002 年开始参展姚长庚改变了包装，并注册了“三清”商品品牌，“地瓜干”受到了市民的青睐，销售更上一层楼，展会现场销售额达 16 万元。红薯干在上海畅销，引起了当地政府的高度重视，并由此带动了上饶县种植红薯的一条产业链。

消费者通过农展品牌展会，认识有机、绿色、无公害农产品，引导消费者安全消费。如：江苏靖江市绿野生态园的戴老板，饲养生态猪，通过参加新春“大联展”，预计 4 天在展会上销售的猪肉，2 天就销售一空。展会上，现场烹制的猪骨汤的香味，引来市民交口称赞，他成了市民现场咨询的农业专家。

品牌展会落户上海，上海创品牌的时机已经成熟。

(二)地利——上海的地理位置优势

上海地理位置得天独厚,位于我国东部绵延数千公里的海岸线的中点,同时又是横贯大陆第一大江的出海口,因此,它是黄金水道的枢纽,是中国最富庶、最有发展潜力的长江三角洲的龙头,腹地广大。而且东向美国,北临日本、韩国,濒临太平洋,处于亚洲的心脏地区,其优越的地理位置使得全世界50%左右的人口都可以在5小时之内到达上海,优越的地理位置不仅使上海成为中国水、陆、空交通枢纽,也使上海成为西太平洋地区的重要国际港口城市。

(三)人和——上海扶农政策优势

上海农展得到政府大力支持。2002年初,距我国加入世贸组织1个多月,上海举办首届新春农副产品大联展。上海市农业委员会副主任严胜雄当时在接受记者采访时说,政府要转变职能,为农民进市场搭好台,架好桥。于是,“大联展”成了上海最特别的一个展会,不讲级别、不讲届别、不讲界别,政府搭台、市场运作,带来国内外采购订单,订单带动生产企业,企业再带动基地,基地最后带动千家万户的农民,经过这样一个产业链,最后实现产业增效、农民增收。上海每年春节前夕举办一届新春农副产品“大联展”,至今已持续9年,成为上海和全国农民共闯大市场的大舞台。

“大联展”把生产和消费、上海和全国、农民和市民有机连成了一个相互对接的整体,从而推动农业品牌化、产业化、科技化、市场化和现代化。上海和各省市农业部门共同努力的结果是,每年只举办几天的品牌农展会内容和层次不断拓展、延伸和深化,正在打造成国际性的农业博览会。9年来,凡是“大联展”畅销的优质产品,上海都会建立资料库,让这些产品不仅能满足国内市场供应,还能漂洋过海闯国际市场。

上海是一个约1 900万常住人口的国际化大都市,每年农副产品流通量超过100亿美元。如今,一年一度的“大联展”已成为全国各农业大省农副产品打通国内和国际市场的重要通道,每年的展位都供不应求,许多省市的农业主管部门领导谈起“大联展”以及每年在上海举行的几十场农展、20多亿元的订单对当地农业增效和农民增收的拉动作用都兴奋异常。

安徽省现在已有上百个品牌农产品通过“大联展”成功进入家乐福超市,上海的农业“龙头”企业通过“大联展”,已在全国30个省市区建立了外延基地和合作项目。

三、上海品牌农展的发展战略

(一)上海品牌农展的内涵

上海品牌农展是指具有一定的规模,能代表和反映农业行业的发展动态和发展趋势,对农业产业具有较强的指导和影响力的会议或者展览会。

(二)上海品牌农展的特质

上海品牌农展不仅包含了品牌展会的特质,它还特有:

1. **农展"绿色"品牌**。随着生活水平的日益提高,人们的生活观念不断转变,"绿色消费"理念深入人心。人们不再满足于填饱肚子,而将眼光瞄准"健康、环保",而有机、绿色、无公害农产品正好顺应了这一要求。上海品牌农展要求参展商,紧紧抓住这一商机,竞相打出"绿色"品牌。农副产品都以质量做"嫁衣",经过精心"梳妆打扮",由裸卖变为盒装、袋装销售。品牌展上销售的绿色食品,都通过了绿色食品有关机构认证。"上海无公害农产品成功打进市场,在各大农贸市场站稳了脚跟,品牌农展会上出现市民争购的现象。"业内人士分析说,经过多年的市场磨合,上海无公害产品紧跟市场潮流,逐步实现了由数量型向质量品牌型的转变,注重无公害、标准化生产,无论是产品质量、还是市场营销,都已经迈上了一个新的台阶。

2. **农展"高质量"品牌**。各地政府举办的展会,经受了各方面的考验,也带来了巨大的经济效益和社会效益,实现了"多方共赢"。首先是参展企业通过农展会展示了企业形象,推广了新产品,提高了品牌的知名度和市场竞争力。农展会为各地的农产品走向上海铺设了一条通道,全国很多知名品牌农产品,都是乘着农展会的东风,获得消费者的认可,并打开市场。其次,大量代理商、农民经纪人及自发参观的农民们通过农展会发现了好项目,获得了致富信息。不仅如此,得到实惠的还有走进农展会的广大消费者们,身在上海就能买到带有浓郁乡土气息的各种新鲜、优质的农产品。

3. **农展产业延伸品牌**。通过几年展会市场的培养,当初以麻袋进场的江西红薯干,现在发展成小包装,进了上海"来伊份"连锁店。茶叶"穿"上了小包装;黄豆摇身一变,成了白豆腐、腊干子……市场锻炼人,而品牌展会更是试金石,针对不同市场的需求,农产品已悄然"变脸"。把农产品加工成半成品或成品，增加了附加值，提高了身价，已经成为很普遍的现象。

（三）上海品牌农展的发展战略

1. 树立、提升现代品牌农展战略意识。我们一方面要树立现代品牌战略意识，重视品牌工作；另一方面，要对品牌战略有一个正确的认识。农展服务的群体是企业，而企业在激烈的市场竞争中靠什么来生存？靠的是他们的产品。产品靠什么来进入市场？靠的就是品牌。上海农展要帮助企业树立品牌意识，只有企业品牌搞上去了，产品的销路才会好，企业才能站住脚。企业通过品牌农展打响自己的品牌，品牌农展依托这些品牌企业做大做强做实。品牌和有形资产一样是宝贵财富。

2. 创建、宣传品牌农展。上海有农业部主办的全国绿色食品上海博览会；市农委主办的"夏秋冬大联展"系列展；有各省市主办的展销会（如江苏省农副产品展、安徽省农副产品展等）。上海更要抓住机遇，把"大联展"品牌展做成春夏秋冬一年四季都有的系列展。上海农业展览馆是上海市唯一一家公益性的，全额拨款的事业单位，担负着为"全国三农"服务搭建平台的责任。2008 年首次尝试举办了"农展馆"品牌展，对那些经济欠发达地区伸手扶一把，送一程。上海要运用好自身的条件优势，为全国农民搭平台，为上海市民送产品。每个品牌展都设计、注册了商标，拥有属于自己的品牌。商标注册后在法律上获得了承认和保护，但这并不意味着品牌得到了认可。品牌展会要通过媒体大力宣传自己，提高展会的知名度。

3. 保护、强化品牌农展。农展办展门槛低，可复制性强，要培育品牌展不容易，要保护好更不容易。参展企业要明辨真伪，积极打击侵权、假冒行为，这是培育品牌不可缺少的一项重要工作，也是维护企业自身良好品牌形象的重要工作。维护好，强化品牌农展，不仅是主展方的事，也是参展企业共同需要维护的事，只有多方通力合作，才能把品牌农展做实、做强。品牌展会是指具有一定的规模，能代表和反映该行业的发展动态和发展趋势，对该行业具有较强的指导和影响力的展会。农展是农副产品展览的俗称，品牌农展是绿色、高品质、安全的展览。农业产业在品牌农展上，能更好地推出优质特色的农业产品，推广农业企业，从而进一步促进农业产业的发展。

德国世界食品博览会的成功经验及启示

徐国彬等

（江苏省农业委员会外事外经办公室）

为深入贯彻中央1号“发展农业会展经济，支持农产品营销”，积极应对国际金融危机，稳定并促进农产品出口，江苏省农业委员会外事外经办公室、江苏省农产品进出口企业协会积极配合农业部、商务部等有关部门的安排，加大境内外促销力度，特别连续多年组织农产品进出口企业赴美国、日本、法国、德国、澳大利亚、迪拜等地参加 Fancy Food，FOODEX JAPAN，SIAL，ANUGA 等各类展会，企业利用会展平台，接洽潜在客商，巩固老客户，商谈下一年的生产计划，有些企业一个展会的订单就超过当前企业的年生产能力，会展经济有力地推动了农产品营销。本文以国外知名农业食品类展会德国世界食品博览会为例，介绍展会规模、历史、展商、观众、组织、服务等方面，着重从定位、运行、推广、管理、创新等方面来分析其成功经验，并对我国举办类似农副产品及食品展会如何营造社会氛围，促进国内农业会展经济发展做了探究。

德国世界食品博览会（ANUGA）是世界最大的食品展会之一，首届于1922年举行，2年一届，在业内拥有广泛的认知度，是来自世界各地食品类生产商、贸易商、批发商、进口商、分销商的专业盛会。2009年展会共有97个国家的6 522家供应商参会，欧洲、非洲、亚洲、美洲、大洋洲均有国家参加，除了东道主德国和传统意义上的农产品出口大国如美国、加拿大、巴西、澳大利亚、荷兰、中国等，还有来自朝鲜、巴林、布隆迪和苏里南等小国的参与。来自180多个主要食品消费国家的153 500名观众前来参会，从本次展会主办方的统计数据来看（表1），与上届基本持平，可以推断农业及食品行业已经走出危机开始回暖。我们按照主办方的收费标准，摊位440欧元/米^2，正常一日票49欧元/人，会刊登录费349欧元/参展商计算，仅此3项，收入就达1.32亿欧元，加上广告费等其他收入，利润相当诱人。

表 1　2007 年、2009 年世界食品博览会数据

年份	参展国家	参展商数	境外展商比例(%)	观众国家	观众人数	境外观众比例(%)
2007	95	6 607	83.4	175	163 000	50.0
2009	97	6 522	84.4	180	153 500	60.9

一、德国世界食品博览会的成功经验

(一)当地政府高度重视

东道主德国政府非常重视,展团由德国联邦食品、农业和消费者保护部(BMELV)、德国食品行业联邦协会(BVE)、德国五大州以及 60 余家参展商组成。欧盟副主席甘特·费尔霍伊根先生 Günter Verheugen 及众多来自政治、商业、食品领域的知名人士亲临现场为 2010 年的世界食品博览会开幕式剪彩。2010 年 ANUGA 的合作伙伴国土耳其农业部部长 Mehmet Mehdi Ekera 率领庞大的土耳其农业食品展团来参展。中国、美国、加拿大、澳大利亚、荷兰、法国、巴西、南非等国均有政府部门牵头整体亮相。

(二)组办方招商招展专业

世界食品博览会 ANUGA 自科隆国际展览公司 1922 年成立起开始举办,目前已有 88 年的历史。展览公司现有员工 500 多人,在世界上约 90 个国家及地区设立了分公司或代表处。科隆国际展览中心是世界上第四大展览中心,也是欧洲最富魅力的展览中心之一。展馆展览总面积高达 284 000 米^2,其中室外面积约 100 000 多米^2,会议中心可以同时容纳 12 000 人,每年有 2 000 多个会议和其他活动在此举办。丰富的办展经验、2 年的组展准备、一流的展馆设施、世界顶级展览公司的运作等使得 ANUGA 成为一个高品质世界级食品盛会,为来自世界各地的参展商、观众和媒体提供完善的展位申请、展台搭建、展品托运、展示布置、宣传推广、专场活动、签证申请等便利服务。

(三)展会服务细致周到

大会服务热情周到细致,大会门票套上就有各展馆各展区分布图,各

个展馆出入口处有本展馆的展商分布图、其他临近展馆指示图，观众仅凭指示图就可一站式到达任何展区或展馆的任何展位。展会会刊按照大会指南、国别、产品类别、贸易活动类别、展馆平面图、各展区平面布置图等分类编排，方便检索查找。为了满足部分观众的特定需求，节省其宝贵时间，在会场入口处免费提供了以各类展品、大会主要活动、大会论坛、休闲娱乐等分类的小册子，方便来参会并关注特定类别的观众查阅、携带、参加；大会各类活动、大会论坛等免费开放。展会相关信息均可在主办方网站上依照展商、展馆、展品、时间、主要活动等分类检索，极大方便了观众的参展参会，便于观众安排自己的行程。

（四）参展商国际化程度高

德国世界食品博览会素有“一届博览会，十个分展会”的美称，本届ANUGA共有精细食品、饮料、冷藏食品、肉制品、冷冻食品、奶制品、面包及焙烤食品和热饮、有机食品、餐饮技术、零售技术等10大类分类展会在12个展馆内集中展示，各大类主题展均以国家和地区为单位统一集中展示，较大知名企业则特装布展。展会现场大量实物展示，数以万计食品免费品尝。2009年来自97个国家的6 522家供应商参会，展出面积287 000米^2；其中境外展商数5 504家，比例高达84.4%。480家的中国展商，分别在8个专业展览馆内展示，参展面积超过6 000米^2。20家江苏省农业企业统一特装布展，参展面积达300米^2，主要位于4号冷冻馆、9号精细食品馆。值得一提的是，中国汇源果汁以大型特装在饮料馆亮相，颇为引人瞩目。包括中国在内的众多国际参展商在展会上签订的订单已爆满，对参展效果表示满意。

（五）参会观众专业性强

由于门票价格在28～85欧元之间，所以确保了观众的专业性。来自180多个国家的约153 500名观众前来参观，其中93 500名来自德国以外，比上届高出12 000人，境外观众比例达60.9%，充分反映了本次大会的世界影响力。正如科隆国际展览有限公司首席执行官格拉德·博森先生所说：“是否拥有高质量的专业观众是博览会成功与否的决定性标准”，如果没有专业的观众保证，没有合适的订单，5 504家境外展商不会千辛万苦从世界各地带众多展品来布展参展。各参展商均派出公司高层来参展推销自己产品，结识下游买家洽谈贸易，同时也利用这次展会为自身生产、销售、发展、创新结识新的上游卖家，可以说参展商们既是卖家，又是买家，也是专业观众。

（六）展会创新层次高

ANUGA不仅展示了食品饮料行业的产品和需求，10个分类展更是涉及农副产品及食品行业产前、产中、产后、售前、售后、食前、食后等各个环节，并结合展会的主题“品鉴未来”举办了相关形式多样、内容丰富的配套活动、特别展、论坛和演讲，如“保健食品展”、“清真食品”、“零售创新”、“视觉烹饪”、“创意厨房”、“纯有机特别展”、“健康食品论坛”、“成人营养论坛”、“饮料趋势专场”、“国际有机农业运动联盟IFOAM有机论坛”等活动。特别值得一提的是，专场活动“品鉴2009创新竞争展(taste 09)”，主办方特意在北入口处设立橱窗，展出2010年部分参展商利用新技术、新材料、新理念生产的饮料、冰淇淋、糕点、巧克力等新产品，提出了未来新产品的方向和概览——便利食品、健康食品和“无添加”食品将成为未来的主导趋势。ANUGA紧紧围绕为展商和观众服务这一宗旨，以展会为平台、以展品为媒介、以观众为目的、以订单为结果，将展会塑造成了世界食品行业的盛会。

二、世界食品博览会对我国办展的启示

通过参加Fancy Food，FOODEX JAPAN，SIAL，ANUGA等各类国际知名展会，以及参加国内知名的中国国际农产品交易会（简称“农交会”）、杨凌农业高新科技成果博览会（简称“农高会”）等展会，特别是举办一年一度的江苏农业国际合作洽谈会，我们深深体会国内会展与国外会展的差距，世界食品博览会对我国办展的启示如下：

（一）政府要更加重视农产品及食品展会

当前，全国各地每年都举行各种各样的农业及食品类盛会，国家水平的有中国国际农产品交易会、地方上有中国杨凌农业高新科技成果博览会、江苏农业国际合作洽谈会等各类展会。这些展会大多由政府部门主办，受到相关行业、地方政府的重视，一般都会有省部级领导、外国驻华使领馆人员参加，但是鲜有国家领导人、外国政要政府率团参加，区域组织、国际组织参与的更少。我国农产品及食品，上游涉及中国7亿农民农业生

产，下游涉及13亿人口的饮食安全，其重要性不容忽视。加强农产品营销、促进生产、流通和销售，可有效防止中间商囤货，避免农产品价格异常波动。

（二）专业化团队运作农产品及食品展会

由于我国很多展会是近些年随着农业生产力提高、经济发展而诞生的，目前都比较年轻，如中国国际农产品交易会已举办了7届，中国杨凌农业高新科技成果博览会已举办了16届，江苏农业国际合作洽谈会已举办了11届，而且大多由政府部门主办，不是专业公司运作，办展经验不是很丰富，公益性成分较多。此外，国内大多数地方已建或者在建的国际化展馆、国际化会议中心，即便有相关基础设施，但交通、物流配套建设也难以跟上，相关的软件建设如广告设计、宣传制作、媒介推广、招商招展、运行管理难以满足市场需求，建议由专门的行业协会或专业化展览公司来常年运作、管理。

（三）完善展会服务水平

总体上讲，我国第三产业服务水平不高。由于会展业是新兴产业，所以我国展会的服务水平不够高，很多参展商、观众反应要么人很多，主要是来凑热闹，淘便宜货；要么人很少，鲜有人问津，参展商抱怨宣传不到位。展会要紧紧围绕展商、观众这两大群体，并且要考虑到中国国情，满足部分市民观展购物的需要，以便促使更多贸易能够进行。为了达到这一目的，很多重要活动、参展布置图等相关展会细节不仅仅要在展会现场公布，更要利用电视、网站、报刊杂志、宣传小册子等提前进行宣传，方便观众查阅、参加。同时参会布展、展品运输、停车、网络等也应该提供便捷服务，长期固定运行。完善好服务，参展商有订单，专业观众有收获，主办方就必然有盈利。

（四）提高展会国际化程度

目前我国展会大多以本土化为主，展商也以本地企业为主，外地小企业为辅，国外展商较少；观众以本地市民居多，自愿的外地观众少，自愿的国外专业观众几乎没有，国际化程度较低。高品质的展商、高规格的展品、高素质的观众是一个展会必不可少的三个方面，三者相辅相成，构成展会的铁三角。我们应当以打造精品知名展会为目标，在世界主要国家、世界主要展会等建立相对固定的办事处，持续推荐展会；邀请国外商家来参展参会，一方面吸引国内进口商、批发商、消费者参展参会，满足国内普通消费者对进口商品的需求；另一方面吸引国内的生产商、加工商、供货商参会参展，促进国内农副产品的境外销售。

（五）加大展会创新水平

目前我国农产品及食品展会普遍存在科技水平不高、内容重复、仅仅关注农产品本身，大多以低值农产品销售为主，鲜有新产品、新技术、新设备，未关注产业链上端、中端、末端，未关注有机食品、加工技术、餐饮技术、零售技术等，展品的规格不高，观众的素质欠缺，展商的品质不高，从而造成展会的水平不高，并且逐渐形成恶性循环。为此我们要对国内纷繁的展会进行整顿，取消低水平重复的展会，着力打造一批精品展会，特别是提高展会创新水平。以江苏农业国际合作洽谈会为代表的部分国内展会，积极吸取 SIAL，ANUGA 国外知名展会的经验，与时俱进，突出农业国际投资和贸易合作主题，以展示现代农业投资新环境、发展新成果、农村新面貌为主，2009 年更是将展示展销分开，满足了专业观众与普通市民的需要，采取展示与洽谈、项目推介与政策咨询、商务活动与学术研讨相结合的方式，为农业商贸合作提供对接平台，为境内外与会人士提供全方位服务。此外在农业部的指导下成功举办了 2009 年首届“中国-中东欧国家农业科技与经贸合作论坛”，加强了中国与中东欧国家农业科技优势互补，促进了双方之间的农业技术合作和贸易洽谈，“支持农产品营销”，拓宽了会展经济的外延，提升了展会创新水平。

立足三农　服务三农
会展业要为三农发展做贡献
——从中国(江苏)国际农机展看农业会展发展前景与作为

王志扬

(江苏省会议展览业协会)

农业、农村、农民,并称为“三农”。三农兴则经济兴,三农旺则国家旺,三农发展则国力发展。农业被称为第一产业,三农始终是中央政府和国人关注的中心,党中央、国务院始终将三农发展放在各项工作的第一位,连续多年的中央1号文件都是支持和发展三农的红头文件,足见三农在全党和全国人民心目中的地位。

会展业是智慧产业,也有人称为是城市经济。会展业亦是一种服务业态,是服务于各行各业,服务于市场经济、城市经济、区域经济和社会发展的一种经济形态,它在为产业经济、城市经济、区域经济发展服务的同时,同样可以为“三农”经济的发展做好服务,做出贡献。

随着会展业在全国各地的逐渐兴起,会展业在推动各行各业、特别是第二、第三产业、行业发展迅速、行业集聚强,产业基础雄厚的重点行业和产业的发展进程中,发挥出了积极的、重大的推动和促进作用,最直接、最典型的做法,就是举办某个产业或行业的展览会或博览会,以推广和介绍该行业或产业的最新技术、最新产品,促进和推动新产品、新技术以最快的速度,最直观的方式,最有效的市场手段,走向市场、走向运用,变为最直接的生产力,变为最便捷的市场推广手段和桥梁。这就是会展业在推动和促进行业发展或产业进步方面最有效的作用。

江苏省是全国有名的农业大省之一,苏北平原也是国家重要的粮食生产基地之一,江苏农业、农村、农民各方面的发展同全省其他行业经济的发展一样,同样走在全国的前列。江苏会展业在促进和推动江苏三农发展方面,亦做出了不错的尝试和有益的探索。

以由江苏省人民政府主办、省农机局和省贸促会共同承办的中国(江苏)国际农业机械展览会为例,作为农业部重点支持的中国南方农机行业的专业展览会,自 2001 年创办以来,二年一届,逢单年举行,已经连续举办了五届,展出规模不断扩大,国内外参展企业逐届增多,形成了独具特色的品牌展会。一是主题突出,服务“三农”。连续五届农机展都一贯秉承服务“三农”的理念,紧贴“三农”要求,突出“展示世界先进农机装备,推进我国现代化农业发展”和“发展现代农机、装备现代农业”这些主题,实物展示国内外先进的农机设备和农机产品,推广和介绍国内外农机发展的新技术、新发展,涉及农业生产的各个领域、各个环节。二是国际化程度不断提高,展会影响力进一步提升。第五届农机展吸引了 250 多家国内农机企业以及来自美国、德国、法国、日本等 50 多家国外农机企业参展,展会面积超过 2.5 万$米^2$,知名度和影响力进一步提高。尤其是争取到欧洲最大的农业组织——德国农业协会(DLG)作为海外协办单位,大大提高了展会的国际化程度。使中国(江苏)国际农业机械展览会成为国内最具影响力的国际性农业机械展会之一。三是科技含量高,展品展示代表了国际国内最先进的农机化发展方向。在展示内容上,展览会突出展示代表国内外农机发展方向的最先进的农机新产品和最新技术,展品范围涉及农业生产的各个领域和各个环节,其中很多新产品填补了省内和国内的空白,很多新技术是首次在国内和省内亮相。特别是在植保机械、渔业机械等特色农机方面,呈现出“新”、“专”、“特”三大亮点。四是配套活动丰富务实,展会成果喜人。在展览会举办期间,还同时组织和举办了中外农机发展论坛、农机新产品新技术发展高峰论坛、农机新产品新技术推介会、农机产品订货会及江苏农机化改革开放 30 年成就展等系列活动。做到展品展示与技术交流相结合、贸易洽谈与招商引资相结合。2009 年第五届时,展会现场销售及订货额均超过 3 亿元人民币,成果丰硕。

通过连续举办大规模、高规格、有影响的国际农业机械展览会,对促进和推动江苏全省的农业机械化起到了重要的示范和推广作用,全省主要粮食作物生产机械化水平快速提高,2008 年全省稻、麦、油菜、玉米四大农作物四个环节生产机械化水平达到 74%;2009 年全省主要粮食作物播种机械化面积达到 60%,机械化收割、脱粒超过 40%以上。

由此可见,通过展览会的形式来推动和促进农业机械化程度的普及和提高,确实是切实可行的好形式、好方法、好渠道,可以收到立竿见影、相得益彰的好效果。

除此以外,我们在全省还组织和举办过江苏农业国际合作洽谈会、江苏省农民合作社产品展览会、中国粮油精品展示、国际奶业展览会、食品博览会、农业暨农产品博览会、世界猪肉大会、农业嘉年华、苗木节、西瓜节、草莓节以及“建设社会主义新农村”书画展等不同形式，不同主题，不同内容的各种各样以“三农”为主题的会展活动。但是，与城市相比，与工业门类、新经济、新技术门类相比，与现代服务业等新兴产业相比，与“三农”有关的涉农类题材的展览会和主题活动，相比较而言，不但数量上偏少，而且绝大多数的会展活动还是集中在城市，相对集中在大、中城市的会展场馆里，真正走近农村，贴进农民，服务于农业的展会活动还是太少，太少……

怎么样改变现状，让会展业更紧密地走近“三农”，贴近“三农”，在更好地为“三农”服务的过程中，提升和促进会展业的发展。我认为应从以下几点入手。

一、认真学习和贯彻落实中央1号文件中提出的“发展农业会展经济”精神，共同推动农业会展经济的发展

“三农”是会展业服务的对象，也是会展业广阔的市场。会展业要走市场化的道路，“三农”就是一个广阔的天地，就是一个可以大有作为的会展市场。

还以江苏省为例。近年来，江苏省委、省政府高度重视“三农”工作，坚持以产业化提升农业、工业化致富农民、城市化带动农村，大力推进农村改革发展，全面落实各项强农惠农政策，加快发展现代高效农业，着力推进城乡统筹发展，积极探索具有中国特色、江苏特点的农业现代化发展道路，农业农村经济取得显著成就，实现了新的跨越。2008年，全省粮食总产317.5亿千克，由全国第五位上升为第4位；农业增加值2 100亿元，由全国第6位上升为第4位；农民人均纯收入7 357元，连续5年保持两位数增长。江苏以占全国3.9%的耕地，生产了占全国6%的粮食，4.4%的棉花，5.1%的油料，4.5%的肉类，8.7%的水产品，6.5%蔬菜，创造了占全国6.2%的农林牧渔业增加值。

这一系列“三农”业绩的取得，既是全省广大“三农”从业人员的艰苦努力的奋斗结果，也是全省各行各业大力支持，共同扶持的硕果。

我们会展行业的从业人员也应该从中得到启迪。农业是第一产业，农村是广阔天地，农民是占中国人口比例最大的人群，在她们中间，蕴藏着巨

大的生产力和创造力，也是潜在的广阔市场。我们只有认真学习和领会中央 1 号文件精神，真正提高思想认识，转变思想观念，改变过去对"农业、农村、农民"的不符合实际的看法和认识，才能从"三农"出发，围绕"三农"，贴近"三农"，像"科技下乡"、"文艺下乡"、"家电下乡"一样，做到"会展下乡"、"活动下乡"，才能创造性地开发和创新性地发展涉农类会展项目，培育涉农类的品牌展会活动，从一味热忱和关注的城市会展中解放出来，大力发展农业和农村的会展经济。

二、从虚心学习、踏实调研入手，认真学习"三农"、熟悉"三农"、关心"三农"，与"三农"交朋友，才能切实转变观念，贴近"三农"，服务"三农"

有比较才能有鉴别，有比较才能发现差距。

近年来，江苏省蔬菜生产保持快速增长态势。2009 年，江苏全省蔬菜产值达 796 亿多元，占种植业总产值 40%以上，产值比重较粮食高出 3.2%，首超粮食成为第一大农作物。全年种植面积达到 2 280 万亩，比 2008 年增长近 4%，蔬菜总产量达到 4 300 多万吨，与 2008 年基本持平。但是，江苏省还没有创办出一个类似于山东省寿光市每年举办的"国际蔬菜科博览会。

自从省委、省政府提出建设"绿色江苏"发展战略以来，全省林业产业发展迅猛，林业产业年产值从 2002 年的 272 亿元上升到 2009 年的 1 136 亿元，7 年增长了 4 倍以上，在全国的位次从第 9 位上升到第 4 位，以占全国 0.7%的林地创造了占全国 7%的林业产值。但是，江苏省还没有围绕林业产业的发展这个主题，创办或举办过专题的林产品展览会或博览会。

2009 年，江苏省园艺业产值达到 1 000 亿元，排在牧业、谷物、渔业之前，首次成为农业产值第一大产业。全省园艺作物种植面积达到 2 830 万亩，同比增长 3.4%，全省农民人均纯收入中来自园艺业的比重达 20%以上。这其中，也与会展业相关联，全省园艺业十分注重借助会展业这个平台，开拓和推介全省园艺业的品牌和市场。在参加第七届中国花卉博览会上，江苏省获得三金一银，金奖数居全国之首；组织参加第八届中茶杯名优茶评比中，获得 28 个特等奖，55 个一等奖，获奖数居全国第二；成功举办第二届年宵花卉展示展销会，累计成交花卉 100 余万盆，签约总金额 3 亿元；观光农业不断升温，接待游客 3 600 万人次，同比增长 20%。

从以上几个现代农业中不同分类的产业发展现状中,就可以看出,涉农产业面广量大,不同产业具有不同特点,各自具有不同的发展途径和经营特色;同时,也与会展行业具有紧密的联系和密切的关联度,两者是相辅相成,互为促进、互利共赢的关系,我们应该站在积极促进和推动"三农"发展的高度,紧紧围绕农业产业的机械化、现代化、国际化,紧紧围绕建设社会主义新农村,紧紧围绕适应新时期、新时代、新农民的特质和特点,紧紧围绕"三农"发展过程中各个分支、各个产业、各个环节,一切从"三农"发展的长远战略出发,就一定能创新、创办、创作出符合"三农"发展需要的各类各样的会展项目和品牌会展活动来。总之只有认认真真从实际出发,从调查研究的过程中,去寻求双方结合的共同点,就能找到共同的语言,就能搭建合作共赢的合作平台,就能找到相互结合,互相融合,共同发展,共同前进的新途径、新方法。

三、从深化改革,调整结构的角度,认真梳理创办涉农类展会的思路,为发展农业会展经济出谋划策,献计出力

用改革的眼光来看"三农",现代农业远远不是原来的"农、林、牧、副、渔"的概念和范畴,现代农村远远不是过去所谓的乡村概念。现代农民也远远不再是过去的"乡下人"、"农民"的概念。如何准确定位,如何正确定位,都需要我们用新的理念、新的眼光、新的思路、新的理论去进行科学的分析和准确的概括。

江苏省在连续6年保持粮食持续增产、农业持续增效、农民持续增收、农村持续发展的大好形势面前,如何进一步抓好当前的农业生产,如何进一步加快农业现代化和新农村建设的步伐,大力推进城乡一体化的建设和发展,还面临着十分艰巨的工作。从加强农田基础设施建设,加大农业综合开发力度,积极提升农业机械化水平,稳步提高粮食生产能力,到积极调整农业结构,培育壮大优势特色产业,突出发展设施农业,加快发展高效农业;从大力建设现代农业生产园区,用工业理念指导农业,按照工业开发区发展模式,建设农业产业园,农产品加工集中区,农产品物流园,快速提升农业产业化水平,到坚持把科教兴农作为农业发展的主体战略,大力推进农业科技创新和成果转化应用,着力建设农业科技创新,农业技术推广服务和农民教育培训三大体系;从积极发展生态循环农业,大力推广生态农

业生产技术，生态健康养殖技术，明显改善农业生态环境，到加快发展农村合作经济组织，创新农业组织形式和经营方式，增强农业农村经济发展活力，不断创新农业体制机制；从按照城乡一体化要求，全面编制实施镇村布局规划和村庄建设规划，大力推进工业向园区集中，人口向城镇集中，居住向社区集中，全面推进新农村建设，到坚持产业化提升农业，工业化致富农民，城市化带动农村，探索具有中国特色，江苏特点的农业现代化发展道路。这一切，有很多艰巨而复杂的工作在等着我们，有很多意想不到的艰难曲折在等待我们，有无数的问号和惊叹号在等待着我们。因次，在江苏会展业与江苏现代农业相辅相成，携手并进的道路上，任重道远，前程似锦。

在后金融危机时期，我们一定要认真贯彻落实中央关于加强“三农”工作的决策部署，全面落实各项强农惠农政策，积极贯彻落实中央关于发展农业会展经济的精神，用更大的热忱，更大的决心，更大的激情，更大的力度，投入到创新、创办农业展会之中，为加强“三农”工作做出会展业应有的贡献。

中国会展业本身就处于成长和发展的阶段，远远没有达到成型、成熟的阶段，现代农业的发展，新型农村的建设，新时代农民的成长，都是崭新的课题，需要有挑战性的勇气和坚韧不拔的精神去探索、去研究。会展业在与“三农”结合的过程中，在服务于“三农”的过程中，也可以从中探索和寻找到一条结合会展业自身发展需要和可能的生长发展之道。

杭州市农业会展经济的发展与实践

林国蛟　孔利水　叶剑华

（杭州市农办）

近年来，杭州市为积极应对金融危机，充分运用政府搭台、企业唱戏的有效载体，全面推进杭州市农业产业的发展和提升，不断加大农业会展工作的力度，丰富农产品推介活动的内容，扩大展示展销的范围，提升杭州市优质农产品品牌形象，促进杭州市优质农产品的销售，全面实现“保增长、保发展、保稳定”的要求。通过农业会展工作，进一步展示杭州市农业农村的变化、农产品生产和加工技术的新成就，有效促进了杭州市农业农村的可持续发展。

一、杭州农业会展的现状

（一）举行多种形式的农产品推介、展销活动

近年杭州市重点举办和组团参加了“杭州市优质农产品拓展上海市场研讨会”、“杭州市优质农产品迎新春大联展”、“中国杭州竹笋节杭州（北京、上海、南京、广州、武汉）优质农产品推介会”、“杭州市杭产品大型展销会”、“浙江春季食品博览会”、“组团参加中国（长春）食品博览会”、“杭州（台湾）优质农产品推介会”、“组团参加香港美食展和国际茶叶博览会”、“中国国际农交会”、“组团参加北京优质农产品展销周”、“组团参加中国杭州休闲博览会”、“组团参加中国武汉国际农博会”、“中国杭州竹笋节”、“中国杭州生态甲鱼文化节”、“组团参加浙江省农博会”、“组团参加浙江（上海）名特优新农产品展销会”等境内外农业会展和推介活动，每年实现现场销售均在2亿元左右、2009年签订协议金额达到19.2亿元，通过这些活动，全面推动了杭州市的农产品销售，有效促进了农业增效、农民增收。中国杭州竹笋节还被中国节庆产业年会组委会评为“2009中国节庆产业金手

指奖·十大物品类节庆”。2010年杭州市·都市经济圈优质农产品迎新春大联展也是杭州市历届会展中规模最大、参展企业最多、成果最突出的一次展会，实现现场销售6 300万元、合同意向36项、协议金额达到1.9亿元。

（二）构建农产品现代物流体系

我们着重在建设农产品专业交易市场、发展农产品连锁经营、建立特色农产品专业配送中心、企业开设农产品专卖店等方面下功夫。2009年杭州市专门出台了“杭州市农村现代物流体系建设以奖代补的管理办法”的政策扶持文件，重点鼓励发展农产品专业市场、配送中心、开设专卖店等给予奖励，对于解决当地的农产品销售发挥了重要的作用。至2009年底，全市已建设年销售额超亿元的农产品交易市场30余家，年成交额140亿元，为带动周边农民致富发挥了重要的作用；发展农产品连锁经营有利于调整和改变现阶段杭州市低水平、低效率的农产品流通方式，更合理、更有效地配置生产资料，延长产业链，深入推进农业和农村经济结构的战略性调整，提高农业生产综合效益，增加农民收入，不断改善农民的生活环境。同时也有利于促进农产品的规模化生产和品牌化经营，加快推进农业产业化发展步伐，促进农产品的贸工农一体化，不断壮大市场主体，提高农产品市场竞争力，全面带动农业产业化的发展、为实现农民增收发挥了重要作用；农产品连锁经营近年来杭州市发展也比较迅速，以一个规模农产品企业带动其他企业的产品销售得到了很好的发展，这些企业为带动其他的农产品企业发展做出了重要的贡献；发展农产品配送中心是利用当地特色的优质农产品，对该类产品实行统一品牌、统一标识、统一营销、统一价格、统一配送、统一结算。近年来，杭州市高度重视发展农产品物流配送的建设，把发展农产品物流配送作为农村现代流通体系建设的重要抓手，逐步完善了农产品的物流配送、推动了农产品流通标准化和规模化建设，同时提供了农村商务信息平台，初步形成了多层次、多渠道、多主体、多元化的农产品营销体系新格局，农产品市场体系建设取得重大进展。如杭州市淳安县的千岛湖有机鱼头，通过专门的产品配送，已使千岛湖的“淳”牌有机鱼头走进了千家万户，还直接配送到人民大会堂，成为了国宴餐桌上的一道菜肴；如杭州市的滨江区华源豆制品有限公司通过专门的配送，已使杭州市的千家万户了解了“祖名”牌豆制品，目前其生产的发展规模已位居全国的豆制品行业首位。同时在这些特色农产品进入千家万户之际，也不断扩大了这些产品的市场影响力，这些产品先后被评为“中国名牌农产品”、浙江省著名商标、浙江省农业博览会金奖、最受市民喜爱的十大品牌农产品，“淳”牌千岛湖有机鱼生产基地还被列为国家级有机鲢鳙鱼标准化示范基地，千岛湖被命名为“中国有机鱼之乡”，产品也被中国烹饪协会确定为推荐产品；华源豆制品的系列产品还被国家绿色食品认定中心认定为绿色食品。针对农产品进超市难这一特点，从2007年起，杭州市就鼓励具有一定规模的农产品加工企业到杭州市中心城区开设专卖店、地方区域性的农产品销售门店、还利用网络建立电子商务或门户网站等。至2009年底，杭州市累计有200余家企业，在市内开设了600余家门店，年销售额达到16亿元以上，有力地促进了杭州市农村经济的发展。如浙江蜂之语集团有限公司，在连锁经营开设产品专卖店上已初见成效，至今在杭州市范围内连锁专卖店已达到60余家，2009年专卖店的销售收入达到1.5亿元，通过开设专卖店，企业不但增加了销售收入，也扩大了企业产品品牌，他们利用企业专卖店的特点，强化品牌的宣传，扩大产品的影响力，充分利用“诚信和优质”的特点，全面反映了企业的品牌、品质和优质服务理念，通过这种开设专卖店的方式，已逐步培育出了一群忠实的蜂之语消费群体。其他还有杭州市的规模农产品加工企业，他们充分利用杭州农贸市场提升改造的契机，在每个提升的农贸市场中开设专卖店，并且特色比较明显，他们都在门店形象上采用统一设计、统一标准，使企业的产品品牌在杭城市民中树立了良好的形象。另外，杭州市的茶叶，萧山的花卉苗木、南美白对虾、酱菜，临安的山核桃、笋干，余杭的畜禽产品、蜜饯，富阳的豆腐皮，桐庐的蜂产品，建德的土特农产品，淳安的千岛湖淡水产品等生产加工企业，都在杭州市范围内开设了专卖店，为延长杭州市的农产品产业链、加强市场产品信息对称、促进农产品结构调整、提高农民收入发挥了重要的作用。

（三）大力发展世博经济

近年来，杭州市委市政府全力打造“茶为国饮、杭为茶都”的理念，针对杭州西湖龙井茶的深厚文化底蕴，我们及时抓住中国世博在上海举行的有利时机，及时与上海市世博局进行了对接，杭州市的西湖龙井茶以中国世博十大名茶成功入驻世博联合国馆，在这次入驻联合国馆的启动仪式上，西湖龙井茶以“绿茶皇后”的身份在国际上引起了强烈的反响，为西湖龙井茶下一步如何做精、做强提出了更高的要求，通过西湖龙井茶入驻世博会，为提高杭州的城市品位、打造品质之城提供了坚实的基础。

二、农业会展在杭州都市型现代农业中的战略地位

(一)杭州农业的特点

杭州的农业是典型的都市型现代农业。其特点:一是产品结构呈现多样化;二是产品以高端化、精品化的特色农产品为主;三是都市型现代农业的生产方式更加园艺化、设施化、基地化,科技含量呈急剧的增加态势和前沿化,更具有展示、示范等功能;四是农业的生产功能与教育、休闲旅游、展览展示等服务功能直接融合,派生出以农业为基础的服务业和文化创意产业,形成了新的经济增长点;五是背靠上海国际化大都市的国际交流平台,有强大的会展资源,便于举办各类农业会展活动,使杭州农业更具窗口农业的展示功能和示范效应。

(二)杭州农业会展的类型

杭州的农业会展主要有三种形态:一是以农产品和农业生产资料贸易为主的农业展览形态;二是以农业会议为主的形态;三是以农业文化传承为主的农业节庆形态。

(三)杭州农业会展的发展特点与趋势

杭州的农业会展已成为区域经济发展的新亮点。作为一个新崛起的服务业态,杭州的农业会展内容已经涉及农产品、种子、农产品加工、花卉园艺、农业高新技术以及农业经济等多方面,在开拓市场、扩大贸易、促进发展、丰富生活上所起到的作用是其他产业无法相比的。从提升杭州都市型现代农业发展的角度看,农业会展作为产业经济发展的抓手,发挥着越来越重要的作用。

杭州农业会展的未来发展趋势:一是农业会展将成为杭州都市型现代农业发展的高端形态;二是农业会展将成为杭州区域农业产业全面升级的引领和抓手;三是农业会展将成为杭州区域农业文明和农村文化的服务、展示窗口;四是农业会展将成为杭州区域农业和旅游业的有效结合点;五是农业会展将成为国内、国际农业贸易的交流平台。

三、杭州农业会展的带动力和影响力

(一)加强了合作与交流

2009年我市的农业会展工作,主要是把加强农业合作与交流作为会展工作的重要内容,坚持“走出去”和“请进来”并举,以展示、推介等途径,积极寻求合作机会。既为杭州农业开拓境内外市场、实施“走出去”战略搭建了舞台,也为学习境内外先进农业技术和经营管理经验、促进农业合作与交流创造了条件。

(二)开拓了农产品销售市场

通过连续几年杭州市农业会展工作全方位拓展的实践与探索,我们已经把杭州农业会展工作作为培育一个知名的农业品牌,特别是在各种展会、推介会等专业活动中,我们都紧紧抓住这一有利时机,不断扩大杭州市优质农产品的影响,也无形中提升了杭州农产品的知名度。我们的不少优质农产品就是通过农业会展这个平台,走向了全省全国和国际市场。

(三)进一步宣传弘扬了传统农耕文化

在突出展示展销、产品推介、贸易洽谈的同时,2009年我们更加注重了农业文化的宣传与推广,如结合省农博会和浙江(上海)农展会,我们根据首届中国杭州生态甲鱼文化节和杭州优质农产品“杭州七宝”的评选工作,在省农博会和上海农展会期间,对杭州市在这次生态甲鱼文化节中被评为“市民心目中的品牌甲鱼”进行了颁奖;并及时在上海举行了“杭州七宝”推介会,进一步拓展了展会的功能,活跃了现场气氛。

(四)促进了企业增效、农民增收

在2009年的农业会展工作中,我们众多的优质农产品加工企业获得了丰硕的成果,有的现场销售形势甚好,如在省农博会期间,我们有的企业在整个展会期间,销售额突破百万元;有的企业在订单上有重大突破,如萧山赵氏茶叶专业合作社,在2009年的香港国际茶博会上。签订的一个合同就达到3 000万元。进一步扩大了杭州市优质农产品的品牌影响力,树立了企业的良好形象,促进了农产品销售的良好势头,使参展企业和农民都得到了实实在在的好处,有力地推动了杭州市都市农业的“大力建设设施农业、打造杭州市精致农业”的发展战略。

(五)提高了市民的生活质量

为了不断提升市民生活质量,我们对各种农业会展中杭州市的参展企业、参展产品实行严格的“准入制”,保证参展农产品品质最好、富有地方特色。杭州市的优质农产品已成为众多市民提高生活品质的大餐,由于其参展农产品质量好、有特色、品种多,深受广大市民、采购客商的青睐,已成为市民心目中的放心工程、政府为民办实事的菜篮子工程。

四、发展农业会展经济的新思考

(一)认真总结经验,进一步提高对办好农业会展重要性的认识

连续几年来,杭州市的各类农业会展办得相当成功,取得了领导满意、基层满意、企业得益、市民欢迎的效果。从前几年的农业会展来看,有三条经验值得我们总结和发扬:一是领导重视,职责明确。在各类展会筹展期间,市、区县市两级认真部署,做到组织、计划、经费三落实。并对展会的展示产品的征集、招商项目的确定、客商单位的邀请、名优农产品的展销、宣传专版的刊发等各项具体工作,层层明确任务、责任到人、狠抓落实,确保了各项农业会展工作的正常有序地展开。二是计划周密,工作扎实。农业会展的各项主要活动,有计划、有准备,做到安排得当,环环紧扣,不出差错,有些活动还努力创新,具有新意,取得了良好的效果。同时还注重发挥各区、县(市)的作用,紧紧抓住农业会展各项活动的有利时机,组织农产品企业、各类农业专业合作社和种养殖大户考察学习,座谈讨论,有效促进了农民种什么和养什么的问题,各项组织工作都取得了明显效果。三是后勤保障有力。

(二)创新工作机制,加大财政对农业会展的扶持力度

近年来,市财政对杭州市农业会展工作加大支持力度,特别是对展位的展位费实施政府卖单,真正为减轻农民负担着想,有效促进了农民增收,并开通农产品运输的“绿色通道”,发放进城通行证,确保了农业会展工作

的布展及展示、展销等各项工作的有序进行。农业会展工作是一项综合性的工作，它涉及到许多部门、许多方面、许多环节，稍有不慎，就会影响整个会展，这就是我们平时讲的细节决定成败，因此杭州市一直来强调对做好展会工作必须要有高度的认识。一是通过会展，宣传优质农产品，展示农业发展成果，有利于扩大农业的影响，促进社会各界更多地关心农业、重视农业、支持农业；有利于宣传农业部门工作成绩，增强农业工作信心。二是通过会展，促进了农业产业化水平提高。农业生产主体更加掌握市场动态、了解行业最新发展趋势，找准市场定位，不断改善产品质量和包装，促进产品开发升级；增进相互间学习与交流，促进科技成果的转化应用；推动产业内联合与合作，提高生产组织化程度，促进农业结构的调整和产业升级。三是通过会展，开拓市场，提高了农产品市场占有率。农业企业通过产品和形象的展示，宣传自己的产品、扩大知名度，广泛接触各类客商，使优质产品占领市场。我们好多农业龙头企业都是通过会展建立了良好信誉，产品受到市民的认同，企业才得到发展的。四是通过会展，促进各级农业部门增强市场观念，改进工作方法，根据市场的需要和未来走势，有针对性地管理、指导和协调农业工作，不断创新服务“三农”的新手段、新载体。五是通过会展，不断提升农业展会水平。农业展会不仅从数量上从无到有，规模从小到大，而且展会的形式要有较大创新，内涵更为丰富，文化氛围更为浓郁，并要在实践中拓展思路，积累经验，锻炼和培养更多展会人才。

（三）更新工作观念，进一步完善和提升农业会展工作的举措

近年来，杭州市农业经济快速发展，农业科技化、组织化、产业化、市场化水平进一步提高，在组织体系、体制和机制等方面打下了较好基础。市委、市政府作出“大力建设设施农业、打造我市精致农业”的战略部署，赋予农业新理念、新定位、新模式。同时，也对发展农业会展活动，提出了新要求，要通过农业会展，宣传农业成就，引领农业发展，沟通生产与消费，拓展产品市场，提高竞争力，加速农业发展，促进农民增收。

“保增长、保发展、保稳定”是农业会展工作的主要目标，如何重视农业会展工作，梳理思路，找准抓手，使农业会展工作在推动农业发展中起到更大的作用是发展农业会展工作的关键。一要加大农业会展工作扶持力度，支持农业会展活动的开展。农业会展面临的不仅是弱质产业，而且参展的

农业企业和农业生产者又是弱势群体。农产品价格低利润薄，生产组织化程度不高，农业企业规模小，企业内部鲜有专门的营销部门，难有更多的资金和能力来做产品宣传推广，农业会展活动是其扩大宣传、开拓市场的重要途径。农业会展在行业类型上同样具有农业的弱质性，因此，农业会展较其他展会更需强调政府支持，发达国家是这样，发展中国家更是如此，要正确分析现阶段杭州市农业会展的发展进程以及对农业发展的重要作用，要像扶持农业一样，扶持农业会展活动，进一步加大扶持力度。同时政府要进一步转变职能，加强对农业会展活动规划、协调、监督和服务，从支持农业的角度，在政策、资金和组织工作上给予更多支持。尤其是农业部门要进一步统一思想，完善农业会展工作机制，加大促进农产品进市场的工作力度。二要科学开展农业会展活动。农业会展活动需要政府的引导和支持，但同时也要考虑会展的经济效益和社会效益，以“品质、生态、安全”的原则，开展农业展会的组织指导，逐步推动农业展会走规范化和科学化之路。组织展会要以市场为导向，通过市场来配置展会资源，招商、招展、展会活动组织和各种配套服务。要根据参展企业和客商需求，提升会展的展示展销、企业交流和商贸洽谈功能，注重展会实际效果，使农业展会活动逐步走上良性循环的发展道路。三要科学安排，促进农业会展活动的有序开展。会展是集体性大规模信息、产品和技术交流的有效方式。2010 年杭州市组织和参加的各类展会有 10 多个，会展数量多，农业龙头企业参展的积极性也很高，我们将更加注重发挥展会的作用，注重实际效果，对综合性和专业性两大类农业展会，在参展上应有侧重。要利用要充分利用各类展会这一较大平台和资源，开展宣传和推介活动，以丰富展会内容，提高展会的综合效果。对于具有区域特色和一定产业规模、又具有较强季节性的产品，采取请进来、走出去的方式举办一些专项性推介，突出重点，提高会展实效。通过各类具特色的展会活动，达到有效利用展会资源、提高办展质量、提高参展企业和参会客商积极性的目的，促进各类展会活动持续发展。四要形成合力，上下齐心做大做强农业会展的品牌。杭州市的农业会展工作，经过多年的培育，在各级政府和农产品企业的重视下，已在市内外产生一定品牌效应。农业会展能取得现在的影响力，是各级政府和企业共同努力的结果，下一步我们要珍惜和爱护这一品牌，不断培育壮大。并要从实际出发，完善办展理念、优化运作机制、丰富办展内容、创新办展形式，不断提高办展实效。继续按照“政府搭台、企业唱戏”的思路和“贴近农业、贴近农民、贴近市场、贴近消费”的原则，进一步完善组织管理工作。重点要在参展企业的组织上下功夫，使之成为各类名特优新农产品、先进农业技术和信息的集中展示窗口；逐步成为农业龙头企业、客商、市民集中交流的场所；逐步成为政府与企业、企业与企业、企业与市民以及社会其他主体之间充分沟通与交流；逐步为参展商提供全面、周到、完善的国际化标准服务。还要在增强展会文化氛围，增强信息化、区域化功能，完善展会评价体系方面下功夫，使农业会展成为提升杭州市农业的重要平台，为农业增效、农民增收和统筹城乡发展做出更大贡献。

做大做强农展品牌
助推现代农业发展

程世根

（安徽省农业委员会）

近年来，省委、省政府要求各级政府和部门转变职能，改进方式，学会运用市场引导农业，适应市场提升农业，开拓市场发展现代农业。通过近十年坚持不懈的探索，农展工作已成为一种工作方法，成为企业产品的检验石，成为安徽名优农产品走出去的一个平台，成为了解安徽农业的窗口。

一、安徽农业会展发展情况

安徽农业会展始于20世纪90年代，连续组团参加了在北京举办全国农业博览会，1997年在合肥市长江批发市场召开了全省农产品展示展销会。进入新世纪，农业会展得到省委、省政府高度重视，在上海及长三角、珠三角、北京等地举办了不同形式的展销会、交易会、经济技术交流活动等，取得了良好成效。

2000年以来，连续十年打造了上海农展这个重要展会品牌。2000年10月29日至11月1日，第一届安徽名优农产品、绿色食品（上海）展示展销会在上海国际体操中心举行，4天时间签约合同项目371个，金额48.2亿元，协议项目295个，金额29.3亿元，产品订货44.7亿元，产品销售额1 524.2万元，取得了开门红，随后连续举办至今，一届比一届办得成功，2009年12月31日至2010年1月2日举办的第十届交易会，产品现场销售1 995万元，贸易订单172份，金额107.73亿元；签订投资贸易项目206个，总金额145.27亿元，其中投资类项目34个，总金额37.54亿元。2009年11月3—5日在合肥举行的2009中国安徽（合肥）农业产业化交易会期间，签订投资项目180个，合同金额达158亿元，其中，与省外企业签订投资项目50个，投资额98.1亿元；与国外和港台企业签订直接投资项目6个，投资额达 25.7 亿元。2003 年以来，还组织参加了北京、济南、广州、杭州、厦门、青岛、西安、温州等城市举办的各类农产品交易会、展示展销会等，促进安徽农业与北京、长三角、珠三角地区的合作与交流，也开拓了安徽农产品在这些地区的市场，同时通过展会也促进安徽农业产业化进程和现代农业建设，农展的变化也是安徽农业发展的缩影，农展这个平台和窗口也越来越成为发展现代农业一个不可或缺的助推器。

二、农业会展提升现代农业发展水平

通过举办交易会和展示展销活动，安徽农产品的技术含量、标准化生产水平、品牌知名度、企业核心竞争力不断提高，企业参与国内外市场的竞争能力和意识不断增强，让我们增强了信心，看到了希望，也坚定了利用好农展这个品牌和方式，更好地为建设现代农业服务。

（一）农展提升了农产品质量水平

通过农产品展示展销的交易会，各企业加大的对产品质量的提升力度，省级以上龙头企业中通过 ISO 质量管理体系和 HACCP 认证的龙头企业达 200 多家，占 60%以上。在上海农展上，我们看到，产品包装一届比一届精美，砀山酥梨、小磨麻油装进了漂亮的礼盒、穿上了精美的外套，再也见不到麻袋装的大米，粗糙纸箱装的水果。

（二）农展提升了农产品安全水平

从近几年上海农展参展企业的产品看，1 500 多种产品大多数都是无公害农产品、绿色食品和有机食品，这主要得益于我省大力推进无公害农产品、绿色食品和有机食品的产品认证和基地建设，得益于生态农业建设和农产品标准化生产，得益于开展的“无规定疫病区”、“放心菜”、“放心茶”、“放心肉”、“放心鱼”等工程建设，目前，全省已累计认证无公害农产品 1 305 个，无公害农产品产地 728 个，有效使用绿色食品标志的企业 403 家，产品 1 097 个。安徽九洲茶叶公司利用泾县得天独厚的生态优势，从茶农手中租赁近万亩茶园，引种铁观音、金观音品种，申报通过绿色食品基地认证，生产出优质乌龙茶，填补了我省乌龙茶生产空白，展会上受到上海市民和客商的欢迎。

(三)农展提升了农产品加工水平

从上海农展来看,龙头企业参展产品不再是以大米、面粉等大路货打天下,交易会上展销产品中加工品和精深加工品比例提高,80%上的产品是经过加工的,一些产品加工层次较深,如安徽明珍堂有限公司生产的沙棘油胶囊、安徽华汇果蔬产业有限公司生产的果蔬脆片、合肥顶绿食品有限公司生产的大麦苗粉、古南丰系列黄酒等都是精深加工产品,产品附加值和科技含量较高。

(四)农展提升了龙头企业营销水平

随着参加各种农交会、展示展销会、经济技术交流等一系列市场开拓活动,龙头企业市场开拓能力得到了明显提升,开拓市场理念得到升华,广大龙头企业积极采取上网、直销、代理、连锁、配送、批发等新的营销方式,搞活流通,特别是近年组织的皖优农产品进超市工程,快速提升了安徽农产品进超市等高端市场的比例,到 2006 年,全省进超市的农产品生产企业就有 1 418 家,产品种类和销售额分别达到 11 358 个、344 亿元,比 2005 年分别增长 173%、139%、359%。龙头企业规模扩大,实力增强,一些企业投入电视、高速公路广告牌等高费用宣传媒体也逐步增加,洽洽瓜子、鸿润羽绒被、古南丰黄酒、雾里青茶叶等频频亮相。

(五)农展提升了农产品品牌的档次

近年来,安徽农产品加工品品牌的核心竞争力逐步增强,粮油工业中的皖王面粉、丰大面条、家乐大米、大平色拉油等;皖茶中的"黄山毛峰"、"六安瓜片"等;徽派炒货中的"洽洽瓜子"、"小刘瓜子"等;羽绒行业的鸿润牌、霞珍牌羽绒系列制品等,由于加工程度高,科技含量高,深受广大消费者的欢迎,品牌知名度和市场占有率大大提升。目前,全省农产品中已培育中国名牌产品 13 个、中国名牌农产品 9 个、安徽省名牌农产品近 400 个。在展会上,不论是上海市民还是采购商、批发商,许多人一进展馆,首先驻足序馆展板前,在名牌产品名录上找自己心仪的品牌,然后再找企业摊位,农产品品牌越来越成为质量和档次的象征。

(六)农展提升了农业对外开放水平

通过展会,企业与国外企业、商家实现了对接,不少产品因此而打入国际市场和省外市场，据统计，2007 年全省农业产业化龙头企业出口创汇超过 10 亿美元，是农产品出口创汇额的三倍。在近年一系列展示展销、交易会和经济技术合作交流活动中，安徽与山东、广东、浙江、上海、北京、江苏等省市签署了农产品互认、农业技术合作、招商引资项目等各类合作协议。

（七）农展提升了农业主导产业水平

展会上拓市场，依托家乡生态、劳动力等要素资源建基地，安徽香泉湖禽业有限公司就是打开上海市场后，在家乡和县大力发展肉鸭养殖业，形成了一个年养殖规模达 1 500 万只的肉鸭养殖带。宁国山核桃正是因为有詹氏、山里仁等一批龙头企业生产的山核桃、核桃仁等在展会上走俏，在上海市场畅销，才促进了全市及周边地区山核桃产业的兴旺发达，全市山核桃面积发展到 30 万亩，形成了年产量 8 500 吨，年产值达 8 亿多元的山核桃产业带。目前，安徽淮北地区的畜牧、中药材、水果、蔬菜、棉花产业带，皖南、皖西的林特产品、茧丝绸产业带，沿江、沿淮地区的水产品、蔬菜、棉花、家禽产业带，江淮之间的优质粮油产业带等优势农产品产业带已经粗具雏形。

三、做大做强安徽农展品牌的关键举措

会展经济是开拓农产品市场的一种形式，也是助推现代农业发展的有效举措，安徽要做大做强农展品牌应从以下几点进行改进和提高。

（一）拓展交易会影响

上海农展的成功举办，树立了安徽名优农产品在上海的品牌，在上海市民心中树立了安全、优质的形象，赢得了良好口碑，今后要选择沿海发达城市，把营销重点放在超大型采购商、全国重点农产品加工企业以及境外、国外加工企业和进口商，通过交易会，与他们建立长期稳固的业务关系，让安徽的名优农产品、绿色食品推向全国，走向海外。

（二）改进办展方式

要加快安徽农产品展示展销和交易会的举办方式改革，要由政府主导向合作经济组织、协会等为主体办展转变。鼓励有实力的市、县办展，也可以行业为单位组织企业举办专业展会，进一步拓展安徽名优农产品展示展

销和交易会这个平台，真正让会展经济助推我省东向发展和现代农业的建设。

(三)逐步建立完备的会展格局

经过几年的办展实践，逐步形成了上海、北京、合肥三大农展品牌，今后将对三大农展进一步完善、提高，找准各自功能定位。继续巩固、拓展上海农交会品牌优势，定位为以展促销，以上海为窗口开拓长三角农产品市场，进而打开国际市场；继续组团参加北京农展，定位为加强国内外合作、交流，展示安徽农业及农业产业化发展成果；合肥农交会，定位为以安徽农业产业化龙头企业为主，邀请全国农业产业化重点龙头企业参加，通过农业产业化成果展示，加强企业间的合作，做大农业产业化产品平台，逐步打造成为区域农展品牌。

浅谈武夷山市茶产业发展的现状与展望及茶博会对武夷山茶业的影响

叶元高　徐　斌

（福建省武夷山市茶业局）

茶是我国古代的第五大发明，为社会和谐、人类健康创造了一种生活方式。武夷山是乌龙茶、红茶的发源地，是“茶的王国”、“茶树品种的大观园”、“全国三绿工程示范基地”，具有岩茶生长的独特生态环境。武夷山市委、市政府重视茶产业的发展，成立了正科级事业局—武夷山市茶业局，并进行了全面的茶业资源普查，又承办第二届海峡两岸茶博会，有力地促进武夷山市茶产业和旅游经济的快速、健康和可持续发展。

一、茶叶发展现状

茶叶是武夷山市的传统农业主导产业之一，2008 年茶园面积达 11.547 3 万亩，总产量 5 239 吨，其中茶叶出口量 1 580 吨。茶叶总产值 8.05 亿元，其中：毛茶总产值达 1.95 亿元，商品茶产值达 6.1 亿元。全市涉茶人员达 5 万余人，在工商注册登记的茶企业有 262 家、初制厂有 1 017 家，作坊有 759 家、已注册茶叶商标 90 个，武夷岩茶全国销售网点 3 800 多个。

（一）茶业基地

主要产区分布在武夷、星村、兴田、洋庄等 14 个乡（镇）、街道、农（茶）场。目前，拥有 20 多个国家级或省级以上的茶树良种以及几十个优良茶树珍稀品种，良种覆盖率达 99%，其中无性系良种约 90%。大部分为适制乌龙茶品种，少部分为适制红绿茶品种。在福建省茶业优势区域中被划归为多茶类区，并被国家农业部列为“三绿工程有机茶示范基地”。有机茶园 10 060 亩。

（二）茶业加工

武夷山市在工商注册登记的茶企业有262家，作坊759家。其中星愿（中国）茶业有限公司获国家级、永生茶业有限公司获省级产业化龙头企业，市级龙头企业1家（正山茶业有限公司）。生产的产品主要是武夷岩茶和正山小种红茶。

（三）茶业品牌

武夷山市茶业产业已形成从鲜叶生产—干茶加工—精深加工—市场销售的完整产业链条，2002年12月武夷岩茶获准使用国家地理标志。现有星愿（中国）茶业有限公司、永生茶业有限公司、大坑口茶厂、清神阁茶业有限公司和远芳生态茶业有限公司等6家企业获得国家有机食品质量认证和ISO9001国家质量体系认证及HACCP认证。“武夷山大红袍”、“武夷星”、“武夷”、“戏球”、“正岩”、“远芳”等6个商标已获福建省著名商标。“武夷山大红袍”正在申报国家驰名商标称号并成功进行了国际注册，2006年星愿（中国）茶业有限公司生产的大红袍茶叶获得中国名牌产品称号，并成为国家钓鱼台国宾馆专供产品。武夷岩茶大红袍品牌声名鹊起，越来越受到广大消费者青睐。

（四）茶文化

武夷山茶文化内涵十分丰富，是武夷山双世遗的重要组成部分。作为乌龙茶和红茶两个茶类的发源地，武夷山茶文化在国际茶业的发展史上有着举足轻重的地位。武夷岩茶大红袍手工制作技艺已获得国家级非物质文化遗产称号，正在向联合国申报人类非物质文化遗产。近年来，依托茶业产业发展，开展各种茶赛（事）活动，积极培育有武夷特色的茶文化，茶文化旅游整合营销，给茶文化注入了新的内涵和活力。

二、武夷山市茶业生产发展的优势

（一）自然优势

1. 地理特点。武夷山的茶区，茶在林木中，茶在翠竹傍，茶在花丛间，这样得天独厚的良好生态环境造就了武夷岩茶“臻山川精英秀气之所钟，品俱岩骨花香之胜”的独特品质。“名山秀水，必产灵芽”。文人黑客渲染武夷茶“香含玉女峰头露，润滞珠帘洞口云”、“云蒸霞蔚成仙品，岩沃泉美发异香”。武夷山碧水丹山，飞翠流霞，三十六峰、九十九岩、三溪九涧十三泉、峰峦竞秀，溪涧深壑。武夷山岩峰较多，西北地势高，且群峰耸立，能阻挡北部寒流的侵袭，受东面暖风吹拂气候温暖，寒暑变化不大，具有亚热带气候特征。溪流九曲溪、崇阳溪、梅溪、黄柏溪和峰峦、丘陵相互交错，形成独特的小气候，空气湿润、多雾，是同纬度下最佳的茶叶种植区。

2. 气候特点。 武夷山属于中亚热带季风温湿气候，冬暖夏凉，年平均气温 18～18.5℃，无霜期长。年降雨量在 2 000 毫米左右。年平均相对湿度在 80%左右。武夷山属丹霞地貌，境内四周群山环抱，峰峦叠嶂，既无冻害，又无风害，多雾形成大量散射光，适合茶树生长要求。

3. 土壤特点。 武夷山茶区土壤为火山砾岩、红砂岩及页岩风化形成，土层深厚，土壤中有许多植被残体遗留土中，日益堆积，使表层腐殖质层较厚，有机质含量高，pH 值 5.0～6.0，并含有丰富的益茶矿物质元素，非常适宜栽茶。这是武夷岩茶具有独特“岩韵”的物质基础。武夷山岩峰沟壑、幽涧清泉，烂石砾壤，密雾沛雨，武夷岩茶承丰壤之滋润，受甘露之霄降，独享大自然之惠遇，独特的有利于茶树生长发育的气候、土壤、水分、优化组合的自然条件，为茶叶的生理和生化过程物质代谢创立了稳定的生态环境，这是武夷岩茶鲜叶自然品质优异的外在因素。可谓“孕灵滋雨露，钟秀自山川”，灵山产灵草。

（二）区位优势

1. 交通优势。 武夷山已形成航空、铁路、陆路交通网络体系，是闽北的重要交通中心枢纽。4C 级武夷山民用机场已开通 27 条国内和地区航线，年吞吐量为 70 万人次；拥有福建省对外开放的一类口岸，设有海关、边防、出入境检验检疫等口岸查验机构；横贯武夷山的横南铁路是福建省第二条出省通道，武夷山区段站是目前闽北最大的车站；经过武夷山的南平—浦城高速公路将于 2008 年 10 月实现全线贯通；武夷山—邵武高速公路已入场施工，宁德—武夷山高速公路外业勘测和施工设计有序进行。按照国家、省上铁路建设规划，三条高速铁路将途经武夷山并设站。京台高铁，双线时速达 300 多公里；杭广高铁，双线时速达 300 多公里；浦建龙快铁，时速 200 公里。2010 年京台高铁福建段将开工建设。

2. 旅游设施。 武夷山市拥有世界双世遗品牌，旅游服务体系健全，已形成了俱全的配套接待、综合服务网络。全市拥有旅行社67家，星级酒店39家（其中四星级以上7家）。福建省首家国际标准山地高尔夫球场总占地近4 000亩，一期18洞已建成并投入运营，正在进行36洞扩建工程；旅游服务中心、国际会展中心、自驾车旅游服务基地等一大批旅游基础设施项目又在开工建设，旅游整体服务水平大大提高。

3.政策优势。武夷山市委、政府对茶产业发展非常重视，编制了《武夷山市茶产业发展规划》，对今后茶业发展和产业结构进行了科学规划，明确了发展重点。并于2005年6月颁发了《中共武夷山市委、武夷山市人民政府关于加快茶产业发展的若干意见》（武委[2005]64号），优化了经济发展环境，进一步明确了茶业产业发展的指导思想、发展目标、建设标准和保障措施。在资金上加大了财政支持力度，进一步调动了广大农民种茶生产积极性，推动了武夷山市茶业产业化发展。

4.科技优势。武夷山市农业技术力量雄厚，1938年就设立了茶叶科学研究所，现有高级农艺师19人，农艺师56人，助理农艺师120人，技术员231人，大红袍传统制作技艺传承人12人。与中茶所、福建农林大学、福建省农科院等高校、科研院所建立产学研关系，开展各项科技攻关课题，并把科技优势转化为经济优势，使武夷山茶业产业从茶园培管、采摘加工、包装贮运各环节科技含量不断提高，为茶产业发展提供了强有力的科技支撑。

5.资源优势。武夷山素有“茶树品种王国”之称，是茶业界公认的茶树品种发源地，有丰富的茶树种质资源。长期以来的无性繁殖，形成了武夷山特有的武夷名丛，极大地丰富了茶树种质资源的内涵，成为名符其实的茶树种质基因库，中茶所等茶叶研究部门相继从市茶科所引过武夷名丛的种质，作为研究和育种的材料。

三、武夷山市茶产业发展的制约因素

综观武夷岩茶的发展史和国内外茶业市场现状，武夷岩茶已经具备规模化、专业化的生产经营条件，但在茶叶生产、市场方面却仍一直徘徊不前，未能达到与历史名茶品牌齐名的经济效益。究其原因，主要有“五少、五低”。

（一）高标准的茶园面积少，产量偏低

由于缺乏对市场可行性研究和较为科学的前瞻性预测，加之受短期市

场既得利益的驱动，十多年来，武夷山茶园面积虽有所增加，但高标准的茶园较少，管理粗放，产量低。

(二)茶产业龙头企业少，生产标准偏低

全市有众多茶业生产加工企业和初制厂，大多数为家庭式作坊，规模以上龙头企业屈指可数。厂家多，但产量不高。茶业生产经营者，大多安于落后的小农生产工艺，而没有注重在保留原有传统特色的同时，还要根据市场需求改良品种、改进制作工艺。个体小茶厂在原料的收购、成品加工、质量等级检验等重要环节中，各有自订的质量标准，甚至没有标准，导致有些产品质量与标识不相符，甚至乱用标识等现象。

(三)市场占有份额少，市场秩序规范水平偏低

分散的家庭式生产经营，造成武夷岩茶销售市场自成体系，各自为政，出现相互压价，恶性竞争，以次充好，假冒伪劣的行为。在损害消费者的同时，也损害企业自己和武夷岩茶的市场形象，导致无法在市场深度和广度上进一步拓展。据统计，武夷山市岩茶年销售产值还不到全国市场的5%。尤其是在茶业销售市场放开后，在打假力度相对滞后的情况下，造假制假者盯着“武夷岩茶”历史名茶的优势，借优生财，甚至出现加香精的茶和非武夷茶冒充武夷岩茶在市场销售，损害了真正的武夷岩茶品牌形象。

(四)市场上适销对路的产品少，茶业卖价普遍偏低

武夷岩茶名优茶没有形成一定的生产、销售规模，在加工、销售上仍以杂牌大路茶居多，产品的包装不够精美，大多厂家或店铺仍以散茶形式出售，缺乏精品包装，综合利用率低。茶叶销售价格还尚未达到与其品质相符的应有价格水平。

(五)名优名品茶少，营销效益偏低

虽然已涌现出“武夷山大红袍”等6个省级著名商标，但占全市茶份额少。这些名优名品茶在生产和销售规模上、在商标影响力等方面，仍与国内知名品牌存在着一定差距。加上企业宣传促销抓得不够到位，没有形成茶产业链，武夷岩茶的价值仍不能得到完全的体现，整体营销效益偏低。

四、促进茶产业发展应采取的建议措施

(一)政策措施

一是完善土地流转和经营机制。鼓励支持农民以转包、兑换、出租、入股等形式流转承包土地,确保基地生产和规模经营。同时,林业部门要制订缓坡林地改建茶园的林木采伐优惠政策,并减免有关税费。对新开茶园,要制定茶园绿化规划,将茶园绿化纳入植树造林和幼林抚育范畴,对利用非基本农田保护的农地种植茶树的,应落实退田还林的有关政策。二是治理茶业发展的社会经济环境。用政策和法律保护茶业生产经营者的合法权益。三是奖励对茶业产业发展有突出贡献的生产、加工、流通大户和科技示范、产品开发的有功之臣。每年评选一次,由市人民政府给予奖励。四是加强宣传。通过广播、电视、网络、报纸等方式,宣传中央财政支持现代茶业的政策和成效,扩大社会影响力,加快发展现代茶业产业建设。

(二)科技扶持

一是成立茶业技术指导小组。负责茶业产业各项技术措施的研究、制定和落实,同时,依靠并充分发挥武夷山市茶叶学会、茶业同业公会的作用,协调规范各茶业企业的行业竞争和市场秩序,协调各种利益关系,为茶业产业发展等提出发展改革意见。二是聘请农业和茶业专家为技术顾问。与中茶所、福建农林大学茶学系、省农科院茶科所等大专院校科研部门科技合作,帮助企业制订和落实茶业产业化开发各个环节的技术操作规程,进行新品种、新技术、新项目的研究和开发,积极开展技术交流与技术培训,对影响茶业生产发展的关键技术难题进行联合攻关,提高茶业产业发展的科技含量,实现科教兴茶。三是加强职业技术培训。年度定期举办茶叶生产加工技术培训班,学员为各企业生产第一线的生产副厂(场)长、车间主任、班(组)长和技术人员等。各企业对全体员工,特别是茶园茶厂的生产工人,要结合生产情况每年开展2～3次技术培训活动,以提高企业全体员工的科技素质,确保茶树栽培技术规范和茶叶加工工艺标准的正确执行,积极采用行之有效的新技术和新成果,借鉴和推广新经验,不断提高茶园栽培管理水平和茶叶加工质量。

五、茶博会对武夷山茶业的影响

(一)海峡茶博会围绕着省政府“两个先行区”的战略部署

福建是茶之乡、茶之祖、茶之源、茶之韵。武夷山是红茶和乌龙茶的发源地,在茶博会上按照“茶文化、市场化、国际化”的要求,体现“茶之乡、茶之祖、茶之源、茶之韵”的风采,挖掘武夷山和台湾两地深远的茶文化渊源和底蕴,进行有机整合、交流等系列活动,推动海峡两岸各茶叶产区的交流与合作,提升武夷山在国内外知名度和市场竞争力,打造“全国一流、国际有影响”的经贸和茶旅盛会,这将有力地促进武夷山市茶产业和旅游经济的快速、健康和可持续发展。茶博会是海峡两岸的一次盛会。在活动将台湾茶叶协会会长圣轮法师带来的 36 株台湾冻顶乌龙茶苗赠给茶科所,种植有纪念意义的台湾茶苗,武夷山市茶业局将 36 株武夷山大红袍茶苗回赠予台湾茶叶协会会长圣轮法师,纪念两岸第二届茶博会盛事。建设海峡两岸茶业繁荣带,以续两岸茶缘,推动经济发展,增强手足情谊,共铸民族辉煌。茶业博览会是中国茶业连接世界的纽带。作为国际上最知名和最高端的茶业专业平台之一,荟萃了各地名特优茶品,展商多数是传统的行业知名企业,一些新兴的中小茶企也闪亮登台。在全球范围的影响力与日俱增。从茶叶展销到茶旅结合促销,茶博会正向着成熟、专业、权威的展会迈出坚实的步伐,吸引了国内外“买家”和“卖家”纷至沓来,美、俄、日、韩以及中国台湾等国家和地区的著名企业对茶博会高度认可。茶业博览会无疑是中国茶业连接世界,通向国际市场的最佳平台,是提升中国茶产业,展示茶企形象,扩大品牌宣传的最好窗口。

(二)如何保持茶产业发展的强劲势头

一是利用茶博会做好茶叶品牌宣传。武夷山获得“中国乌龙茶之乡”、“全国园艺产品(茶叶)出口示范区”、“全国无公害茶叶生产示范市”、“中国三绿工程茶叶示范基地”等称号,已获国家级龙头企业 1 个,省级龙头企业 2 个,福建省著名商标 6 个、中国名牌农产品 1 个,武夷山大红袍正在进行申报中国驰名商标和国际商标 23 国注册。武夷山产茶历史源远流长,是福建茶叶的发源地之一,久负盛名的产地。充分利用本次茶博会平台,加强武夷岩茶的品牌宣传，突出武夷岩茶的绿色生态健康的理念。二是制定好茶业产业发展规划。从发展目标与任务，发展布局与安排，发展对策与措施，都经过认真研究，做了详细的规划和明确的要求，在政策引导和产业推进上采取了一系列实之有效的措施，走出了一条通过发展茶产业来推动农村经济和社会发展的成功路子。以“优质、精品、名牌”、“茶业富民”的发展战略和“和谐健康新生活”的兴茶新理念，不断完善产业规划、基础建设和扶持政策，启动了生态茶园、有机茶园建设项目，有力推动主导产业茶业发展。三是对茶叶产业发展的指导与服务。积极实施项目带动战略，大力扶持茶叶产业化发展，加大招商引资力度，争取项目扶持，积极推介和申报国家、省、市龙头企业，培育产业龙头，进一步壮大产业规模。积极引导茶农进行专业化分工，大部分茶叶主产区基本形成种植大户－规模制茶－专业经销的专业化分工格局，实现了茶叶种植、加工和经销专业化，注重茶叶社会化服务体系建设，建立了生态茶园、无公害绿色食品、名优茶生产、结构调整、标准化生产等多类型省地市级示范点，增强辐射带动力。四是科技兴茶。把科技兴茶作为提高茶叶标准生产能力的必要条件，大力推进茶叶标准化生产，着力实施茶叶科技项目，开展茶叶科技入户工程，推广无公害、绿色和生态、有机茶园建设，推进茶叶结构调整和低产茶园改造，取得了明显成效。推广生态、有机茶园建设、茶叶加工和低产茶园改造等技术，通过龙头企业构建基地作为实施标准化的重要载体，带领广大茶农依照相应的各类标准要求组织生产、加工、销售，真正形成产业的标准化运作。

我国农业会展经济发展对策研究

周 浒

（青岛市农业委员会）

近年来，我国农业会展经济发展迅猛，以展兴农，以展促农成效显著，以2005年数据为例，农业部主办或支持举办的农产品促销活动主要包括中国农产品国际市场开拓、农产品国内市场促销活动和农产品加工推进行动等三大类共31个项目。据不完全统计31个项目共涉及全国农产品生产加工企业近4 300家，签订合同金额520亿元，意向性协议金额超过542亿元。来自农业部市场与经济信息司资料显示，2006年，农业部在国内筹备举办全国性和国际性农业展会26个，支持地方举办有地区特色的农业展会34个，统一组团出国参加国际性农业展会17个。通过各种农交会，参展企业或参展商通过洽谈贸易，或寻找到技术、设备、项目等方面的合作，挖掘自身与同行企业之间的差距，开阔眼界，并为以后进一步发展打下良好的基础。

一、农业展会经济存在的问题

然而，我们也应该清醒认识到我国农业展会经济起步晚，时间短，存在一些问题。比较突出的有：①政府角色错位。而据不完全统计，有70%的农展是由政府或政府部门来牵头主办或承办。由于体制原因和长期的惯性，行政办展是当前办会展的主要方式，导致我国展览市场分割不统一，其特点是“条条块块”，最常见的模式是“政府搭台，企业唱戏”。其暴露出的弊端是既缺乏专业化，又缺乏市场化，就会造成参展企业主动性不强，形成为展而展的恶性循环。②缺乏总体规划。由于各地政府也都认识到农展对当地农业经济的拉动作用巨大，因此出现了每个省市都在办农展，势必造成展会规模参差不齐和资源的浪费。③品牌意识缺失。我国是农业大国，虽然各地的农展都有不少，但像“广交会”那样有影响，有品牌的几乎没有。④资金投入分散。办展参展都要资金的投入，投入分散，就很难形成优势，往往陷入低水平的恶性循环。此外，还存在重展览轻交易，重参展商轻采购商等问题。

二、加强农业展会发展的对策及建议

（一）顺应发展的需要，尽快研究、制定农业类展会发展指导性规划意见和支持发展政策

在学习借鉴发达国家会展业发展的先进做法，总结我国会展业发展过程中的经验和问题，充分评估市场环境和城市配套设施前提下，结合农业生产和农产品贸易发展现状、特点、格局等实际情况，研究提出农业类展会布局和发展思路的指导性意见和建议，指导展会的健康发展，探索发展途径和科学的管理办法，为会展业的市场化、产业化发展提供理论依据和政策指导。

（二）转变政府职能，集中资源优势，努力打造知名品牌和特色品牌

从国外市场经济国家情况来看，举办会展活动不需要政府部门行政干预，这也是国外会展业市场化、产业化的重要前提和成功经验，值得我们借鉴，应尽快从“行政活动”转变到“经贸活动”的良性轨道上来。政府和政府部门要逐步转变观念，变主导为引导，变主办为服务，变单一为综合，变直接投资为吸引资金投入，变分散投入为集中投入。要结合地域、交通、设施、配套、产业等情况，集中优势资源打造1～2个全国性农交会品牌，集农产品、畜牧业、渔业、物流、加工、农机、育种、农业技术等综合一体的农交会，扶持3～5个具有地域特色的农交会品牌。

（三）规范行业管理，提升农业展会水平，实现产业发展的有序竞争

必须重点制定并完善有关法律法规，明确会展市场的准入机制和主体的资质条件，进行严格的认定，形成一整套的评价体系与规范管理服务体系，使会展业有法可依、有章可循。面对目前农业类展会多、小、层次低的实际情况，要开展深入细致的调查研究，对现有展会进行归类排队，提出布

局科学合理的归类整合意见，研究提出单个展会的发展侧重点，并予以长期培育。采取政府支持市场化运作的方式，提高国际化程度。一是重视对外参会邀请。二是要完善展会新闻中心的功能，配备外语人才，所有展会资料、照片要提前准备好中英文对照，资料免费邮寄。重要推介会、论坛、洽谈、参展动态等内容要有免费电子邮件服务。三是要做好展会预宣传，提前做好宣传和参展计划，这点对外国的招商招展至关重要。

（四）努力培养高水平的会展公司和高素质会展人才

在会展产业中，人力资源是宝贵的第一资源。基于会展行业的特殊性，内容涉及广泛，是各种人才的整合，因此，通过高水平的会展公司聚集高素质的会展人才，并在工作实践中积累需要的知识和技能。目前会展业发展缺乏训练有素的专业人才已成当务之急，急需相关领域专业知识教授培训，重点范围有宏观经济与会展行业发展趋势预测，会展市场分析与企业发展战略，系统论和信息论在会展业的应用及会展业工作的规范与务实，会展业综合行为和消费者心理研究；制定法规的依据，原则和内容，会展设施经营管理，会展市场的运作与营销，会展的知识产权保护，现代网络技术的应用；入世后会展业面临的机遇与挑战，会展人才的知识化专业化方向及职业道德、应急能力、法律水平，等等。

湖北农业会展经济的发展与思考

焦泰文　陈传友

（湖北省农业厅）

会展经济是由政府或社会团体组织的以召集供需双方按照确定的时间和地点，举行专业性或综合性的产品布展、宣传、交易和服务为内容的经济活动。农业会展是市场经济发展到一定阶段的产物，它以展示企业产品为主要形式，以促进参展贸易活动为重要内容，实现农业与展览的有机结合，达到发挥区域和资源优势，展示区域经济特色的目的。湖北省是全国重要的商品粮棉油生产基地和中部最大的综合交通通信枢纽，在发展现代农业的大背景下，通过发挥会展经济的信息传递、供求调节、项目对接和经济一体化功能，促进了湖北农业发展方式的转变和市场化水平的提高。

一、湖北农业会展经济的新趋势

近几年，湖北在搞活市场、扶持品牌、扩大开放上大做文章，农业会展充满着蓬勃的生机和活力，在全国独树一帜，呈现以下特点：

（一）办展范围逐步扩大

一是举办好武汉农博会。中国武汉农业博览会是由农业部和湖北省政府主办，武汉市政府承办，规模最大、级别最高的综合性展会。从2004年开始，采用“三会合一”（武汉农博会、武汉农机博览会、优质米博览会）的形式，每年展位达到2 200个，展厅5万米^2，参展品种1万多种，来自国内外参展企业2 000多家。到2009年，累计签约项目256个，产品销售额达236亿多元。二是组团参加国内大型展销。2003—2009年，湖北省组团连续参加了7届中国农交会和上海展销会，展团参展企业466个，参展产品2 160个，现场销售金额96.6亿元，合同成交金额169亿元，意向性成交金额279亿元。企业由过去被动参展转变为主动争取，不仅了解了市场、找到了商机，而且扩大了影响、提高了效益。三是扩大对外开放。这几年，采取“走出去、引进来”两手抓，先后到欧美、马来西亚以及我国的香港等国家和地区办展、参展，小龙虾、蛋品、蜂蜜出口全国第一。目前，蛋品占香港市场的70%，占澳门市场的80%。

（二）办展形式日益多样

农业展会突破展览会、展销会、博览会、农产品交易会等形式，借助现代信息化手段和地方特色，又出现了新的办展形式：一是网上展销。为宣传展示湖北省农业企业及名特优农产品，从2003年10月开始在互联网上建立了湖北省农产品网上展销会平台，开通湖北农业信息网商务版，免费为社会提供农产品展销服务。截至目前，全省共有969个企业、2 696个产品参展；展会访问量达46.9万多人次。与此同时，将一些资料齐全、知名度高的企业和产品，推荐到中国农业信息网网上展厅暨中国国际农产品交易会平台进行展出。二是地方节会。各地将展会与当地特色产业结合起来，与休闲旅游结合起来，群众喜闻乐见，参与度高。比较有影响的有：武汉新洲的蘑菇节，汉南区的甜玉米节，宜昌、丹江口市的柑橘节，荆门市的油菜花节，老河口市梨花节等。

（三）办展内容不断丰富

一是政府主办的综合性展会。一般展位有100个左右，参加人数达数千人，交易金额数千万元，这类展会组织周密，内容具体，企业明确，效果实在。二是行业主办的专业性展会。主要以行业举办，如农药农械、种子种苗、肥料信息、农业机械等等，一般有数百个展位，人数超过万人。主要由省级农业主管部门主办，厅直事业单位承办。三是主题突出的品牌推介会。通过举办各种农业展会，在企业取得直接经济效益的同时，带动产业的发展。近几年重点围绕三大产业办展，推动形成了一批优势和特色产业。为加速发展茶叶产业，省政府每年举行多次品茶和新闻发布会，先后推出了湖北第一名茶——采花毛尖、湖北第一历史名茶——恩施雨露、湖北第一文化名茶——武当道茶、湖北乌龙茶第一品牌——萧氏茶叶。英山县连续举办了十九届《湖北·英山茶叶节》；恩施、五峰，鹤峰等茶叶主产县每年也举办不同类型的地方茶叶展会。为重振油菜产业第一大省地位，2009年，该省先后开展了“湖北优质菜籽油”授牌仪式、“湖北优质菜籽油”入超仪式等系列活动，推介以“奥星”为首的优质菜籽油品牌，迅速打开了市场,保护了农民利益。高规格举办中国湖北(潜江)龙虾节,组织企业在国内办龙虾宴、办论坛、进超市,打入国内市场,吸引人气。去年该市的小龙虾产值达到18.2亿元,出口创汇突破8 200万美元。

二、湖北农业会展经济的做法与成效

(一)政府和农业部门积极支持企业办展,搭建了农产品营销促销的大平台

采取“政府搭台,企业唱戏”的方式,提高办展水平。在搞好农产品促销宣传,实行摊派补助等方面,每年仅农博会就补助500多万元。据统计调查,在湖北每年举办每种农业会展在100个以上,现场交易和签约总金额达200多亿元,展会规模、人气、销售金额、订单数量和项目签约金额逐年大幅提升,充分展示了湖北农业取得的巨大成就,提高了湖北农产品的知名度,收到了较好的经济效益和社会效益。同时,各种不同农产品在会展中一一亮相,接受消费者的挑选,优胜劣汰,带动了农产品质量提高。参展产品由过去以大宗农产品为主,发展到以绿色食品、有机产品和无公害农产品为主,深受广大经销商和消费者的青睐,产品销得快,价格高。

(二)注重广告宣传促销,形成了一批有影响力的知名大品牌

展示农业品牌是历届农业会展的重要内容,围绕地方特色重点培育了“奥星粮油”、“萧氏茶叶”、“精武鸭脖”、“洪山菜苔”、“京山桥米”、“宜昌蜜橘”、“梁子湖螃蟹”、“潜江小龙虾”、“蔡甸莲藕”等一大批知名品牌。国宝桥米、福娃大米等11个农产品先后被认定为“中国名牌产品”,采花毛尖、德炎小龙虾、秭归脐橙等6个农产品被认定为“中国名牌农产品”。一般广告宣传开支占促销活动总投资的5%～10%,从而大大提高了奥星油菜籽、恩施土家腊肉、孝感麻糖米酒、萧氏茶叶等产品的知名度,促进了龙头企业发展。

(三)加强板块基地主导产品的会展,优化了农业优势产业的区域布局

宜昌柑橘在会展中的多次招商活动,都获得显著的成效,有力地促进

了当地特色产业的发展。“湖北香米”、“京山桥米”的会展，使湖北优质稻米真正“香”飘国内外。在展会中提供名优产品需要有规模化、专业化、高标准的原料产地作支撑。湖北采取种植业建板块、畜牧业建小区、水产业建片带的方式，板块成牌成带建设，发展 30 个种养殖专业大县，为龙头企业提供充足而优质的原料。

（四）把展会作为农业招商引资和经贸合作的重要桥梁，为龙头企业寻找发展机遇，扶持了企业做大做强

在农业会展上洽谈签约项目，推介新产品和新技术，扩大了交流和合作。积极争取政策，支持企业技术研发、节能减排，加强信息引导，促进企业重组，发挥融资担保平台的作用，解决企业融资难题。凡参加农博会的企业都接到农产品销售订单，少则几万元，多则几千万元。历届中国国际农业交易会，都成为知名企业展示自身的极好机会，福娃、桥米、神丹等一大批湖北本土大龙头通过展会走向了全国。截至去年底，国家级重点龙头企业发展到 33 家，省级重点龙头企业发展到 434 家，销售收入过 10 亿元的龙头企业 20 家。全省规模以上农产品加工企业销售收入达到 3 442.51 亿元。

（五）积极探索农业展会的市场化运行模式，推进了农业会展的市场化进程

在农业展会举办过程中，坚持遵循市场经济规律，按照“政府引导、社会参与、市场运作、注重实效”的思路组织展会，探索建立“投资—回报”机制，形成以展养展的良性循环。在用好政府补贴资金的同时，通过市场渠道筹集资金，实现资金来源的多元化。

三、湖北发展农业会展经济的功能分析

（一）会展经济是活跃市场的有效形式

会展通过展示新成果、新技术、新产品，加速了大量信息的传递，有利于商品供应能力创造；会展通过现场展示的机会，比较不同商品的价格，测算市场竞争态势，为企业开发产品提供了依据；会展通过降低商品供给成本和市场交易成本，为企业产品价值的实现提供平台；会展通过参与者的

相互交流，可把潜在的消费和投资需求转化为现实，既可发现自己所需求的产品，也有利于新需求的创造；会展通过在不同地域举办，打破区域封锁和垄断，促进区域合作，实现利益最大化。据统计调查，在湖北每年举办每种农业会展在100个以上，现场交易和签约总金额达200多亿元，对搞活农产品流通，增加农民收入，起到重要推动作用。

（二）会展经济是企业展示形象的巨大舞台

处于发育初期阶段的参展企业，通过直接面对广大消费者，提高了社会对参展产品的认识度，促进企业有效的进入市场。对产品销售不畅的企业，可以通过展会了解更多消费者的需求，对照类似参展产品加于学习改进。对发展水平较高的企业，通过展示和展销活动，在现场与超市对接，实现洽谈签约，以扩大新的消费区域和群体，提高市场占有率。对具有知名品牌的龙头企业，通过组织专场活动，加大名牌宣传，展示企业形象，争取更多的合作伙伴和新的投资项目，促进企业向更高水平发展。历届中国国际农业交易会，都成为知名企业展示自身的极好机会。

（三）农业会展是实现产销和技术对接的重要手段

农业会展这种方式在农民、企业和市场之间搭建起了一个互动交流的平台，这是农商对接、产销对接、技术对接的平台，是企业展示宣传企业品牌、扩大销售订单的平台，是农民了解市场信息与学习技术的平台，实现了市场、信息、技术和资金的汇集。以市场为核心，培育品牌企业，在生产、加工和销售三个层次上实现龙头企业带动生产、加工、销售，推进农业产业化发展，促进农业结构调整，促进农产品销售和扩大招商引资。

四、发展农业会展经济的新途径

为了促进农业会展经济又好又快发展，建议重点抓好以下四项工作：

第一，突出服务现代农业主题。改革开放以来，湖北农业发速发展，取得了巨大的成就，目前正在加速实现向现代农业的跨越。面对复杂多变的发展环境，促进农业发展、农民增收的难度越来越大，对转变农业发展方式的要求越来越高。近年来，农业会展坚持“展示成果、推动交流、促进贸易”的办展宗旨，坚持“精品、开放、务实”的办会原则，坚持把“转变发展方式，推进现代农业”作为主题，为农村经济发展起到积极作用，要认真总结推广。现在,农业会展经济已进入一个新的发展阶段,其主要特征是农业会展经济根本离不开现代农业发展。因此,要认真研究制定一个服务现代农业建设的《农业会展经济发展规划》,把国内建设现代农业的成就展示出来,把各地发展现代农业的产品推销出去,把国际上推进现代农业的经验吸引进来,一切农业会展必须服务于现代农业建设。根据湖北的实际,我们可以在"荆楚特色、优势农业"上策划农业会展,推动湖北现代农业发展。

第二,着重搞活农产品市场流通。2010 年中央 1 号文件明确提出了"发展农业会展经济,支持农产品营销"的要求,这为举办农业展会活动指明了方向。湖北农业资源丰富,主要农产品产量位居全国前列,目前具备粮食 500 亿斤、棉花 1 000 万担、油料 6 000 万担、肉类 390 万吨、淡水产品 370 万吨的生产能力。开春以来,蔬菜价格上涨,猪肉价格低位运行,农产品市物销售问题引起国家高度重视。湖北省历来是农产品物流的集散地,已建农产品交易市场 1 311 个,其中批发市场 170 个,通过农产品批发市场销售的农产品占全省总量的 60%左右,相当数量的农产品需要开展促销。如何解决"卖难"问题,农业会展应该发挥自身优势,在组织农产品与市场对接上有所作为。恰恰在这个问题上,现在许多农业会展还处于扩大宣传产品的阶段。因此,在办农业会展思维方式上,要确立"农产品促销是会展经济重要内涵"的理念,在举办农业会展的过程中,要尽量与农产品促销紧密结合。实践证明,农业会展与农产品促销结合得越紧密,各级农业部门就越支持,各种农业企业参加就越积极,各地农民朋友就越欢迎。

第三,整合创建湖北农业展会品牌。多年的农业会展,大量展示了农业新产品、新技术、新成果,描绘了各地农业发展的崭新面貌。从组织形式上看,特色农产品中小型展会以县市为主,专业性、综合性大型展会以省级为主,特大型展会由国家部委主办。在农业展会中,展会品牌创建重点在部省级,农产品品牌创建重点在企业。根据农业展会本身具备的多样性,区域性特征,每个会展必须具有鲜明的特色。中国国际农产品交易会、中国武汉农博会之所以成为会展品牌,是由其高水平组织和展会重大影响所致。现在的问题是有些展会在规模上要扩大,内容上要扩宽,水平上要提升,形式上要创新,力争把每个农业展会办成精品,形成展会品牌。同时,各地要发挥自身优势,支持参展企业做大产业品牌,形成展会品牌与企业品牌相互对应的格局。

第四,努力提升农业会展的举办水平。湖北农业会展通过搭建农民、企业、市场互动交流平台,促进农商对接、产销对接、技术对接,以展促销,签订单，引资金，育名牌产品，扶龙头企业，培农技高手，添致富能力，从而有力地促进了农业增效和农民增收。但随着现代农业的推进，人们对农业会展的要求越来越高。在活跃办展形式上，要充分体现“鱼米之乡”的特点，充分保持每次展会的新鲜感，像美国俄亥俄州那样，把农博会设在田野里，把州长组织的盒饭千人午餐集会作为推介产品的舞台。在向高、精、专方向努力方面，不仅要邀请农民、市民和企业广泛参与，还要联合高层次的专业团队，使国内展会与国际展会规范接轨，提高农业会展效率。在如何扩大宣传效应上，要积极争取各种媒体的支持，把农业会展办成让世界了解湖北的窗口，让农业会展经济引起政府的高度重视，使企业更加欢迎，农民得到更多实惠。

农业会展与农产品市场营销

张　勇

（贵州省黔西南州农业和扶贫开发委员会）

贵州省黔西南州有以农产品开发为主的企业近500家，分布于贵州省黔西南州各县市，分别以各种农产品为主导原材料开发农产品上市，并且在每届农展会上均有不同程度的表现，自2005年春节贵州省黔西南州在兴义师专举办首届农展会开始，到2010年已经举办了六届农展会，展出的商品上千种。历届农展会均是政府搭台，企业免费参展，每年都评有其中的优质农产品，但是让我们感到遗憾的是到目前为止贵州省黔西南州还没有以农产品为主导的企业跨过花江河，更不用说走出贵州。

一、贵州省黔西南州历届农展会回顾

表1　贵州省黔西南州历届农博会列表

举办时间	主办方	参展企业数量	评优标准	展会亮点
2005.1	黔西南州农委	52家	企业规模和销售	推介鸡枞油、饵块粑等名优特产
2006.1	黔西南州农业局	67家	企业规模和销售	推介鸡枞油、饵块粑等名优特产
2007.2	黔西南州农业局	80家	企业规模和销售	推介鸡枞油、牛干巴、茶叶等名优特产
2008.1	黔西南州农业局	125家	企业规模、资质认证和销售	推介鸡枞油、等名优特产
2009.1	黔西南州农业局	162家	企业规模、资质认证和销售	推介鸡枞油、茶叶、生姜等无公害农产品
2010.1	黔西南州农业局	215家	企业规模、资质认证和销售	推介茶叶、大米、薏仁米等无公害农产品

回顾历届农展会，如表 1 所示，均没有推广出一支真正意义的优质农产品，当然除了农展会举办方式没有突出的特点外，更根本的缘由还是贵州农产品开发企业整体素质和市场意识较低下。

二、贵州省黔西南州农产品开发现状及误区

通过深入调查发现州内农产品开发企业严重存在经营误区，现举例如下：

(1)贵州省黔西南州企业开发农产品均以简单初加工为主，大多是组织简单的作坊式生产，严重缺乏农产品深加工技术。

(2)贵州省黔西南州企业开发农产品有一半以上是以礼品开发为主，为农产品销售本身造成了很大的局限性。

(3)贵州省黔西南州农产品开发企业多数仍然停留在计划经济时期以产定销经营模式，造成产品成活率较低，并且大大缩短了产品生命周期。

(4)贵州省黔西南州农产品开发企业均没有高级营销人才，严重缺乏营销理念，不能科学的组织产品市场销售，导致市场很难拓展。

(5)贵州省黔西南州农产品开发企业有近一半均已生产土特产为主，可悲的是企业本身总以生产土特产而骄傲，没有生产通路产品的思想，更谈不上如何将土特产经营成为全国通路产品的经营理念。

(6)贵州省黔西南州农产品开发企业在某一个领域的跟风效应非常严重，严重缺乏错位经营和创新经营的经营理念，导致区域内资源严重浪费和产品之间重复经营而自相残杀。

三、举办农展会的意义

很明确政府举办农展会的目的就是将州内名优农产品成果、开发技术、创新市场理念、管理水平等通过农展会组织交流、推广，同时作为窗口将公司及产品向市场充分展示，但是纵观州内历届农展会均是重销售而轻总结推广，甚至把展会期间销售数量作为评价参展企业是否属优质企业。有此误区，在展会上几乎看不见科学的开发技术、创新市场理念等，大家都没有意识到参展真正的意义在于技术指导部门及企业之间相互交流学习和总结推广，只有组织将优秀的技术与市场营销理念通过展会推广到州内各个企业，同时引进州外、省外优秀的技术与理念推广到州内各个企业，这

才是举办展会真正的意义所在。

四、农展会举办方式创新

综合前几届州农展会组织方式，结合贵州省黔西南州农产品开发企业，其一没有成熟的通路产品；其二没有先进的生产技术和技术人才支撑；其三没有成熟的市场营销人才和系统的营销理念等实际情况，我们的农业会展应该有目的性有针对性地组织，切勿千篇一律的格式化组织。

（一）组织参展项目创新

为有效引导农产品开发企业正确组织其优势资源参与会展，能够明确参展意义，主办方对会展评优标准一定要兼顾几个方面，同时设立成熟产品成果奖、科技先进奖和市场营销创新奖等奖项，奖品一定要打破之前单一的奖牌的方式，因为奖牌不能让企业提高生产效益，奖牌同样不能提高产品市场份额，只会让企业拿来四处显耀或者向政府部门要支持。奖品一定要结合企业实际困难，给予相应支持，如：我们农业服务部门及时向国内外引进先进生产技术，给予企业基地先进技术指导，给予企业先进生产技术知道，为企业提供良种，为企业提供特别的市场机会，为企业提供技术人才和市场营销人才专业培训机会等。可以采取：①组织其市场销售已经得成熟的产品参与会展，即其组织参展产品已经得到市场认可（起码在本地市场得到认可），产品与市场同类产品相比具有明显的优势（即产品卖点鲜明），在市场具有明显的竞争力。②组织企业先进的生产技术参与会展，可以以概念性模型演示或影像资料演示及现场技术人员解说相结合的方式参展，参展技术必须具备高生产效益、节能环保等特点，与同类生产技术相比具有明显优势。③参展企业可以以其先进的市场营销理念和管理理念以论文或课件方式参展，论文或课件必须附有真实的案例。

（二）农业会展形式组织创新

农业会展要打破常规会展形式，会展形式强调几个方面：①对参展项目组织专业审核，以提高会展质量。②对企业展厅统一规划，避免个别企业非常随意的挂一块皱巴巴的喷绘就算布展完成等不规范现象，提高整个展厅的会展形象。③在展厅设置电视屏幕及广播等对参展企业及项目组织系统介绍，提高会展的推广效果。④针对会展企业和会展项目组织专题会讨论，专家针对每个对象进行评价和指导，提高企业的市场推广能力。⑤针对优秀的参展企业和项目组织总结，在州内企业组织有针对性推广，以提高会展的推广效益。

（三）农业会展成员多样化

农业会展的意义在于通过农业会展平台将州内优秀的企业、生产技术、产品、原材料资源、投资环境等向外界推广，在会展前期须有针对性引进国内外大企业、招商机构、生产及包装设备厂商、生产技术开发商、市场营销咨询机构等参与会展，以提高会展的完整性，同时将州内优秀的资源有效向外界推广和借助外界优秀资源带动州内企业及产业的发展。

（四）短期聘请高级营销专家对参展企业营销人员组织培训，有效提高州内企业市场营销能力

五、正确认识农业会展与农产品市场营销

农产品市场营销是农产品生产机构将其优质的农产品资源通过科学系统的营销手段借助市场平台组织有效推广，最终销售给目标市场的目标顾客，农业会展是州内企业向外界市场展示推广的有效途径。

农产品市场营销通常采用几种形式：①通过政府招商，将州内每一个农产品生产机构同周外企业或招商机构建立联系，签订长期供货合同。②农产品生产机构通过组织的广告招商，同州外企业或招商机构建立联系，签订长期供货合同。③农产品生产机构通过派人到周外市场寻找合作伙伴，将农产品及资源同州外合作伙伴建立长期的供货关系。

以上方式均有运作成本高、运作效益低、经营风险大等特点，通过有效的农业会展可以让州内农产品生产机构一次性达成多项合作、客户群体集中、市场推广效益高、通过想同类企业和服务机构学习有效完善自身市场营销方案、企业市场推高成本低等，农业会展是州内企业向外界市场展示推广的有效途径。

农业会展助推贵州省黔西南州农业产业结构调整

沈启英

（贵州省黔西南州农业和扶贫开发委员会）

农业会展是会展业和农业发展到一定阶段的必然产物，是会展业和农业的有机结合，其本质属于贸易服务型产业。从都市型现代农业的多功能性的角度看，农业会展既是一般会展业向农业的拓展，又是都市型现代农业的高端产业形式和经济形态，是引领农业全面升级和布局结构调整优化的重要抓手。黔西南州的农业会展起步于2003年，到现在，全州范围内已组织全州农业产品会展6次，实现会展收入1 100.37万元；参与省级会展5次，参与省外会展4次，实现会展收入约624万元。会展的市场需求导向为全州农业产业结构的进一步优化、农业资源的优化配置发挥了积极的作用。

一、农业会展的重要作用

农业会展是以农业和农产品贸易为主要内容，以会议、展览、展销、节庆活动等为主要形式，以一定的场馆设施和展示基地为基础，由政府有关部门批准，专业公司策划组织，各类市场经营主体和消费群体参加的商贸经济文化活动。农业会展对经济发展的带动作用主要体现在：

（一）引领现代农业发展

举办农业会展活动对现代农业的带动作用主要有以下五个方面：一是提升农业的产业化水平；二是提高农业生产的组织化程度；三是推动农业标准化；四是不断提高农产品质量；五是加快农业国际化。

（二）带动相关产业发展

农业会展对相关产业发展的带动作用主要表现为：一是促进农业会展

的前向关联产业不断发展;二是带动农业会展的后向关联产业不断发展。

(三)拉动区域经济社会全面发展

农业会展对区域经济社会发展的带动作用主要体现在:一是吸引政府决策部门、政策研究机构、科研推广机构、有眼光的投资家与企业家光顾,引起社会的高度关注;二是农业会展所反映的新情况、新问题、新经验和新成果,是政府确定农业投入重点领域、重点产业、重点方向和重点项目的依据之一;三是促进形成全社会高度关注农业、支持农业、投资农业、发展农业的良好局面和氛围;四是塑造和推广当地形象,使主办地在全国甚至全世界产生广泛和深远的影响;五是促进举办地基础设施建设,相应地促进举办地综合经济的全面提升。

二、会展经济与都市功能的提升

(一)会展经济高度聚集在大都市

城市作为人口与经济的聚集中心,也是会展经济的发源地与集中地。根据 1710 年出版的《市场与展览概述》(Description of Market and Fair)记载,最早的会展机构与会展兴起于中世纪欧洲的大城市英国伦敦;近代商业意义上的世界第一个会展于 1890 年在德国的城市莱比锡举行;现代的会展经济更是高度集中在大城市尤其是国际大都市中。如:法国巴黎每年的大中型国际会议有 300 多个,国际会议收入为 42 亿法郎(约 7 亿美元);国际展览有 200 多场,展馆面积 55.4 万 m^2,直接收益为 40 亿法郎,间接收益为 150 亿法郎,创造了 3. 65 万个就业岗位;占法国会展经济的总比重均在 50 %以上。香港 1998 年国际会展业(国际会议与展览业)创造的收入为 78 亿港元,直接从业人员为 9 000 多人,创造的相关就业岗位为 4 万多人(香港展览会协会,1999)。德国的汉诺威、法兰克福、慕尼黑与杜塞尔多夫四城市的会展经济总量占德国的 80%以上。日本的东京、美国的纽约、英国的伦敦、亚洲的新加坡等都是世界闻名的会展中心。会展经济高度集中在大城市尤其是国际大都市,这主要是由会展经济自身的属性和大都市的功能共同决定的:①会展经济是市场经济发达的产物,其功能主要是向消费者提供商品的最新信息并沟通生产者与消费者的作用或提供全球范围内的信息交流,因而对区域的消费中心性、交通便捷性与信息结节性等要求甚高,大城市尤其是大都市作为消费中心、流通与融通中心、信息集散中心,能够满足会展业发展的这些硬件要求。②会展经济兼具生产服务业与一般服务业的特性,需要服务业的相关支撑产业如酒店业、餐饮业、宾馆、都市旅游与购物、法律服务等的辅助支持,而这些基本/非基本比率极高的服务业,只有在大城市尤其是大都市才能得到充分发展。③会展经济中政治性较强的国际会议往往由政府操作,而不由会展公司组织,大城市作为政治中心所在地,将此类活动安排在大城市将会提高该城市及其政府的形象。

(二)都市功能的提升催生催化了会展经济的发展

会展经济虽然高度聚集在都市,但会展业在城市中的地位与功能是随着城市的规模扩张与职能演变而发展的,当然也与会展经济本身的经济特性及其对相关产业的要求有关。对于厂商来说,虽然车间、仓库、原料等远在郊区,但其寻求(消费者与竞争者)信息、加强交流、扩展市场份额的主渠道与主战场依然在大城市;而由政府机构和超政府的国际机构所组织的国际会议对于会议地的服务质量、交通与流通业的发展状况、居民素质、信息流通便捷性等要求更高,只有大城市尤其是大都市才能满足相关的硬件与软件要求;因此,城市尤其是国际大都市的现代服务功能直接和间接催生了都市会展业的发展。

(三)会展经济的发展提升了都市的辐射与服务功能

一是通过关联效应提升大都市的服务功能。广义的会展经济包括会展业自身以及为其配套的餐饮业、都市旅游、购物、酒店、法律服务业、咨询业、信息服务、通讯等相关产业,从而形成联系广泛的产业群或产业链。显然,包括旅游购物、餐饮酒店、法律咨询、信息服务等行业在内的关联产业是都市经济中的基本/非基本比例极高的部门。都市经济中的基本部门作为城市为本市以外居民提供服务的经济部门,其规模与比例决定了一个城市的成长与功能提升。都市经济中的基本部门越发达,表明其对外服务功能与辐射能力越强,从而在区域经济磁场中的极化作用就越强。会展业是关联性、外向性极大的产业部门,通过乘数效应带动都市旅游购物、信息服务等 B/ N 极高的产业的发展,必然会提高都市经济中的基本部门的发展,从而提升对外辐射能力与服务功能。二是有利于提升新经济时代都市竞争力。会展经济的发展,能够加强大都市的新竞争要素的作用,从而提升当代国际大都市的竞争力，主要体现在以下几个方面：①可以加强都市在“流的经济”中的地位。在新国际劳动分工体系中，城市竞争优势的大小与功能强弱取决于其在“流的经济”中信息节点的位置与融通流通能力的大小。会展业是流量经济的媒介与载体，都市会展业越发达，则其融通、汇集信息流、商品流、技术流、人才流的功能就越强，就越能加强该城市在全球城市网络分工中的地位。②可以提升大都市的形象。城市形象是城市的品牌，良好的城市形象是当今都市重要的潜在的无形资源。通过举办各种大规模的展览、会议，可以使世界加强对该城市的了解和认识，能够提高该城市的国际声誉与地位，而这无疑能加大都市在日益激烈的国际竞争取得优势地位的筹码。

三、农业会展进一步促成了州农业产业布局

大型农业会展农产品区域布局一般以省、地、县市地域为大区域进行布局，这样的布局方式其地域性较强，较容易管理，但是从总体上看，产品布局上缺乏总体规划而显得杂乱无章，经销商和消费者要想寻找自己的合作伙伴和自己要购买的产品得费相当的时间和经力才能如愿。

如果以产品类别为主展区域，在类别区域内分地域进行布局，这样的布局从总体上布局较规范，经销商和消费者特别容易接受，各级政府在展会参展企业的管理上会带来不便，但从全面展示名特优农产品及农业产业化发展成果，宣传、推介农业品牌，扩大农业的对外开放与合作交流，促进农产品产销衔接，扩大贸易，提升龙头企业和农产品的知名度与竞争力，打造农产品品牌，推进农业和农村经济结构战略性调整，促使农业增效、农民增收来看就不足为重了。

进入21世纪以来，贵州省黔西南州农业产业根据自然资源条件及会展经济的刺激，初步形成了具有一定规模、一定区域、相对稳定的产业基地。目前，全州农产品大致形成如下区域布局：粮油区：大米类、面粉类、面条类、年糕类、杂粮类、植物油类；茶叶区：绿茶类；肉区：冷冻肉类、腌制肉类；蔬菜区：泡（腌）菜类、保鲜蔬菜类、鲜菜类、辣椒制品类；水果区：干果类、鲜果类；副食品区：署芋类、椒类、菌类、糖类、其他调味品类；中草药区：膏药类、中草药类、中草药饮品类；花卉区：干花类、盆花类、鲜切花类。

由以上布局形成了贵州省黔西南州当前的主抓的八大重点产业，分别为：优质稻产业、草地畜牧产业、优质甘蔗产业、优质烤烟产业、蔬菜产业、

金银花产业、优质茶叶产业、板栗产业、油茶产业，全州八大产业基地260多万亩，辐射带动50多万农户，2009年年实现产值约27亿元。

四、会展经济促成州产业链的发展

改革开放30年来，在中央、省、州一系列惠农政策的扶持和企业自身的努力下，通过会展经济的引导和推动，全州龙头企业不断发展壮大，69家州级以上龙头企业资产总额31.57亿元，亿元以上的有4家，5 000万元～1亿元的有10家，1 000万～5 000万元的有30家，500万～1 000万元的有25家；主营产品产量1 236 724吨：10 000吨以上的有11家，5 000～10 000吨的有6家，1 000～5 000吨的有18家，1 000吨以下的有34家；年销售收入35.96亿元：1亿元以上的有2家，5 000万～1亿元的有5家，1 000万～5 000万元的有23家，1 000万元以下的有39家；年利润5.24亿元：年利润1亿元以上的有1家，1 000万元～1亿元的有2家，100万元～1 000万元的有22家，100万元以下的44家；年上交税金3.43亿元：1亿万以上的有1家，100万元～1 000万元的有9家，100万元以下的有59家；企业信用等级：AAAA级的1家，AAA级的有13家，AA级的有11家，A级的有23家，没有办理的有21家。

69家州级以上农业产业化龙头企业中：有14家国营企业，18家股份制企业，37家私营企业；草地畜牧业15家，农产品加工业37家，林特产品类5家，种植业类11家，市场型1家。

根据贵州省黔西南州自然条件和多年来的农业产业结构调整，形成了以优质稻、烤烟、甘蔗、蔬菜、茶叶、中草药业、干鲜果业、草地畜牧业等为主的全州农业发展八大主导产业。实施提炼出“现代烟草示范模式”、“晴隆模式”、“坪上模式”、“顶坛模式”、“者楼模式”等较成功的产业化经营模式，取得了明显成效。

至2009年，全州已建农产品基地468.87万亩，受益农户达55万户。其中：优质稻种植面积36.99万亩，草场建设面积95万亩，烤烟种植面积25.7万亩，甘蔗种植面积17.78万亩，蔬菜种植面积60.6万亩，金银花种植面积30万亩，茶叶种植面积9.8万亩，苡仁米种植面积13万亩，花椒种植面积15万亩，油茶种植面积5万亩，油桐种植面积140万亩，板栗种植面积20万亩。由于龙头企业的发展，为农业产业的进一步优化调整起到了极大的推动作用。

贵州省黔西南州农业产业化经营采取“公司＋协会合作社＋基地＋农户”的生产经营模式，建立了以册亨县者楼镇蔬菜协会、贞丰县北盘江镇花椒经济协会为代表的 94 个农民专业合作经济组织，其中：农民专业合作社 69 个，新增 41 个，农民专业协会 25 个，拥有成员 10 456 人，带动农户 72 985 户。建设了一批以花椒、砂仁、荸荠、苡仁米等为主的特色农产品生产基地，农民专业合作经济组织为农户提供生产、加工、营销和各种信息，保障了农民的利益，有力地推动了相关产业的健康发展。

2008 年，全州农村经济在农业产业化经营的带领下，实现了农业总产值 721 211 万元，农民人均纯收入 2 445 元。分别增长 0.71%，15.5%。从总体上看，经济发展保持较快增长，综合实力明显增强。

可以预见，随着改革开放和贵州省黔西南州农村经济的发展，农业会展经济将与农业产业化一起得到蓬勃发展，必将为农民增收、农业增效、建设贵州省黔西南州社会主义新农村发挥积极的推动作用。

从寿光"菜博会"看中小城市如何发展农业会展经济

王晓强

（甘肃省张掖市农业信息中心）

放在中国的大环境里来看，寿光作为一个县级市，起初也并不具备太大的资源整合能力，也无明显的区位优势，但就在这里诞生了一个我国农业会展史上的奇迹。寿光"菜博会"从一个区域性专业性会展一跃成具有国际性影响的我国五大农展之一，实现了展示、交流、招商的良性互动和同步发展，闻名于世界。

一、寿光"菜博会"所带来的启示

寿光"菜博会"，这颗破土而出的幼苗为何能在短短几年内成长为一颗硕果累累的参天大树？也许只有在寿光"菜博会"上才能找到答案。时逢"第十一届中国（寿光）国际蔬菜博览会"举办之际，笔者有幸亲历此次农业盛会，如此近距离的接触让我感触颇深。

（一）产业化——孕育"菜博会"的"沃土"

提起寿光，不得不说其闻名于全国的蔬菜产业，从"冬暖式大棚"到"第二次蔬菜革命"，从"蔬菜高科技示范园"到"蔬菜育种基地"，寿光蔬菜始终引领中国蔬菜产业的发展。现如今，寿光全市蔬菜种植面积 80 多万亩，年产各类蔬菜 400 多万吨，拥有蔬菜品种 200 多个，500 多个村成了大棚蔬菜生产专业村，8 万农户成了大棚蔬菜种植专业户。有 61 种农产品获得国家无公害农产品标志使用权。兴办以蔬菜加工为主规模较大的农副产品加工企业 44 家，年加工能力达 80 万吨，出口农产品 10 多万吨。全市建成农贸批发市场 26 处、集贸市场 186 处。如果说这些数字还不足以让人感觉到寿光蔬菜产业规模之大的话，那么"中国蔬菜之乡"、"中国一号菜园子"、"国家无公害蔬菜生产基地"、"万国蔬菜博览园"、"东亚之最"的农产品物流园，这些称号一定能让人感觉到寿光蔬菜产业实力之深厚。

一个成功的专业性会展，必须以强大的产业作基础。正是有这样良好的蔬菜产业基础，全国的菜农、消费者、农资生产供应者、种子种苗开发商迫切地将目光投向寿光，盼望能在这里兴起一个定期集中交流信息、宣传形象、推广品种、传播技术、扩大市场的机会场所。正是在这种情况下，"菜博会"应运而生并逐步发展壮大，并取到了巨大的成功。可以说，是寿光的蔬菜产业孕育了"菜博会"，也是"菜博会"助推了寿光的蔬菜产业，从而使寿光的蔬菜产业和"菜博会"共同发展，走向世界，走向未来。

(二)市场化——维系"菜博会"的"甘泉"

一个会展能否拥有旺盛持续力和影响力，关键在于它能否适应市场的变化。寿光"菜博会"始终坚持"以菜为媒，会展搭台，经贸唱戏"的模式来发展壮大的。为此，寿光组建了常设办会机构，全面负责"菜博会"的筹办和运行，逐步淡化政府在会展中所发挥的作用，逐步推进办会的专业化和市场化。

起初寿光政府在"菜博会"中都会投入大量的人力、物力和财力，尤其在启动阶段。但现在政府每年只是投入数百万的资金用于招商招展，主攻农业科技水平高的国家和企业，吸引众多知名种子种苗和农机制造企业前来参展。每次在办会前，寿光都会有专门的部门了解市场动向，把握客户需要，确保招商招展、邀请买家、会展组织等过程更有针对性。同时，建立参展参会客商的专业数据库，开通了专业网站。对能够实行商业运作的项目划分板块，包括门票、广告权、经营权和冠名权等，全部实行商业运作，仅此一项，年减少政府投入近千万元，逐步实现了以"会养会"的良性循环。这些市场化的运作取得了明显的成效。往往当届"菜博会"尚未结束，下届的展位已经订购一空。从2000年开始举办至今，参观人数逐年上升，展区面积不断扩大，参展企业越来越多，展会签约额和贸易额也有所突破，"菜博会"呈现出一片蓬勃的朝气。

(三)科技化——滋养"菜博会"的"肥料"

"农业的希望在于科技"，这是胡锦涛总书记对于历届"菜博会"的精确概括。多年来，"菜博会"主题有诸多变化，唯一不变的就是对于科技的不懈追求。

“菜博会”将四海绿色、八方科技融于一体。在 35 万米^2 的主展区常年展示 2 000 多个瓜果蔬菜花卉品种，100 多项新技术新成果，30 多种栽培模式以及自动化播种流水线、温度自控系统、微雾系统等现代农业科技装备。彩色蔬菜、袖珍蔬菜、保健蔬菜、营养蔬菜、观赏蔬菜等另类蔬菜品种让人惊叹。墙体栽培、滚筒栽培、立柱栽培、管道栽培等先进栽培模式令人称奇。这里有单株累计结果 3 000 多千克的西红柿树，有重达 200 多千克的巨型南瓜，有 2 米多长特长丝瓜，还有创世界纪录长 2.98 米的蛇瓜，可谓名品荟萃，遍地科技，全方位、立体式的展现了现代农业科技的魅力。凭借“菜博会”这一平台，农业新技术、新品种、新企业、新农民大密度汇集，使盛会呈现出饱满的活力和张力。

（四）开放化——助长“菜博会”的“阳光”

“以菜招商，以菜会友”是“菜博会”不变的胸怀，昭示着它将始终以开放的姿态接轨国际，引领全国。

多年来，以色列海泽拉种子公司、荷兰瑞克斯旺公司、泰国正大种子公司等一大批国际著名涉农企业相继参展并落户寿光，带来了先进的生产技术和超前的经营理念。联合国粮农组织、世界银行、欧盟以及美国、荷兰等 30 多个国家驻华使馆、国际组织和外国商会积极参与协办，提供各种服务支持。海南岛的青椒、黑龙江的土豆、江苏的莲藕，台湾的柠檬，来自 21 个省市的蔬菜亮相寿光远销海外。同时，为了立足于长期展览展示，“菜博会”全部采用实地栽培、交替生长的展示形式，常年对游客开放。第五届开始，“菜博会”又探索出一条节会结合的新型会展模式，将专题培训、文艺演出、书画展览、摄影大赛、民俗表演等丰富的文化活动涵盖其中，营造了浓厚的节庆氛围。新建成的中国寿光蔬菜博物馆也已投入使用，全面展示寿光三千年蔬菜文化。“菜博会”已经从单纯的蔬菜展会发展成为农业盛会、科技盛会、文化盛会、商业盛会、旅游盛会。“菜博会”的大舞台上迎来了越来越多不同国家、不同行业，不同人群丰富多彩的演出，真正成为了我国蔬菜产业接轨世界、实现国际资本融合及品牌渗透的桥梁。

（五）农民化——成就“菜博会”的“主人”

在历届“菜博会”的参观者中，农民就占到 80%以上。他们或到“菜博会”传授技术，或去展示科技新成果，或去培育展品、装饰景点，或去取经学习，农民成为了“菜博会”的主人。

在“菜博会”一号厅中，往返于摊位之间的大多是农民，他们一边捧着各类资料一边详细咨询。在9-12号厅中，寿光农民亲自上阵，展示了各类瓜菜新品种和种植新技术，成就了一批像“育苗专家”李胜、“菜王”沈文欣、“桃王”刘成德这样的农民明星。在其他厅中，一座座用蔬菜果实打造的艺术景观栩栩如生、匠心独具，展示寿光农民的艺术和文化。在中外知名专家科技讲座中，文艺民俗表演中、农产品交易会中，随处都是农民的身影。正是他们对于新品种、新技术、新理念、新商机、新知识的迫切追求，赋予了“菜博会”勃勃生机和发展潜力。

二、对于中小城市发展农业会展经济的几点建议

进入新世纪以来，农业会展经济得到了社会各界人士的高度重视，呈现出迅猛发展的态势。作为广大中小城市而言，由于经济实力和区位条件较差，硬件设施和配套产业落后，农业会展经济的发展受到一定的约束，成效不够显著，多数未形成足够影响力和竞争力。通过寿光发展“菜博会”的经验和做法，我们看到，只有“立足特色产业，理性政府引导，重视农业科技、坚持开放创新，尊重农民意愿”才能成功地举办农业会展经济，促进农业产业和地方经济的快速繁荣。

（一）立足特色产业，创建“品牌”农业会展

产业基础是决定一个会展经济能否生存的必要条件。改革开放以来，我国有许多中小城市积极发展本地特色产业，基本建立了自己的特色产业和优势产业，它们有的在区域内占据行业，有的领先于国内，有的甚至在国际上也大有名气。以产业发展为基础，大搞专业展，是我国中小城市会展发展的良好方式之一。寿光“菜博会”也充分证明，只有以成熟的产业和市场作为支撑的专业化农业会展，才能真正具有得天独厚的优势，才可能通过重点发展、培育，加速度地成为一个著名的品牌展会，并且在某种程度上无可取代。因此，中小城市要发展农业会展经济首先要努力做大做强优势产业，调整产业结构，扩大产业宣传，努力挖掘自身会展资源，在明确优势的基础上努力发展专业性会展经济，创办自己的品牌，才能在会展市场上屹立。

(二)理性政府引导，举办“健康”农业会展

会展经济是一门系统工程，会展业与旅游、交通、通讯、商业、住宿、餐饮等行业有较强的关联性，需要这些行业提供完善的服务，满足参展客商的多样化需求。由此可见，会展经济的起步和发展是建立在一定的经济规模和发达的第三产业基础之上的，要顺应会展经济发展的规律来发展会展经济，人为地盲目推动会展经济发展只会带来“泡沫”式的经济发展。一个城市是否符合发展会展经济的条件，首先应该重点考虑的是当地的经济基础和产业条件。目前，我国中小城市的农业展会总体上处在发育期，政府的扶持是必不可少的，但是万万不能贪大求全，盲目上项目、铺摊子，照搬硬套农业会展模式。因此在会展举办之初，政府应从本地的实际情况出发，在市场调查和预测的基础上，科学规划会展场馆的规模和布局，要注意与本地区经济发展水平相适应，避免造成社会资源的浪费，引导农业会展经济正确的方向、规模和办会模式，逐步将农业会展推向专业化、市场化，保证农业会展经济的健康持续发展。

(三)重视农业科技，争创“高新”农业会展

当前农业会展经济发展的重点依然在于对农业产品和农业科技的引进与推广。因此，中小城市举办农业会展，必须下大力气搞好实用农业科技的引进和推广，将某个产业的高、新技术、产品、企业、客户聚集起来，形成信息流、产品流、科技流和客户流，促进产业和产品结构的提升和优化。通过开展科普教育、专家论坛和新产品、新技术展示和对比，最大限度地满足农民渴求了解和掌握实用的农业技术的愿望和要求。同时，在农业会展上畅销的产品以及具有良好效益和广阔推广空间的技术，会成为产业发展和新产品开发的风向标，从而刺激和带动优势特色产业和产品及强势龙头企业的快速发展、突破和跨越。国际国内高、新技术的大融合和一体化，也必然加速农业的标准化、产业化和国际化进程，推动农业会展经济和高新农业科技的相互促进和发展。

(四)坚持开放创新，探索“创意”农业会展

创意农业是指利用农村的生产、生活、生态等“三生”资源，发挥创意、创新构思，研发设计出具有独特性的创意农产品或活动，以提升现代农业的价值与产值，创造出新的、优质的农产品和农村消费市场与旅游市场。

而对于一些中小城市来说，无论是从区位、资源、还是资金或人才与大中城市比都缺乏优势，但是独特的民族风情、人文景观、自然环境都将是发展创意农业的有利因素。正如寿光一样，依托强大的农业产业优势，以"菜博会"为核心，发展集文化、科技、商业、旅游、休闲为一体的综合盛会，重点打造成游客开眼界、学科技、休闲娱乐的农业观光知名品牌。中小城市如何将这些因素充分利用起来，创新农业会展新内涵，探索办会新模式，发展以农业会展经济为核心的农业观光旅游业，农业生态服务业等新型产业，将决定其会展能否成为推动地方经济发展强大动力。

（五）尊重农民意愿，重视"民心"农业会展

会展经济的发展必须有相应的市场需求，也就是说，会展主办者、会展承办者、场馆所有者以及其他会展企业提供的产品和服务必须有参展商和观众来消费；参展商提供的产品和服务必须有观众来购买。对于农业会展经济来说，相对应的市场需求主要为广大农民和涉农企业。可以说，远离了农民意愿，就缺少了群众基础，所办的农业会展经济必定不能长久。因此，中小城市在举办农业会展经济之初，应该充分了解广大农民之所需，农民之所求，使农业会展真正成为农业产业信息交流的桥梁和纽带，展示、宣传农业科技新成果和新技术的窗口和平台，辐射带动区域农民主动的成为参观参展的主力军和生力军，推动农业会展和产业经济的快速发展。

农业会展在发展现代农业中的作用及宁夏的实践

贾向峰

（宁夏农业宣传教育展览中心）

改革开放以来，我国会展业蓬勃发展。各类会展活动有力地促进了区际间技术合作、信息沟通、贸易往来、人员互访和文化交流，创造了良好的经济和社会效益，会展业的区域展示性和对区域产业的关联带动性日益体现。《国民经济和社会发展第十一个五年规划纲要》明确指出，要“合理规划展馆布局，发展会展业”。2010 年中共中央 1 号文件又明确提出了“发展农业会展经济，支持农产品营销”的要求。

发展现代农业，要立足于自然资源优势和现有生产基础，因地制宜，适应市场，依靠科技，尽快做大做强一批农产品优势产区。要注重完善营销体系，培育龙头企业和产品品牌，延长产业链条，加大产品宣传推介力度，拓展市场，实施农产品品牌战略，提高农业的质量效益，增加农业生产者的收入。

农业展览业的发展，为农产品的宣传推介和市场开拓、品牌推广提供了一个直接、互动的平台和高效的营销模式。既是现代经营形式的推进和创新，也是现代发展理念的引领和创新。王新刚（2004）等根据各行业 2000—2002 年国内定期会展的增长速度，对数据进行聚类分析得出，农业同医疗、家具业等是未来定期展会高速发展的行业。农业展览已成为现代农业发展过程中向社会、向大众传递农业信息，进行农产品贸易交流不可缺少的重要媒介。

一、农业会展的特点及在现代农业发展中的作用

市场经济环境下，“酒好不怕巷子深”已不适应现代农业的发展要求。默默无闻、故步自封，再好的产品也会是“皇帝的女儿也愁嫁”。农产品和

其他产品一样需要"吆喝"：展示、推介，让客商和消费者亲自感受体验（试穿、试用、品尝等）。农业会展通过利用其现代会展精美、形象的展区展台艺术设计，声、光、电，模型、标本、实物、声像，动、静结合等多种综合艺术表现形式，将展示内容"推销"得淋漓尽致，是一种极佳的宣传推介形式和营销模式，在现代农业发展中具有综合推动作用。

（一）宣传推介区域优势特色产业、企业、品牌、产品，推动贸易，促进交流

展会具有展示、宣传、推介及全感观、立体和全方位的特点。在农业展览中，参观者既可以通过运用现代综合展览手段展出的影像、视频、模型、图表等全感观、立体和全方位的了解区域、产业、企业、品牌等方面的情况，又可以通过看得见摸得着的产品实物展示，对产品进行全面、真实的感觉和体验，增强感性认识，还可以通过与展出者进行直接对话咨询与交流，进行全面分析评价，从而获得直接、生动、全面、客观的了解和认识，奠定贸易合作基础，增加贸易合作机会。近几年，中国国际农产品交易会等各类大型农业展会，催生和振兴了一大批区域优势特色产业的快速扩张和发展，带动了一大批强势龙头企业的兴起与提升，培育打造了一大批名优特新尖农产品品牌，促进了大批农产品贸易增值和农业科研、生产、加工、贸易等领域的全方位、深层次、宽领域合作交流，对推动现代农业的发展发挥了不可替代的作用。以中国国际农产品交易会为例，贸易成交额逐年递增，在我国农产品贸易和流通中发挥着越来越重要的作用，国内外影响越来越大。历届中国国际农产品交易会有关成果统计见表1。

表1　历届中国国际农产品交易会贸易统计表

	贸易成交额（亿元）	意向成交额（亿元）	国内参展企业	国外参展国家地区	国外参展企业
第一届	170	230	500	9	30
第二届	200	250	580	13	30
第三届	220	290	636	17	50
第四届	286	310	600	17	90
第五届	345	372	800	19	95
第六届	380	375	1 300*	11	1 300*
第七届	420		2 000*	7	2 000*

* 为国内外参展企业总数。

（二）捕捉市场信息、引导新产品研发，促进产业和产品结构的提升和优化

展会具有积聚性特点，能够将不同区域大量的产业、企业和产品汇集在同一个地点进行集中展示，参展商通常可以接触到整个行业的大部分客户，可以在短时间内接触到大量的消费群体，获得众多有关客户和消费者的信息，获得同类产品和有关不同产品的新产品品种、品质、规格、加工、包装、储藏等研发信息，引导和推动本地区、本企业新产品研发，促进产业和产品结构的提升和优化。这种信息的高度集中是电话营销、拜访客户、一般性商业谈判等销售方式所不能比的。同样，采购商、代理商、批发商、零售商、消费群体等参观者，也可以在短时间内，与大量现有的和潜在的供应商接触，货比三家、耳听六路、眼观八方，饱览和享受发展之新成果，感受和共享竞争之实惠。这是用其他方式在相同的时间和费用情况下，无法获得的效果。同时，大型农业展会上畅销的产品以及具有良好效益和广阔市场空间的产业，会成为产业发展和新产品开发的风向标，从而刺激和带动优势特色产业和产品及强势龙头企业的快速发展、突破与跨越。近几年，我国农产品生产、加工、贸易不断迈上新台阶，产品丰富、品质提升、质量提高，生产加工手段创新、科技含量增加，品种、规格、包装多样化、人性化，可适应不同层次消费群体，需有所供、供求平衡，现代农业的食品保障、原料供给、就业增收、生态保护、观光休闲和文化传承功能不断完善，农业产业和产品结构不断提升优化，农业的质量规模效益不断提高，农民的收入持续增加，都包含了农业会展业在信息引导、效益导向、交流合作、投资贸易拉动等方面的重要作用。

（三）引发关注，拉动投资

展会具有公益性和营造浓厚氛围的特点。会引发社会高度关注。一方面，各级政府会多渠道多途径地组织国内外采购商、供应商、代理商、零售商、生产加工企业和基地、各类经济合作组织等市场主体参加展示、交流、贸易合作洽谈，并有针对性地组织政府有关职能部门、社会组织集中观摩；另一方面，展会宏大的声势，全方位的展示，会吸引政府决策部门、政策研究机构、科研推广机构、有眼界的投资者企业家光顾。巨大的聚集效应，必然引发社会的高度关注。大型农业展会是展示农业发展成果的窗口，是国内外农业发展成果的浓缩。各级政府会通过展会了解农业发展的新情

况、新问题、新经验和新的创新成果，并将此作为确定农业投入重点领域、重点产业、重点方向和项目支持的依据之一。投资者、企业家可能会通过展会寻求到新的投资合作项目。从而促成全社会关注农业、支持农业、投资农业、发展农业良好局面的形成，加速农业现代化进程。

（四）检验成果，总结经验，推动更好更快发展

展会是发展成果的大检阅。政府、社会、企业、乃至于农民都会从不同角度总结农业发展的新成果新经验，发现新情况新动向新问题，学习和应用创新成果，纠正偏差，弥补不足，推动农业和农村经济又好又快地发展。

二、宁夏的实践

宁夏会展业起步不晚，银川市是较早举办会展的城市之一。早在 1984 年和 1985 年，就在银川连续举办了两届“宁夏国际贸易招商洽谈会”。时值中国改革开放之初，有意识举办会展的城市并不多，能举办国际经贸洽谈会的城市更是少之又少，宁夏举办这两届经贸洽谈会，对本地经济的促进作用非常显著。宁夏农业宣传教育展览中心（原宁夏农业展览馆），成立于 1958 年，与自治区同龄。作为全区唯一一家从事农业展览宣传的专门机构和中国农业展览协会的常务理事单位，始终把宣传宁夏农业优势资源、特色农业产业和农产品及农村经济发展成果作为重点，面向国内外，大力宣传展示宁夏农业所取得的辉煌成就、发布农业招商引资信息、推介优质特色农业产业和农产品及农业产业化龙头企业。特别是改革开放 30 年来，组织承办了 150 余次农业和涉农展览活动。其中，大中型展览 116 次。荣获国家和国家部委、组委会颁发的大奖近 70 项。近几年，在参加全国知名品牌展会，大力宣传宁夏特色农产品，打造宁夏品牌农产品的同时，开始积极筹办宁夏自己的品牌农业展会。本文以几个重要大型展会为例，分析阐述农业会展在推动宁夏农业发展中的重要作用。

（一）中国国际农产品交易会

宁夏连续七届全部参加。加速了宁夏农业对外开放的步伐，推动了特色优势产业规模和质量效益的提升，催生了一大批农业龙头企业和品牌农产品的诞生，在贸易、招商引资、交流合作等方面取得的硕果见表 2。

表2 宁夏展团参加第二至五届农交会贸易及获奖情况

	成交合同额（万元）	意向性协议（项）	销售额（万元）	获名牌和畅销产品数量	获奖情况
第二届	1 000	16	20	8	优秀组织奖
第三届	10 000	40	22	12	最佳组织奖、设计金奖
第四届	8 000	36	35	20	最佳组织奖、设计金奖、优秀展示奖、网络直播先进单位
第五届	8 600	11	28.6	未评	最佳组织奖(5 个)、设计金奖(5 个)、网上宣传优秀奖、贸易统计奖
第六届	6 266	30	412	未评	最佳组织奖、设计金奖、网上宣传优秀奖、贸易统计奖
第七届	5 845	28	49	6	最佳组织奖、设计金奖、网上宣传优秀奖、贸易统计奖

(二)中国西部特色农业(宁夏)展示合作洽谈会

中国西部特色农业(宁夏)展示合作洽谈会(以下简称“农洽会”),从2005 年开始举办,已连续举办 5 届。由农业部与宁夏回族自治区政府主办。5 届农洽会(园博会)集中展示了西部特色农业的最新理念、最新技术、最新产品,以“牵手西部、对接产地、合作共赢、促进贸易、推动发展”为宗旨,有效地推动了宁夏农业的对外合作交流和产业结构的优化升级。历届农洽会成果统计见表 3。

表 3 历届农洽会(园博会)贸易统计

	签约项目(个)	合同与协议投资贸易总额(亿元)
第一届	140	21.95
第二届	305	104.52
第三届	363	163.16
第四届	140	158.50
第五届	750	288.6

(三)中国(宁夏)国际清真食品、民族用品暨宁夏投资贸易洽谈会

简称"两节一会",由宁夏回族自治区人民政府与国家民委主办。以打造中国国家级清真食品和穆斯林用品产业聚集地为目标,主要通过举办展览、考察了解、洽谈对接等形式,宣传和展示宁夏独具特色的地域文化,良好的投资环境,巨大的发展潜力,加深国内外客商对宁夏的全面了解,紧紧抓住东部地区产业结构升级并向西部转移,以及中国与阿拉伯国家经贸合作日益扩大的有利时机,充分利用宁夏的民族特色和资源、产业优势,加大招商引资力度,不断开拓招商引资新领域,积极开辟经贸合作新渠道,吸引更多的国内外客商投资宁夏,促进宁夏的发展。四届"两节一会"(宁洽会)成果统计见表 4。

表 4　历届"两节一会"(宁洽会)贸易统计

	签约项目(个)	项目总投资(亿元)	引进资金(亿元)
第一届	69	138.4	136.8
第二届	120	675.12	621.72
第三届	176	1 389.80	1 249.50
第四届	167	1 512.74	1 507.74

(四)其他农业展会和特色优势农产品推介活动

近年来,宁夏回族自治区主办和组织参加的其他农业展会也对促进现代农业的发展起到了重要的推动作用。如由宁夏回族自治区政府、国家商务部等主办的"中国(宁夏)国际羊绒贸易博览会",签约项目达 24 个,落实来宁投资项目、合作合同贸易总额达 22 亿元,极大地推动了作为中国山羊绒主要产地和主要流通集散地之一的宁夏羊绒产业向集约型、效益型和外向型发展,成为宁夏回族自治区招商引资的新平台,为逐步培育国际羊绒行业的精品展会和全面打造"西夏羊绒"品牌打下了坚实的基础。

推介会是会展活动中具有较强针对性的一种形式。宁夏早在 2000 年即由自治区政府在北京钓鱼台国宾馆、香港会展中心、广东东莞市主办了"宁夏绿色清真食品展示会"。并几乎在每届农交会期间都举办优质特色农产品推介活动。还利用各种全国性会议、节庆等在本地、异地举办推介

会，极大地推动了一批农业品牌的形成，对宁夏农业产业化快速发展起到了很好的助推作用。

综上来看，农业会展对宁夏现代农业的促进作用愈来愈强，尤其是区内的“农洽会”和“两节一会”签约项目年均增长50%以上，项目投资额年均增长均翻番。带动了一批农产品走出宁夏，叫响全国乃至世界，树立了良好的产业形象和品牌形象，为农业的现代化起到了重要的推动作用。

三、问题和思考

会展经济日益成为区域经济发展的助推器。宁夏农业会展虽起步较早，近几年发展也较快，但品牌还不响。面对国内会展业如日中天的发展趋势，宁夏农业会展存在的问题不容忽视。

（一）会展人才严重缺乏

近年来，宁夏加大了会展场馆的建设力度。2008年，自治区50大庆前，3万多$米^2$的银川国际会展中心建成交付使用，2009年，近2万$米^2$的宁夏园艺产业园展览中心建成交付使用，硬件条件得到极大改善。但会展人才严重缺乏。全区专业会展人才不足百人，远远不能满足宁夏会展经济的发展。

（二）参展主体观念滞后、认识不到位

企业是参展主体。农产品的自身特点，决定了选择展览营销这种方式，才能够将企业和产品有效地推介给国内外客商和潜在的购买者。市场经济发展成熟的国家，都注重通过展会推介新产品、搜集市场信息、确定产品研发方向和重点、确定生产规模和适销对路产品。而国内企业，目前对展览这种立体、直观的营销方式认识不足，认识不到参展是开拓市场和推广品牌的良好契机，注重的是花巨资进行广告宣传，受众范围过大，针对性不强。这有文化传统和文化背景的原因，但更多的是营销理念的不同。只有加快转变观念，才能更好地与全球经济一体化环境下的国际接轨。国内企业往往看重展会的直接效果。实际上，展会潜在和后续的效益不可小视。据美国一项调查显示，16%的客户在展览结束后再联系一次才签约，10%的客户在展览结束后再联系两次才签约，20%的客户在展览结束后再联系三次才签约。因此，不能只注重展期内的效益。其次，政府、企业、社

会在展会上考察项目、确定投资方向和重点的因素也不可忽视。

(三)展会品牌有待于进一步打造

展会品牌直接关系到展会参展商的多少和展会效益,是能否打造名牌产品的基础,也是把展会做大做强的无形资产。无论是国内还是国外,展会品牌化都是未来会展业的发展趋势。近年来,宁夏的农业会展在国家、地方的大力支持下蓬勃发展,从国内外参展企业、参与人数、贸易总量及签约引资项目都有了质的飞跃,表现出了强劲的发展势头和巨大潜力。但与品牌展会在知名度、规模、权威性、规范性和效益等方面仍有较大差距。与推进宁夏农业跨越式发展的要求不相适应。应下大气力对区内现有展会进行分类和整合,加强展会的营销管理、人才培养和服务保障工作,提升展会的品牌。

农业会展是农产品市场营销最有效的手段

贾向峰

（宁夏农业宣传教育展览中心）

一、问题的提出

如何找到合理、有效的渠道让企业不断开拓市场、巩固市场、在激烈的市场竞争中立于不败之地，不同企业可能有不同的营销策略、营销工具和方法。近几年，随着被称为“朝阳产业”的会展业的快速发展和其本身所具有的优势，其在提升企业形象开拓产品市场中的地位和作用日益凸现。企业利用展会进行营销活动，越来越被认可。很多企业在准备开拓一个新市场的时候，首选是寻找在整个市场有没有适合自己产品的展览会。尤其是一些在各个行业中具有相当声誉的展会，成为许多企业竞相参加的热点展会。竞争激烈的农产品企业也概莫能外。根据企业产品目标市场和自身生产营销实际，充分运用好展会“舞台”，对于提升企业和品牌、营销产品、开拓市场，都具有重要的现实意义。本文根据目前国内外的有关资料，结合近年组织办展参展的一些实践经验，进行综合分析研究，提出一些看法和建议，抛砖引玉。

二、展会的显著特性及在企业营销中的作用

现代农业展会，不仅具有一般营销沟通工具的共性：即广告、促销、直销、公共关系等功能。而且自身具有其显著特性：即具有展示品牌和形象的功能，汇集生产商、批发商、分销商交流沟通贸易的功能，提供调查观察有关信息场所的功能，帮助参展商、客商准确把握行业发展趋势，制订符合实际的生产、经营战略、策略和计划的功能。据有关资料介绍，就寻找一个

客户的平均费用，它与推销员推销、公关推销、广告推销等手段相比是1：6。显然优于其他手段。因此展览会被称为企业最有效的市场营销工具之一，成为低成本的营销中介体。与其他的企业市场营销手段如广告等相比，能更好地实现吸引新客户、发现潜在客户、节约费用、节省时间等营销目标。这也正是参展商、客商青睐展会的客观基础。此外，展会还常常被用来展示城市、行业等成就、形象、环境，作为宣传、招商引资的一种有效手段。能给展地的旅馆、餐饮、交通运输、旅游、电讯等多个行业带来综合效益。这是政府支持展会，甚至主办展会的主要原因。展会之所以成为企业最有效的市场营销工具之一，是由于其自身的下列显著特性决定的：

（一）集聚效应

现代农业展会是同类农产品生产企业、同类农产品的集中展示，具有很强的集聚性、竞争性和辐射性。大型展会是搜集商业信息和寻求商机的最佳场所。展会期间，强手如林，同类企业互相学习，寻求合作，同时也互相摸底，互相较劲。一是集聚性。展会是产业信息和同类产品在时间与空间上的集聚。在同一时间、同一地点使行业中最重要的生产者和购买者集中到一起，这种机会在其他场合是找不到的。由于专业买家和商品的高度集中，能迅速发现和传递诸如产品、价格、市场以及产业发展等方面的信息和市场行情，与同业者观摩、交流新技术，沟通专业信息和协商合作，探讨营销手法和品牌运作模式。这是展会区别于市场和大卖场的显著特点之一。买卖双方的高度集中，必然带来规模化效应。许多农产品企业正是借助展览会这个渠道，向国内外客户试销新产品，推出新品牌，同时通过与世界各地买家的接触，了解谁是真正的客户，行业的发展趋势如何，最终达到推销产品、占领市场的目的。二是竞争性。展会竞争是面对面的竞争，是“真刀真枪”的竞争。其中有参展商品的竞争、宣传的竞争、服务的竞争、技术的竞争。竞争必然会推动企业的技术进步和产品升级。这对企业的长远发展极其重要。三是辐射性。集聚性与辐射性相辅相成，强聚集性必然对应强辐射性。成功的展会都有着较强的辐射能力。

（二）前沿特性

一是科技性。展览就是展示最新的商品和技术。一个成功的展会，会有许多原材料和生产工艺科技含量高的参展商品，会有业内顶尖企业的出席，会有业内最新技术、最新信息的展示和发布。对农产品企业而言，近几年农产品的精深加工、精细包装等更新换代加速，企业参展如注重观察学习，必然能了解和掌握行业发展最前沿的技术和成果。二是时尚性。展会具有展示时尚、引领时尚的功能。历史告诉我们，展会往往成为引领世界潮流的新产品“横空出世”的最佳舞台。许多创新产品，都是从大型展会走向世界的。如果一个企业不了解产品的消费时尚，一定会被无情的市场所淘汰；一个有实力的企业，如果没在某一品牌展会上亮相，也不做出任何解释，终会被市场所遗忘。三是前瞻性。展会上常常会展出一些新鲜出炉的“概念”产品。有的甚至是“夹生”产品或“图示模型”产品。展会上展示的新产品，并不纯粹是为了寻求买家，其中有相当一部分是来“试水”的，通过专业人员“横挑鼻子竖挑眼”，从而使自己的产品得到改进。宁夏的枸杞系列等深加工产品，许多就是通过在展会上的这种“亮相”和“试水”，之后不断反复改进，最终打开市场的。展会期间一般都同时举办论坛、推介会等活动，在这类活动上，企业甚至可以获取仅仅处于“萌芽”状态的新技术和新产品，此种新锐信息，有时会将企业引入从未想到过的产品和技术创新之门。

（三）直观效果

“百闻不如一见”，“眼见为实”，是展会面对面交流的写照。观众可以直接触摸展品、品尝产品，亲身感受产品的各种性能，具有很强的直观性和真实性。这是网络展览发展至今仍然只能作为实物展的补充，而不能对实物展形成强烈冲击的根本原因。展会的直观特性还体现在商业客户的谈判中。参展商可以直接面对客户，寻求客户和商贸机会。可以直接订货，免去寻求客户与市场的中间环节，花费最少，时效最高。当面交谈获得的信息，大大多于其他沟通方式。谈判双方在获得语言信息的同时，还可以从对方的神态和微妙的肢体语言中，获取有价值的商业信息。而且，除了在展台上可以获得企业广告资料以外，往往还可以通过交谈索取更多的图文资料。

（四）互动功能

一是贸易合作双方的互动。展会具有强大的促销功能。展会现场，买方可以表明自己的需求，并得到最直接、最确定的回答；卖方可以推介产品的新颖、性能、价格优势，项目的情况，并得到回应。通过相互交流，买卖双方彼此加深了解，互相得到满足。二是同行之间的互动。“同台竞技”加深了同行之间的了解。通过展会，可以搞清楚对手在做什么，了解自己在同行中所处的地位。最重要的是，通过与同类企业在生产技术、产品性能、营销策略等方面的比较，明确了今后的发展方向。三是组织者与参与者之间的互动。通过连续参展，组织者与参展商、组织者与采购商之间，建立了长期联系，彼此互相信任、互相支持，获得双赢和多赢。

（五）高效特性

展会的集聚性、前沿性、直观性、艺术性、互动性形成的合力，成就了展会的高效特性。参加一个好的展会，就有可能在最短的时间里，获取最多的商业信息，完成最大的贸易与合作。成功的展会必然像一个大型订货会，大公司的大笔订单，多数是在展会上获得的。中国国际农产品交易会长盛不衰，贸易量和参展企业逐年增加，就是一个极好的例证。

（六）形象宣传功能

注意力正在日益成为知识经济时代的稀缺资源、信息化社会的无形资产和市场经济宝贵的资本。经济的竞争，正在演变为争夺眼球、争夺注意力的竞争。而参加大型展会，必将引起外界的瞩目。企业可以借此进行形象宣传，向集聚展会的业界同行及相关人士展示产品、企业实力和品牌形象。因此，中国会展经济研究会秘书长陈泽炎指出：企业应该加强参展意识。参展意识的提升是企业利用展会实现对自身发展的觉悟。

值得提及的是，展览会的基本功能虽然是促进贸易，但这种贸易功能不一定直接体现于现场交易多寡和所下订单的厚薄。现在，经常参加展览的企业已经很少有把展览会等同于展销会的，不再指望在展会上兜售货品甚至不指望签下多少订单，而是将参展当成一种与已有客户加强联系、与潜在客户交流的重要场合。鉴于此，中国国际农产品交易会不断改革完善提升，将展销会的功能分离。

三、参展目标的确立与展会选择

面对纷至沓来的会展邀请，一些企业常常心存困惑，是否应该参加？怎样参加展会才能给企业带来利益？这实际上是如何确立参展理念、目标及选择展会问题。展览会是广告及促销的一个方面，就像所有促销活动一样，企业必须首先确定参展目标，否则，就没有评估将来结果的基础。

（一）明确参展目标

参展目标的制定要配合企业整体的市场策略，具有实际性和可衡量性。一般来说，企业参展主要会有以下几个目标：新产品宣传推广；融洽客户关系，维持与老客户的接触；接触更多的潜在客户和行业人士，认识实力强大的买家；企业形象宣传，产品品牌提升；收集市场信息，进行实地调研；找到新的市场营销思路。企业每次参展的目标不会是单一的，根据各自的实际情况都会有所侧重。例如，参加一个在企业业务尚未开拓的区域举办的展会，其重点可能就会放在产品宣传推广、市场调研等方面；而在一个企业业务发展较成熟的区域举办的展会，其重点则可能会放在企业形象宣传、品牌提升，融洽客户关系等。明确的参展目标是展会营销成功的关键，后续的工作都是围绕着参展目标展开的。

（二）研究并选择展览会

每年各地同一题材的主题展会都有不少，其内容、规模、功能都会有所差别。到底选择参加哪些展会，则要结合参展目标，根据企业的市场策略，具体分析、认真选择。首要的是要树立起品牌意识、市场意识和法律意识。重点研究和考虑展会的目标市场、展会的规模、展会组织者的组织能力（可从招展、组展、展台建设等方面考察）、展会的历史和影响、展会费用情况、展会地点（城市、展馆）等因素。在决定参展之前，必须考虑自身的需要和市场条件，以展示招商、企业形象宣传、学习交流三大功能为目标价值取向，从展览的规模、时间、地点、专业程度、目标市场、参展目的等各方面，做调研、选择，综合专家意见，决定是否参展。一般来讲，企业参展要认真考虑展会能否与自己战略相结合。一是考虑该展览会是否覆盖了本企业所需的市场；二是在展会地点上能吸引正确的观众群，而且必须是适合本企业新产品的发射台；三是在时间上必须适应本企业的产品生产计划，而且必须与企业的其他广告和促销活动相吻合。具体可以按以下步骤进行：

首先，研究行业动向。了解行业相关的公司、行业协会都参加了哪些重要的展会，拟定出可能参加的展览会名单。

其次，与各展会组办方洽谈。了解前几届展会的观众数量、职业分布、地理分布和交易类别；了解往届参展商的数量，有哪些知名企业参展及其参展力度；应尽可能要求展会组办方寄上一份详细的招展说明和往届展会的分析报告，从中判断各展会的质量和特色。

第三，比较各展会举办的时间、地点和展位费用。与企业的整体市场计划紧密联系在一起，以便确立企业参加展会的侧重目标。

第四，选定目标市场、目标展会。根据本企业的产品情况，衡量该展会与企业的发展计划、目标如何吻合（前已述及的市场、地点、时间等），评估参展商和专业观众的数量，选择自己的目标客户。

最后，制订参展计划。最好在展览会开幕前的 8 至 10 个月前完成。

试论农产品品牌推广基本方式在展会中的应用

贾向峰

（宁夏农业宣传教育展览中心）

一、问题的提出

品牌是消费者识别农产品品质的最重要标志，是产品走向市场的通行证。品牌代表的是一种信任、一种质量、一种承诺，是品牌所有者综合实力的体现。

农产品品牌，包括外部标记、品牌识别、品牌联想、品牌形象等内容。具有鲜明的地域、历史文化底蕴、自然生态、绿色时尚等特征。代表了农产品拥有者与农产品消费者之间的一种关系性契约。是农产品进入市场的"通行证"和标志性竞争工具。

随着现代农业的发展，大力推进农产品品牌战略、发展优质高效的品牌农业，已经成为各级政府和农业专业组织、农产品生产企业的共识。创建品牌、培育名牌已成为开拓农产品市场，提升农产品市场形象，增强农产品市场竞争能力，增加企业和农民收入，促进农业生产标准化、经营产业化、产品市场化和服务社会化，获取高的农产品附加价值的主要手段之一。为此，党中央、国务院提出了关于"整合特色农产品品牌，支持做大、做强名牌产品"和"保护农产品知名品牌"的要求。农业部出台了《农业部关于进一步推进农业品牌化工作意见》，提出了品牌建设的具体措施。继工业领域、商业领域之后，品牌正在以史无前例的速度进入农业领域。如何进行农产品品牌建设、品牌推广，进而推动品牌战略的实施，是值得关注和研究探讨的重要现实问题。

二、农产品品牌推广基本方式在展会中的应用

打造品牌是一个系统工程。品牌推广是品牌建设最重要的环节之一和最终目的。《孙子兵法》曰，"治兵不知九变之术，虽知五利，不能得人之用矣"。品牌推广就是要将品牌最终送到消费者手中从而实现品牌价值。没有品牌推广，品牌建设就失去了应有的全部意义。再好的品牌设计其效果都是零。显然，品牌推广对于品牌建设有着至关重要的作用。

农产品品牌推广，也称品牌宣传。其方式多种多样，并无固定的模式。有关研究表明，近年来我国农产品营销中最有效的品牌推广方式主要有：口碑传播、利用产品本身的推广、广告策略、公共关系、人员推广、网络广告、实地推广，终端促销等。这些推广方式，多数都可以在近年来迅速崛起的会展业中得到充分的应用和淋漓尽致的发挥。

（一）口碑传播

口碑传播是影响消费者态度、行为的主要因素。中国消费者信奉口口相传，口碑传播的隐意是"我已经用（吃）过了"，所以值得信赖。因此口碑传播公信力好、作用范围广、经济高效。农产品消费是一种重在品质的消费，而品质只有经过体验才能被感知。感到满意的顾客会积极地去为满意的产品做宣传，客观上推动了品牌推广。口碑传播便是平时人们面对面的、最直接、最高效沟通方式，容易成为一个"圈子"中一段时间内的谈论话题，通过对产品满意的人告诉其身边的亲朋，信息直接到达受众的心底。各个阶层、群体、地域的人们往往认为口碑传播是最可信任的信息来源之一，它的说服力比广告、公关及其他任何推广方式的说服力都要强。是产品消费者主动为产品说好话，是消费者自发为品牌、产品做推广，一般不需要企业付出任何代价。因而，口碑传播常常作为终端推广的永恒目标和最有效的推广手段。各类农业（食品）展会具备"亲眼所见、亲身体验、直接沟通"的特征，拉近了产品与消费者距离，创造了使消费者从感官到心理上自然接受的机会，是实现品牌推广"口碑传播"的最佳平台。农产品企业（组织）可利用这个平台积极参展，充分展示演示产品的性能特点，采取免费试用（品尝）、性价比较及服务保障等各方面的措施，为消费者创造体验，塑造产品的口碑，从主客体等多方面推动品牌的口碑传播。优质的产品与服务会让其与企业保持长期的良好关系，并成为品牌的积极传播者与忠实客

户，由此带来的将是高度的品牌忠诚与销量。

（二）利用产品本身进行品牌推广

农产品虽然有同质化的特征，但由于我国地域辽阔，横跨热带、亚热带、温带，海拔高度差异很大，不同区域的地理环境、土质、温湿度、日照、土壤、气候、灌溉水质等条件都有一定的差异，许多农产品即使种类相同，其产地不同也会形成不同特色。农产品具有的最佳生产区，形成了同类农产品的品牌差异。然而，在商品流通异常活跃的今天，不同品牌的同类农产品由于外观上差别不大，难免鱼龙混杂，优质农产品的生产与销售因此受到市场的巨大冲击，有些甚至慢慢淡出了市场。消费者面对市场上由不同生产者生产的众多同类农产品时，往往很难分辨出两种同类产品的区别。展会可以非常直观地让顾客感受品牌品质内涵，留下非常深刻的印象。在展会上做品牌推广，必须抓住产品本身的特点，建立农产品品质的差异，用鲜明的品牌品质、内涵与对手区隔开来，在消费者心中树立独一无二的形象。如宁夏枸杞色艳、粒大、皮薄、肉厚、籽少、甘甜，品质远远胜过其他地区。展会直接、互动的特点就可以让消费者和潜在的消费者在展会上亲眼看到、亲口尝到。并把它"是唯一被载入新中国药典的枸杞品种"、《本草纲目》中称"全国入药杞子，皆宁产也"、经权威机构临床验证，宁夏枸杞富含的多糖成分具有增强人体免疫力，延缓衰老，抵制癌细胞生长，预防艾滋病等独特功效和降血脂、降血糖、抗辐射、耐缺氧、养颜美容等功效等一系列"卖点"宣传出去。这是其他推广方式不易做到的。

（三）广告策略

广告在农产品品牌推广中的作用非常重要。现代农业（食品）展会中，各类广告的投放非常强大。场地广告、门票广告、会刊广告、活动冠名广告、各类报刊广播电视等广告无所不有。展会期间各类消费者、专业受众、采购商、经销商云集，媒体众多，大型展会每天人流量达数万人，且多是当前客户或潜在客户，抓住这样的机会投放广告，有的放矢地向如此庞大的目标客户群宣传推广品牌，施加影响，无疑是明智的选择。此外，展会上还应该充分利用好新闻性广告。新闻是人们关注度与接受度最高的媒体信息之一。要设法与媒体建立良好关系，通过电视台、广播、报社、网站、专业性杂志社等不间断性的采编或采用有益于自己企业的各方面报道信息，或抓住本企业在展会中的"营销事件"，进行品牌传播。其实，这也是媒体在展会期间报道的任务，只要寻求到"契合点"，避开单纯的产品宣传，这样的传播目标是可以实现的。

（四）公共关系

公共关系主要是通过塑造企业的形象，提高企业、产品的知名度和美誉度，给公众留下积极、美好的印象，间接地促进产品销售的品牌推广方式。各类农业（食品）展会通过吸引人眼球的个性化的展位的设计搭建、展品的遴选与陈展，注入文化内涵底蕴的创意，展示企业和产品形象、宣传推介新成果新产品，传播品牌概念。同时，展会期间还会举办专场推介会、说明会、专题论坛、与媒体互动日、产品品尝活动等，有一些展会还组织向特定公众进行赞助等公益服务。这些都是公关常用的方式，可以在具体情况下选择运用。虽未必能"立竿见影"，但却具有持久的后续效应。运用得巧妙往往能收到事半功倍的效果。

（五）网络推广

随着网络这一新兴媒体的迅猛发展，中国网民迅速增加，很多农业网站的日点击率已经突破数万乃至数十万，网络已经逐渐成为品牌推广的媒体新贵。网络广告具有明显的非强迫性、交互性、实时性、经济性、易统计性和形式多样等特征，备受人们特别是年轻一代欢迎。近年来，许多农业（食品）展会非常重视这一现代方式的运用，如"中国国际农产品交易会"开设的"网上展厅"，与展会同步，并向展前展后前移和延伸，常年滚动，成为"永不落幕的展会"。各类农产品企业和地方政府可以利用这个平台常年进行农产品品牌推广，提升农产品品牌形象。

（六）人员推广

人员推广是企业推广销售人员用面谈的方式，向顾客介绍商品，推介品牌，实现企业目标。展会上，消费者、采购商、经销商云集，是"人员推广"最能施展推销术的舞台。只要参展企业从人员数量上、素质上配备足以应对的推广队伍，并运用娴熟的推广推销技巧，通过展示演示、宣传演说、提供亲历感受（如品尝等）等手段，积极传递品牌农产品的新信息，一定会在提高品牌知名度和美誉度、扩大销售、建立长期的客户关系等方面有所斩获。

会展营销中的上述这些推广方式，各有特点。企业可以综合应用，也可根据产品的特点、目标定位、自身实力、发展战略等选择应用。

三、农产品品牌推广中应注意的问题

一个品牌的形成是企业长期奋斗的结果，不可能一蹴而就。一个农产品品牌的成功推广同样也是一件十分不易的事。除了正确地选择、恰当地运作品牌推广方式之外，还需要注意如下一些问题。

（一）推广方式必须与品牌的目标定位相一致

如何让推广效果得到提升，找准目标市场、目标客户群非常关键。找准了目标就可以有针对性地进行引导、影响、甚至直接说服接受。否则可能就是“自说自话”、“对牛弹琴”。比如定位为高端的产品，就不拟进行普发性宣传推介，更不能走街串巷乱吆喝。最好选择“自上而下”的方式进行推广。因为高端定位的品牌农产品，一般价格都比较高，其目标对象多为高收入阶层、或者社会声望和地位比较高的消费阶层，这类人通常都有一定的社会影响力，在消费过程中有时会产生“榜样”（暗示）的作用，容易形成消费模仿和时尚流行。通过公共关系、口碑传播、人员推销、团购、免费品尝等方式，可以让这部分人养成该品牌产品消费习惯，从而带动更多的人模仿和从众消费。

（二）推广基础必须以农产品质量为前提

质量是品牌的基础。优异、可靠的产品质量是企业创名牌的前提，也是社会关注的“热点”、客户关心的“焦点”。品牌推广唯有以农产品质量为前提，才能推动农业品牌由认知度向美誉度整体提升，由影响力向公信力提升。目前国家大力推进的无公害农产品、绿色食品和有机农产品认证，在客户中具有较高的知名度和美誉度。产品如能取得上述认证，必然会对品牌推广起到巨大的助推作用。

（三）推广重点必须选择最有价值客户

农产品企业的品牌推广费用应与企业的实力相匹配，量力而行。由于营销资源和推广能力的有限性，企业不可能也没必要面向所有人群进行推广，而应根据客户的需要与潜在价值来细分客户，采取更具针对性、目的性和个性化的方法去宣传和推介。比如可以选择在行业中具有“龙头”地位的经销（消费）企业和普通消费者中的“领袖人物”作为重点。当然，重点不是“唯一”，重点也不能“一成不变”。

（四）推广内涵必须注入文化要素

品牌文化是品牌资产价值的基石，品牌文化可以提升品牌价值，也往往最能征服消费者。农产品品牌推广中，要注重根据农业产业文化资源特点与消费者需求趋势，依托当地产品历史悠久、源远流长的文化底蕴，强化浓厚的人文、风土气息，塑造和推介农产品品牌的个性特色，与竞争对手的产品区隔。地域文化的独特性甚至独有性，必然会使其他地区的竞争对手望尘莫及。

（五）推广技巧应该灵活多样

品牌推广没有公式可以套，但只要开动脑筋、审时度势，还是有一些技巧的。比如目前各个区域都把发展特色农业作为推动发展、增加农民收入的重要抓手和扶持节点，“创一个品牌，带一个产业，兴一方经济”是许多地方政府的共识。寻找与当地政府扶持特色产业、特色产品的“契合点”，与政府部门重点宣传推介的产品形成“重唱”，不仅可以借势，而且可以获得政府支持，取得事半功倍的推广效果；注重长期合作的培养，在客户有可能会选择竞争对手的品牌时，要不急躁，不埋怨，有心胸，继续与客户搞好关系，秉承“生意不成仁义在”的准则，然后重点改善自己的不足，力争将其作为长期和以后的合作对象加以培养；善于面对客户的“挑刺”，洞悉“喝彩的是看客，挑刺的是买主”；等等。

（六）推广策略应随着市场发展阶段的变化进行调整

农产品品牌的宣传推广不可能是固定不变、一劳永逸的，边际效用递减的规律在品牌推广中同样也是存在的。所以，农产品品牌推广策略也应随着市场发展阶段的变化而变化。通常情况下，在品牌初创期，应以提高品牌的知名度为主；在品牌成长期，应以提高品牌的美誉度为主；在品牌成熟期，推广重点则应转变为巩固老客户。整个推广周期还必须加强品牌的维护。品牌没有终生制，任何一个品牌如不经常进行维护，并不断注入新的文化信息，就很容易导致品牌老化，并渐渐被消费者遗忘。唯有坚持不懈的维护和不断的创新，才能让品牌与消费者的关系历久弥坚。

以农业会展为重要依托 加快推进区域特色农业发展

——新疆农业会展功能研究与展望

刘英杰

（新疆维吾尔自治区农业厅）

新疆独特的地理条件、气候条件、自然资源形成了农业鲜明的特点：绿洲农业、生态农业、灌溉农业和机械化农业。新疆具有发展棉花、瓜果、蔬菜、啤酒花、枸杞、红花、番茄、甜菜、油葵、亚麻等特色农业产业得天独厚的优势条件。经过多年的努力，新疆已经发展成为棉花、瓜果、啤酒花、加工番茄等特色农产品的重要生产基地。但是，由于新疆远离北京、上海、广州等内地重要消费市场，农产品运距长、运价高，其价格没有竞争优势。另外，由于点多线长面广，基础设施投入偏少，以及市场体系建设不完善和市场发育程度偏低等因素的影响，新疆特色农业产业发展的潜力还没有完全释放出来，对农民增收的贡献尚有较大的提升空间。

一、农业会展有力促进特色农产品销售

新疆十分重视特色农产品营销促销工作，先后举办了七届新疆国际农业博览会，两届新疆特色农产品（上海）交易会，组团参加了历届中国国际农产品交易会，以及30多次国家级或地区级农业博览会，取得了明显成效。同时，由于国家加强对棉花、林果等相产业发展政策的扶持，新疆特色农产品总体上销售比较顺畅，除个别年份和部分品种外，新疆特色农产品销售基本没有出现大的波动。

2009年，乌鲁木齐发生突如其来的“7·5”事件，对新疆经济社会发展造成了极大破坏，也严重影响了丰收之年的农产品销售工作。由于外地采购商不敢进疆采购，导致运出量减少；以及到新疆的游客大幅减少，消费量

减少等原因，新疆大部分地州出现特色农产品滞销情况，价格普遍下行。克州、巴州和吐鲁番、塔城、阿克苏地区的特色农产品销售尤为困难。克州全州 28 万亩巴仁杏(鲜杏、加工杏)、阿图什市 2 500 亩无花果价格下滑，鲜杏、加工杏价格降幅均在 30%左右，无花果价格降幅达到 50%，蔬菜价格下跌 80%，阿图什市 10 万亩木纳格葡萄仅签订单 4 000 吨，阿合奇县 1 000 亩白皮大蒜还没有签订单；巴州香梨、杏、酿酒葡萄订单减少；吐鲁番甜瓜、西瓜、蔬菜出现滞销；塔城加工番茄、打瓜销售不畅；阿克苏地区瓜果、蔬菜价格全面下滑。农产品销售面临严峻困难，农民增收问题受到巨大挑战。自治区党委政府密切关注事态的发展，果断作出决定，加大农产品营销促销力度，要求各地和各职能部门积极组织农业企业和农民专业合作社，带着产品走出去，先后赴长春、上海、广州、青岛、杭州等地以及哈萨克斯坦、吉尔吉斯斯坦等周边国家参加或举办新疆特色农产品交易会。农业部、商务部也积极组织内地大型采购商，赴新疆开展农产品产销对接会，促进特色农产品销售。

自治区农业厅和生产建设兵团农业局积极组团参加了农业部在长春组织举办的第七届中国国际农产品交易会。全疆各地州及参展企业与国内外 50 余家知名采购商进行了洽谈磋商，共达成签约项目和合作意向 30 个，签约金额 25 亿元，签订合作意向金额 15 亿元。自治区和兵团共 14 家企业的产品还荣获大会颁发的优质农产品金奖。自治区林业厅牵头在广州举办了新疆林果交易会。148 家企业参展，签约 130 个项目，金额 32 亿元。自治区农业产业化发展局牵头在上海举办了新疆名优特及精深加工农产品展示会。356 家企业参加了展示展销，来自上海、长三角及华东地区、云南、吉林、黑龙江等省区的百余家农业产业化龙头企业、大型批发市场、超市的采购商参加了展会。展会销售农产品 170 吨，销售金额 610 万元。农业部高度重视新疆农产品卖难问题，支持自治区举办第九届新疆农业国际博览会；部领导亲率 30 多家批发市场负责人赴疆，与自治区人民政府共同举办农产品产销对接会，对接会签约 46 笔，产品重量达 64.7 万吨，签约金额 21 亿元。

一系列展会促销活动，基本解决了新疆特色农产品的销售困难问题，绝大部分农产品实现了当季销售，价格也维持在较高的水平，部分农产品如红枣、苹果的价格还创历史新高。全年农民人均收入增长超过 500 元，达到 4 000 元。农业展会发挥了巨大作用，促进了新疆特色农业产品销售，保障了新疆特色农业产业实现增产增收。

二、农业会展提升区域特色农业产业竞争力

近年来，新疆维吾尔自治区在大力实施优势资源转换战略，促进现代农业发展，特别是棉花、林果、瓜菜、畜牧等特色农产业发展迅猛，基地建设能力和科技支撑能力大大加强。新疆已经成为我国重要的棉花、瓜果、畜产品、啤酒花、番茄酱、甜菜、打瓜、油葵、亚麻、小茴香、红花、土豆、芳香植物、大芸等特色农产品生产基地。棉花总产占到全国的40%，林果面积超过1 600万亩，酿酒葡萄、啤酒花、枸杞、红花、番茄、甜菜、油葵和亚麻等农产品产量分别占全国的16%、70%、50%、60%、90%、30%、20%和20%以上。新疆区域特色农业产业已经成为农民增收的关键点和着力点。但是，新疆农业加工转化能力和市场开拓能力却较为薄弱，制约了特色区域农业的进一步发展。为此，自治区党委政府提出推进现代农业由基地建设转向市场开拓，大力实施农业“走出去”开拓市场战略，着力加快外销平台建设，发展农业会展经济、组织举办各种特色农产品交易会就是其中重要的内容。

自治区要求各地各部门要加快建立农产品市场开拓体系，加强农产品外销平台建设。要求农业厅、林业厅、农业产业化发展局要系统总结经验，充分利用援疆机制，集中力量，精心策划，整合资源，突出特色，以办好北京、上海、广州三大特色农产品展会为突破口，在三大中心城市搭建长期外销平台，并借助中心城市的影响力，辐射华北、东北、华东、华南地区，引导企业、经销商逐步在该区域的大、中城市建立集散分销渠道和营销网络，辐射全国中、高端市场。在加快国外特色农产品市场开拓方面，自治区政府提出，要以通过举办多种类型、多种形式的特色农产品展示和交易会为引领，充分发挥独特的地缘、区位优势和特色农产品资源优势，以林果、蔬菜、畜禽、花卉产品和其他特色农产品出口为突破口，主攻中亚、俄罗斯市场，积极开拓国际高端市场，加快外向型农业发展，逐步把新疆建设成为我国西北地区农产品向西出口的中转集散地、加工基地和区域性国际农产品贸易中心。

自治区各地和各部门积极贯彻党委政府的部署安排，将办好各种农业展会、加快农产品市场开拓作为促进区域特色农业发展的重要措施。伊犁哈萨克自治州为增强特色农产品市场竞争力，及时制定了优质农产品外向型特色产业生产标准，加快绿色食品生产基地建设，强化品牌意识，争创名

牌产品。目前,已累计发布农产品标准体系14项,农业地方标准为206项。天山马鹿鹿业、伊犁亚麻、伊犁草业、良种奶牛、红地球葡萄等共计9个国家农业标准化示范区项目已全部通过国家考核验收。已完成绿色基地认定面积318.5万亩,登记备案出口水果和蔬菜种植基地共计99 622亩。创建“四方”牌白砂糖、巴口香肉制品、百信系列蜂产品等自治区级以上名牌农产品及其加工品近20个。喀什地区泽普县通过积极参加区内外各类农产品展销会,加强合作交流,开拓市场空间。泽普县每年都组团参加疆内举办的乌洽会、喀交会和内地举办的西洽会、津洽会,以及自治区在区内外、周边国家举办的各类农产品展销会。不论是综合性经贸洽谈会,还是专门的农产品展销会,该县都精心组织参会农产品的筛选、包装、宣传、推介,充分展示红枣、苹果、核桃、马铃薯等地方特色优势农产品,提高知名度,扩大影响力,打响“祖娜尔”、“金湖杨”品牌,拓展市场空间。

当前,自治区农业厅正在积极筹备组团参加第八届中国国际农产品交易会,紧锣密鼓组织筹办新疆特色优质农产品(北京)交易会;林业厅正在筹办新疆特色林果产品(广州)交易会;农业产业化发展局正在筹办新疆名优特及精深加工农产品(上海)展示会。伊犁、塔城、喀什等地州也将先后在哈萨克斯坦和吉尔吉斯斯坦举办各类特色农产品展会。这些展会的举办,将有力促进贸易,加强合作,扩大交流,进而整体提升新疆区域特色农业产业竞争力和农产品市场占有率。

三、农业会展引领区域特色农业发展

实践证明,农业会展促进特色农产品销售,并助力特色农业产业竞争力提升。通过组织和参加各种农业会展,自治区各地和各部门不断吸收和借鉴内地省份的经验和做法,认识到新疆农业产业与内地发达省份相比,还存在农业科技支撑体系不健全,农业产业化经营程度低,以及农产品质量安全体系建设相对滞后等问题,影响了现代农业进程。为了应对经济全球化和市场一体化的挑战,今后要不断加大农产品市场开拓力度,努力提升农产品竞争力和农业产业效益;要实施农业标准化生产,加快农产品认证步伐,加强农产品精深加工;要注重农产品“包装”,打造品牌名牌。要认真贯彻党中央、国务院关于新疆经济社会发展的一系列部署,采取切实有效措施,努力推动新疆区域特色农业产业又好又快发展。

一是大力推进农业标准化生产。标准化生产是进入国内外市场的敲门砖，只有按照国际标准生产质量过硬、市场竞争力强的农产品，才能把新疆的优势资源利用好、发挥好，才能不断扩大新疆农副产品知名度和市场占有率，获得最佳经济和社会效益。自治区将以标准化示范区建设为重点，全面推进农业标准化工作。通过农业标准化综合示范区建设，带动各地建成标准化农产品绿色原料基地和出口基地，推动基地建设规模化、产地环境无害化、生产过程标准化、质量控制制度化、产品流通品牌化、生产经营产业化。

二是健全农产品质量认证体系。质量认证是确保产品质量，提升品牌影响力的重要途径。自治区将以无公害农产品、绿色食品、有机食品认证和农产品地理标志登记为基础，充分发挥农业科研、教学和检测机构及有关各方的积极作用，以国际接轨为目标建立统一完善的农产品质量安全认证体系。针对农产品和农业投入品生产加工特点，在农业生产过程推行GAP认证，在饲农产品加工、畜禽水产养殖推行HACCP认证及相关产品认证。

三是加快市场与信息服务体系建设。争取国家支持，面向农产品优势集中产区，以产地批发市场为主体，以冷链物流建设为关键点，以健全产销衔接机制为着眼点，加强基础硬件配套设施，强化市场服务功能。建立农业市场信息采集发布制度，建设覆盖面广、功能齐全的统一的农产品信息交流、发布和服务网络平台，为农民、企业提供准确及时的农产品产供销信息。

四是着力增强企业品牌意识。新疆农产品本身品质优良，但与先进省区相比，企业的品牌意识较弱，市场竞争意识不强。从卖产品到卖品牌、卖概念，自治区的农产品贸易工作还要做大量的工作。自治区将大力推进农产品品牌创建活动，并积极争取国家有关部门加大对农产品市场开拓和树立农产品品牌的扶持力度，以提升新疆农产品的市场占有率和竞争力。

五是大力开拓农产品销售市场。进一步创造条件，组织新疆各类农业企业和农民专业合作社积极参加国内外行业交易会，借助交易会这一贸易平台，引导新疆优势特色农产品企业加大与大采购商的对接力度；同时主动寻求向华北、东北、华东、华南等地发达城市超市进军，并逐步加大国外市场的开拓力度，拓宽销售渠道，扩大市场份额。

农业会展对促进新疆特色农产品拓展国内外市场具有强有力的推动作用，对提升新疆特色农产品产业竞争力具有不可替代的重要作用，应该坚持并不断完善。要实现组织机构的常态化，信息收集制度化。设立专门机构和人员负责展会领导筹划、组织协调，并负责新疆农产品在不同市场表现调查跟踪，发挥信息收集综合作用，为政策制定提供依据。要实现参与主体的多元化，展会形式多样化。广泛吸纳消费者参与，使该展会成为促进产品与消费者对接的有利契机。广泛邀请新闻媒介参与，加大宣传力度。在展会形式上，除了采取传统的产品展览、洽谈外，可以考虑引入新疆特色的文艺表演和文化展览，扩大新疆文化影响力，提高大众对新疆农产品的关注度。不仅使展会成为农产品的销售平台，更重要的是依托文化营销，在更高层次搭建农产品市场建设的平台。

附　录

农业部关于印发《农业部展览工作管理办法》的通知

农市发[2010]8号

各省、自治区、直辖市及计划单列市农业（农牧、农村经济）、农机、畜牧、兽医、农垦、乡镇企业、渔业厅（委、局、办），新疆生产建设兵团农业局：

为使农业会展工作更好地适应现阶段农业发展的新要求，我部对原《农业部展览工作管理办法》进行了修订。现将新修订的《农业部展览工作管理办法》印发你们，请遵照执行。

二〇一〇年九月二十九日

农业部展览工作管理办法

第一条　为贯彻落实2010年中央一号文件关于"发展农业会展经济"的精神，规范农业部展览工作，提高办展质量和效果，更好地为农业和农村经济发展服务，依据国家有关规定，结合农业部工作实际，特制定本办法。

第二条　**管理范围**：本办法所指的展览，是指由农业部或农业部直属事业单位（以下称事业单位）、农业部业务主管的社会团体（以下称社团），在我国境内独立主办和参与举办的各类农业展览会、博览会、交易会、洽谈会和节庆活动，以及国际性会议附设的展览、展示会等活动。其中，参与举办是指应展览牵头主办单位邀请，以农业部或其事业单位、社团名义参与，作为展览的共同主办单位、协办单位、支持单位、指导单位等。

第三条　**基本原则**：展览工作应以促进农业和农村经济发展为宗旨，合理确定数量，规范管理程序，注重展览实效，杜绝形式主义，防止铺张浪费。

第四条　部内主管单位：农业部市场与经济信息司负责管理农业部展览工作。主要职责是：制定有关规章制度，办理以农业部名义举办的展览的报批手续，监督检查有关展览工作，协调解决展览有关事宜。

第五条　展览申报：农业部机关司局、事业单位、社团以及各地农业行政主管部门拟于下一年以农业部名义举办展览的，应于当年8月底前向市场与经济信息司申报。市场与经济信息司汇总审核后，拟订下一年以农业部名义举办的展览计划，统一报部常务会议审议，通过后以农业部办公厅文件形式发布。

部常务会议审议通过展览计划之后，有单位提出新的邀请以农业部名义参与举办的展览，由业务相关司局提出意见，市场与经济信息司审核后，报主管部领导批准。

原则上不得以农业部机关司局名义主办和参与举办各类展览。

以农业部事业单位、社团名义举办的展览，相关单位至少应于展览举办前6个月向业务归口司局提出申请，业务归口司局在征求有关司局意见后负责审批和监督，报市场与经济信息司备案。

举办展览应严格履行申报、审批程序。未经批准，任何单位不得擅自举办展览。

第六条　申报材料：各单位申报材料至少应包括：(一)展览的名称、内容、规模、时间、地点，招商招展方案。新办展览，须提供办展的可行性报告；联合办展或委托办展，须提供相关协议。(二)具体承办单位办展条件说明材料。(三)以往办展的有关情况以及其他需要说明的材料。

第七条　审批原则：对省级人民政府发来邀请的，按照“支持特色、延续传统”的原则，优先支持区域有影响或产业特色鲜明的展览。对国务院其他部门发来邀请的，一般予以支持。对其他单位发来邀请的，从严控制。

第八条　发文规范：除农业部主办的展览外，其他以农业部名义参与举办的展览以及以农业部事业单位、社团名义举办的展览，原则上均不得以农业部文件或农业部办公厅文件形式印发有关文件。各项展览原则上以展览活动组委会名义印发各种工作文件。

第九条　领导邀请：各类展览原则上不邀请中央领导同志出席，如确需请中央领导出席的需提前2个月向分管副部长和部长请示同意后，方可按程序邀请。对邀请农业部领导出席相关活动的展览，农业部主办的原则上可由部长或副部长出席，由农业部参与主办的可视情况由副部长或总师出席，由农业部支持举办的一般由司局级领导或司局级以下同志出席。

第十条　展览变更:已获批准的展览,必须严格按计划执行。以农业部名义举办的展览,因故需要提前、推迟、停办或更改名称、地点、承办单位的,承办单位应提前向市场与经济信息司提出申请,未经批准不得擅自变更。以农业部事业单位、社团名义举办的展览,因故需要提前、推迟、停办或更改名称、地点、承办单位的,承办单位应提前向业务归口司局提出申请,未经批准不得擅自变更。

第十一条　展览责任:本着谁主办谁负责的原则,展览主办单位对所办展览应加强管理,保证安全,确保展览活动遵守国家有关法律法规,严格保护知识产权,杜绝各类虚假宣传、违规办展行为。

第十二条　展览总结:农业部主办的展览,承办单位应在展览结束后一个月内,向主管部领导提交书面展览总结,同时抄送市场与经济信息司。以农业部名义参与举办的展览,承办单位应在展览结束后一个月内,向市场与经济信息司提交书面展览总结。以农业部事业单位、社团名义举办的展览,承办单位应在展览结束后一个月内,向归口司局提交书面展览总结,同时抄送市场与经济信息司。

第十三条　展览品牌培育:倡导通过市场化运作举办展览,鼓励培育农业展览品牌,支持开展农业展览分类认定工作,定期发布农业展览年度报告。

第十四条　本规定由市场与经济信息司负责解释,自印发之日起执行。

农业部办公厅关于印发《2010年农业部主办和参与举办的展览计划》的通知

农办市[2010]8号

有关省(自治区、直辖市)农业(农牧)厅(局、委):

为贯彻落实今年中央1号文件“发展农业会展经济,支持农产品营销”的精神,我部2010年第3次常务会议审议通过了《2010年农业部主办和参与举办的展览计划》,现予印发。请各展会承办单位严格按照筹备方案,做好各项组织工作,确保展会取得实效。

附件:2010年农业部主办和参与举办的展览计划

二〇一〇年三月八日

附件:2010年农业部主办和参与举办的展览计划

序号	展览名称	主办单位	承办单位	时间	地点	备注
1	中国农民艺术节	农业部等	全国农业展览馆等	6月	北京	农业部作为主办单位
2	信息技术与现代农业博览会	农业部等	农业部信息中心等	8月	北京	农业部作为主办单位
3	中国国际农产品交易会	农业部	全国农业展览馆等	10月	郑州	农业部作为主办单位
4	中国绿色食品2010上海博览会	农业部	中国绿色食品发展中心等	12月	上海	农业部作为主办单位
5	中国(寿光)国际蔬菜科技博览会	山东省政府等	寿光市政府等	4月	寿光	农业部作为共同主办单位
6	云南普洱茶国际博览交易会	云南省政府等	云南省农业厅等	4月	昆明	农业部作为共同主办单位

续表

序号	展览名称	主办单位	承办单位	时间	地点	备注
7	2010年全国农产品加工业东西合作投资贸易洽谈会	河南省政府等	河南省农业厅等	4月	驻马店	农业部作为共同主办单位
8	中国长春国际农业食品博览(交易)会	吉林省政府等	吉林省农委等	8月	长春	农业部作为共同主办单位
9	国际果蔬·食品博览会	山东省政府等	烟台市政府等	9月	烟台	农业部作为共同主办单位
10	中国齐齐哈尔绿色食品博览会	黑龙江省政府等	中国绿色食品发展中心等	9月	齐齐哈尔	农业部作为共同主办单位
11	中国安徽(合肥)农业产业化交易会	安徽省政府等	安徽省农委等	9月	合肥	农业部作为共同主办单位
12	中国廊坊国际农产品交易会	河北省政府等	廊坊市政府等	9月	廊坊	农业部作为共同主办单位
13	海峡(福州)渔业周暨第五届中国(福州)渔业博览会	福建省政府等	福建省海洋与渔业厅等	9月	福州	农业部作为共同主办单位
14	陕西省名优特色农产品展示展销会	陕西省政府等	陕西省农业厅等	9月	西安	农业部作为共同主办单位
15	青岛国际农产品交易会	山东省政府等	青岛市政府等	10月	青岛	农业部作为共同主办单位
16	中国西部国际博览会(现代农业专场)	四川省政府等	四川省农业厅等	10月	成都	农业部作为共同主办单位
17	中国(宁夏)园艺博览会暨第六届中国西部特色农业(宁夏)展示合作洽谈会	宁夏回族自治区政府等	宁夏回族自治区农牧厅等	10月	银川	农业部作为共同主办单位
18	青海省特色农畜产品(北京)推介展销会	青海省政府等	青海省农牧厅等	10月	北京	农业部作为共同主办单位

续表

序号	展览名称	主办单位	承办单位	时间	地点	备注
19	新疆特色农产品(北京)交易会	新疆维吾尔自治区政府等	新疆维吾尔自治区农业厅等	10月	北京	农业部作为共同主办单位
20	中国武汉农业博览会	湖北省政府等	湖北省农业厅等	11月	武汉	农业部作为共同主办单位
21	中国中部国际农博会	湖南省政府等	湖南省农业厅等	11月	长沙	农业部作为共同主办单位
22	中国赣州国际脐橙节	江西省政府等	江西省农业厅等	11月	赣州	农业部作为共同主办单位
23	中国(海南)热带农产品冬季交易会	海南省政府等	海南省农业厅等	12月	海口	农业部作为共同主办单位
24	中国国际高新技术成果交易会	商务部等	深圳中国国际高新技术成果交易中心等	11月	深圳	农业部作为共同主办单位
25	重庆·中国西部国际农产品交易会	重庆市政府等	重庆市农委等	1月	重庆	农业部作为支持单位
26	中国国际薯业博览会	农业部农业贸易促进中心等	农业部农业贸易促进中心等	4月	北京	农业部作为支持单位
27	中国黑龙江·北大荒国际农业机械展览会	黑龙江省政府等	黑龙江省农垦总局等	8月	哈尔滨	农业部作为支持单位
28	中国国际种业博览会	农业部农业贸易促进中心	辽宁省农业对外经济合作中心等	9月	沈阳	农业部作为支持单位
29	中国江西农业博览交易会暨2010中国绿色食品博览会	江西省政府等	江西省农业厅等	9月	南昌	农业部作为支持单位
30	中国国际渔业博览会	中国贸促会农业分会	中国贸促会农业分会等	11月	大连	农业部作为支持单位

农业部农业贸易促进中心关于开展2010年度中国农业会展分类认定工作的通知

农贸发[2010]20号

为加强对农业会展的总体规范和引导，提高农业会展组织水平，充分发挥会展活动效果，根据农业部办公厅"关于推进农业品牌工作的通知"精神，在2009年试点工作的基础上，我分会将继续组织开展2010年度农业会展分类认定工作（简称认定工作）。现将有关事项通知如下：

一、基本原则

（一）自愿申报的原则。所有参加分类认定的农业会展均由主、承办机构自愿申报。

（二）公正公开的原则。参加分类认定的农业会展信息均收入《中国农业会展分类认定项目数据库》，申报机构可在网上申报并自主查询。

（三）实事求是的原则。项目信息申报机构应对所报送的展会资料负责，不得漏报、虚报。

（四）非营利的原则。认定工作不以营利为目的，不对参与分类认定的农业会展项目收取评审费。

二、申报活动范围

各级政府、社会中介机构、企业等主办或承办的境内涉农展览会、展销会、论坛及节事活动等农业会展活动均可参与分类认定。申报及认定工作流程按《中国农业会展分类认定实施办法（试行）》（见附件）有关规定进行。

三、申报办法

项目申报采取网上填报和纸质材料申报结合的方式。凡申报参加认定的农业会展活动，其主、承办机构应在项目结束后一个月内（上半年项目的申报应不迟于7月底），详尽填写《认定办法》所附的“中国农业会展分类指标信息表”（简称信息表）及不少于展商总数15%和专业观众总数5%的“展商（观众）意见调查表”（简称调查表），经各省（区、市）农业会展管理部门审核确认后，报送“中国农业会展分类认定办公室”。网上申报地址为http://www.cafte.gov.cn/。

联系方式：
中国农业会展分类认定办公室
中国国际贸促会农业行业分会 贸易促进处
联系人：刘启正
电 话：010-59194717
传 真：010-65003752
E-mail：liuqizheng@agri.gov.cn

附件：

1.《中国农业会展分类认定实施办法（试行）》
2.《中国农业会展分类标准（试行）》
3.1《中国农业会展分类指标信息表》
3.2《展商意见调查表》
3.3《观众意见调查表》

二〇一〇年七月

附件 1：

中国农业会展分类认定实施办法（试行）

第一章 总 则

第一条 为加强农业会展行业规范和管理，提高农业会展组织服务水平，指导和推动中国农业会展健康、有序发展，充分发挥会展活动对农业技术交流、农产品贸易、农业产业升级和区域经济发展的促进作用，农业部将组织开展中国农业会展分类认定工作。为保证相关工作顺利实施，特制订《中国农业会展分类认定实施办法》（下称本《办法》）。

第二条 "中国农业会展"指在中国境内举办的，以推动农业发展和农产品贸易为主题的各类展览、展销、会议和节事等活动。其中，直接以"展示产品、促进贸易"为主题的农业展（博）览会和展销（交易）会，是中国农业会展的主体，也是本《办法》分类认定的主要对象。而以农业发展、农业政策、农业技术等为主题，带有较强经贸性质的论坛、洽谈会、推介会和节庆活动等可参照本《办法》进行分类和认定。

第三条 农业会展项目的分类认定依据《中国农业会展分类认定标准（试行）》执行。

第二章 组织机构

第四条 为保证相关工作的公平、公正和分类认定结果的权威性，在农业部相关司局指导下，成立中国农业会展分类认定"工作委员会"和"专家委员会"。

"工作委员会"主要职责是指导和监督分类认定工作，审查和最终确认分类认定结果；下设"办公室"，主要职责是农业会展信息收集、整理及分类认定工作的组织协调等。办公室设在中国国际贸促会农业行业分会。

"专家委员会"由展览界知名专家及具备丰富农业会展工作经验的专

业人员组成。主要职责是农业会展分类标准的制定、解释、修订和具体展览项目的分类认定。

第三章 工作程序

第五条 农业会展分类认定工作机构每年组织征集本年度会展活动资料,收集相关信息,开展分类认定工作。

凡在中国境内举办的农业会展活动,均可申报参加分类认定。项目有关信息资料(见附表)应由会展活动主、承办机构详尽填写,经主办地会展管理机构审核同意(加盖公章)后报送"中国农业会展分类认定工作办公室"。所有信息资料报送工作应于会展活动结束后一个月内完成。

第六条 "分类认定工作办公室"对各会展项目进行调查验证,确认相关信息的真实性。

第七条 "分类认定工作办公室"将各会展项目信息整理后提交"专家委员会",由"专家委员会"进行分类认定,最终结果上报"工作委员会"审核通过。

第八条 分类认定结果通过审核后将实行网上公示,征集反馈意见。

第九条 对依据本《办法》取得的分类成果,将通过发布会、报刊、网络等方式发布,对优秀农业会展项目农业部将在国内外重点扶持和推介。

第四章 附 则

第十条 依据本《办法》开展的分类认定工作相关程序、标准和结果都将遵循公正、公开的原则,接受社会各界监督。如对分类认定工作程序及结果有不解或不同意见,可向"中国农业会展分类认定工作办公室"申询。

第十一条 分类认定工作不以营利为目的,农业会展活动参加分类认定不收取项目评审费。

第十二条 "中国农业会展分类认定工作办公室"将对所有会展项目数据资料予以保密。

第十三条 本《办法》由"中国农业会展分类认定工作办公室"负责解释。

附件 2:

中国农业会展分类标准(试行)

本标准通过对农业会展活动主题、功能、运营、效果等 11 项内容设定指标,将在华境内举办的农业会展活动加以系统分类,在汇总、归纳农业会展数据信息的基础上形成分类结果。标准共分为两部分,第一部分侧重考察农业会展活动的属性和特征;第二部分侧重衡量农业会展活动的组织运作水平和现实效果。

第一部分

本部分共包括六项,各项内每一类别下,各条间如无"或"关系,则各条均应满足。

第一项 根据会展活动主题定位、展商和观众的行业类别,分为:

(一)综合性。会展活动主题不限定特定的农业分(子)产业,而设定为"大农业"或"广义农业";对农业设备、技术和产品参展没有特定领域的明确限定;参观观众构成难以明确归属于任何农业分(子)产业。

(二)专业性。会展活动主题限定为特定的农业分(子)产业,如畜牧业、渔业、果业等,或具有特定属性①的某类农产品产业,如有机产品等;参展企业 70% 以上与特定产业相关,或专业观众② 70% 以上与特定产业相关。

(三)附属性。在以农业和其他非农产业作为共同主题的大型会展活动中,以农业为主题的展示区域达到总展示区域面积 20% 以上;农业领域的专业观众数占专业观众总数达 20% 以上。

第二项 根据会展活动国际化程度和区域影响力,分为:

(一)国际性。国际展商占展商总数比例在 10% 以上;国际专业观众占

① 主要应判断其是否能够依据某种特定属性将不具备该属性的企业和产品排除在外。

② 指在主办机构数据库中有登记注册,并从主办方获取会刊的付费观众(若会刊对观众免费则此条件不计)。

专业观众总数比例在5%以上。

(二)全国性。国际展商占展商总数比例在10%以下,国际专业观众占专业观众总数比例在5%以下;举办省(区、市)参展企业[①]占总参展企业比例在50%以下,举办地专业观众[②]占专业观众总数比例在80%以下。

(三)地区性。国际展商占展商总数比例在10%以下,国际专业观众占专业观众总数比例在5%以下;举办省(区、市)参展企业占总参展企业比例在50%以上,举办地专业观众占专业观众总数比例在80%以上。

第三项 根据会展活动对区域经济、农业产业发展的主要功能,分为:

(一)集散区导向型。在农产品中心集散区固定或巡回举办;宏观目标和实际功能侧重推进农产品产销对接。

(二)产业区导向型。在特定农产品生产、加工集中地固定或巡回举办;宏观目标和实际功能侧重推动特定产业规模化发展。

(三)招商区导向型。在农业资源区、生态区或综合开发区固定或巡回举办;宏观目标和实际功能侧重推动吸引国内外投资和促进地方经济发展。

第四项 根据参展企业实际展出内容,分为:

(一)生产资料型。以农业生产资料、投资品为主要展品的企业数占实际参展企业总数70%以上。

(二)消费产品型。以各类初级农产品、加工农产品和可供消费者直接消费的产品为主要展品的企业数占实际参展企业总数70%以上。

(三)复合型。各类农业企业和产品均未达到以上两类标准的。

第五项 根据会展组织运作模式,分为:

(一)政府主导型。政策性投入[③]占会展项目总投入[④]的40%以上;主承办机构以政府有关部门为主,招展招商较多依靠政府引导和支持。

(二)社会事业型。政策性投入占会展项目总投入的40%以下;主承办机构以公益机构或事业单位为主,招展招商主要靠市场化运作。

(三)市场主导型。无政策性投入;主承办机构不包括政府机关,招展招商完全实行市场化运作。

---

① 指注册经营地点在会展活动举办地省内的参展企业(异地办展情况例外),不包括省外或境外企业在举办地的代理或分支机构。

② 指工作单位地址在会展活动举办地省内的专业观众。

③ 指国家或地方财政对会展项目的补贴和补助。

④ 指主、承办机构在当期会展项目上的所有资金投入。

第六项 根据会展项目发展态势和增长潜力，分为：

（一）培育型。当届会展项目收入小于项目投入；总展览面积连续三届届均增长率在10%以下。

（二）成长型。当届会展项目收入与项目投入大致持平；总展览面积连续三届届均增长率在10%以上。

（三）收益型。当届会展项目收入大于项目投入；总展览面积保持稳定，或特定年份出现临时性缩减但缩减率在10%以内。

第二部分

本部分共包括五项，每项又分为A、B、C三类，每一类内多条并列，如各条间无“或”关系，则各条原则上均应满足。

第一项 根据主、承办机构资质和会展项目社会认可度，分为：

（一）A类。会展项目连续举办5届以上；项目获得国际重大会展认证机构（UFI、IAEM等）认证或认可，或在中央部委机构注册备案，或主办机构为省部级单位；承办机构具备完备办展资质[①]及5年以上办展经验。

（二）B类。会展项目连续举办3届以上；项目获得国内会展认证机构认证或认可，或在省部级以上机构注册备案，或支持机构为省部级单位；承办机构具备完备办展资质及3年以上办展经验。

（三）C类。会展项目连续举办不足3届；项目无相关会展认证机构认证或认可，在省部级以上机构无注册备案；承办机构具备较为完备的办展资质。

第二项 根据会展活动高新技术含量和优质产品比重，分为：

（一）A类。同期至少举办1期国际性研讨活动和论坛；高新技术企业[②]占参展企业和产品总数的比例在30%以上，或通过国家级绿色、有机认证的产品占参展产品总数的比例在30%以上。

（二）B类。同期至少举办1期全国性研讨活动和论坛；高新技术企业占参展企业和产品总数的比例在15%～30%之间，或通过国家级绿色、有机认证的产品占参展产品总数的比例在15%～30%之间。

（三）C类。高新技术企业占参展企业和产品总数的比例在15%以下；

① 指在国内工商部门依法注册、可以开展展览业务。

② 指通过国家高新技术企业认证的企业。

通过国家级绿色、有机认证的产品占参展产品总数的比例在15%以下。

第三项 根据会展活动展示效果和服务管理水平,分为:

(一)A类。特装展位面积占净展览面积①的比例在40%以上;具有完备的展商观众数据库、注册门禁系统和知识产权保护措施。

(二)B类。特装展位面积占净展览面积的比例在20%~40%;具有较为完备的展商、观众数据库和知识产权保护措施。

(三)C类。特装展位面积占净展览面积的比例在20%以下;或不具有完备的展商、观众数据库和知识产权保护措施。

第四项 根据参展商、专业观众及社会媒体的评价,分为:

(一)A类。老展商②占参展商总数的比例在60%以上;展商和观众满意度③平均值在4以上;参展支出占参展企业年内同类活动计划总支出的比例④在15%以上;展期出现展商、观众投诉事件3起以下。

(二)B类。老展商占参展商总数的比例在40%~60%之间;展商和观众满意度平均值在3.3~4之间;参展支出占参展企业年内同类活动计划总支出的比例在10%~15%之间;展期出现展商、观众投诉事件10起以下。

(三)C类。老展商占参展商总数的比例在40%以下;展商和观众满意度平均值在3.3以下;参展支出占参展企业年内同类活动计划总支出的比例在10%以下;或展期出现展商、观众投诉事件10起以上。

第五项 根据会展活动达成直接经贸成果的效率,分为:

(一)A类。净展览面积占总展览面积比例超过50%;展商行业相关度评价⑤平均值在50%以上;会展活动每平方米成交额⑥与每平方米展位价格⑦比值超过20∶1。

---

① 指实际展出展位面积,为标准展位面积与空地展位面积之和,计算公式为"标准展位 * 标准展位数+空地展位总面积"。

② 指累计参加同一会展活动2次或以上的参展商,首届举办的展会不适用本条。

③ 按"非常满意、满意、一般、比较不满意、不满意"或类似的五级量值表计算。

④ 对参展企业提供的数据进行加权平均算出,计算公式为:"$\sum x_i y_i$, $i=1,2,\cdots,n, 0<x_i<1, \sum y_i=1, i=1,2,\cdots,n$",其中$x_i$为各展商提供的支出比例数据,$y_i$为各展商的权重,$y_i$计算公式为:"$y_i$=展商$i$租用的展位面积/展会净展览面积"。

⑤ 指参展企业对参加同一会展活动的所有企业中与自身业务相关的企业所占比例的评价,其值介于0%~100%之间。

⑥ 计算公式为:总成交额/总展览面积。

⑦ 标准展位价格与空地展位价格折算均价,不包含特装搭建费用,其计算公式为:"(标准展位价格×标准展位个数+空地展位价格×空地展位面积)/净展览面积"。

(二)B类。净展览面积占总展览面积比例在30%～50%之间；展商行业相关度评价平均值在30%～50%之间；会展活动每平方米成交额与每平方米展位价格比值超过10∶1、不足20∶1。

(三)C类。净展览面积占总展览面积比例不足30%；或展商行业相关度评价平均值在30%以下；或会展活动每平方米成交额与每平方米展位价格比值不足10∶1。

附件 3-1：

中国农业会展分类指标信息表

展会名称	（中文）			
	（英文）			
展会定位①（自我认定）请从每行中只选择一项	□综合型	□专业型	□附属型	
	□生产资料类	□消费产品类	□复合类	
	□政府主导型	□社会公益型	□市场商业型	
	□国际展	□区域展	□地区展	
	□集散区导向型	□产业区导向型	□招商区导向型	
	□培育期	□成长期	□收益期	□萎缩期
举办时间				
举办周期②：（请从中选择一项，如为定期请填写办展频率） □定期　　　办展频率：　年　　期 □不定期				
举办地点				
举办地是否固定③：（请从中选择一项）□固定　　□多地巡回　　□无固定举办地				
主要展出内容：（150 字以内简要填写）				
展出产品类别比例：生产资料________%　　消费产品________%				
展会宏观目标：（请从中选择一项） □农产品产销对接　　□特定产业规模化　　□吸引国内外投资				
主要同期活动④： 1.　　　　3. 2.　　　　4.				

（后附填表说明）

主办机构	
承办机构	
支持机构⑤	

是否有注册审批⑥:(如有请填写审批机构信息,并附审批复印件)

□有　　审批机构名称:

□无

是否有国际认证⑦:(如有请填写认证机构信息,并附认证复印件)

□有　　认证机构名称:

□无

政策性投入占项目总投入比重:□ 0%　□ 0～40%　□ 40%以上

展会规模	展会共举办届数	届		
		本届	上届	上上届
	总展览面积	m^2	m^2	m^2
	每标准展位面积	m^2	m^2	m^2
	标准展位总数	个	个	个
	标准展位价格(以人民币计)	元/个	元/个	元/个
	特装展位面积	m^2	m^2	m^2
	特装展位空地价格(不含搭建费,以人民币计)	元/m^2	元/m^2	元/m^2

(后附填表说明)

展商信息	参展商数	家
	国际参展商数	家
	举办省(区、市)参展商数⑧	家
	高技术展商⑨数	家
	老参展商⑩数	家
观众信息	专业观众⑪人数	位
	国际专业观众数	位
	举办省(区、市)专业观众数⑫	位
	是否对非专业观众⑬开放:(如对非专业观众开放,请填写观众总人数) □是　　展期观众总人数：　　位 □否	
	观众是否收费:(如对观众收费,请填写收费标准并选择票证有效期) □是　　收费标准：　　元/人(当日有效□　展期有效□) □否	
贸易效果	展商行业相关度⑭	%
	总成交额⑮(以人民币计)	万元
	意向贸易额(以人民币计)	万元
	投资合作合同额(以人民币计)	万元
	列举成交额最大的3个项目信息： 1. 2. 3.	

(后附填表说明)

附件 3-2：

展商意见调查表

<table>
<tr><td colspan="2">公司名称</td><td colspan="5"></td></tr>
<tr><td colspan="2">主营业务</td><td colspan="5"></td></tr>
<tr><td rowspan="8">满意度调查</td><td>（请在右侧相应格子内打钩）</td><td>很满意</td><td>满意</td><td>一般</td><td>不满意</td><td>很不满意</td></tr>
<tr><td>1. 总体评价</td><td></td><td></td><td></td><td></td><td></td></tr>
<tr><td>2. 实现贸易效果</td><td></td><td></td><td></td><td></td><td></td></tr>
<tr><td>3. 组织、接待、服务</td><td></td><td></td><td></td><td></td><td></td></tr>
<tr><td>4. 宣传效果、展商（观众）质量</td><td></td><td></td><td></td><td></td><td></td></tr>
<tr><td>5. 产品、技术新颖度、实用度</td><td></td><td></td><td></td><td></td><td></td></tr>
<tr><td>6. 价格、展出成本</td><td></td><td></td><td></td><td></td><td></td></tr>
<tr><td colspan="6">您认为本展览存在的主要问题和您的建议：</td></tr>
<tr><td rowspan="4">参展情况调查</td><td colspan="6">您在本届展览上的展位面积：________ m²（空地展位 □　　标准展位 □）
展台是否特装：是 □　　否 □
展位租金支出占您参展总支出的比例大约为________%</td></tr>
<tr><td colspan="6">参加本展览的届数共________届</td></tr>
<tr><td colspan="6">参加本展览您的主要收获包括：（请从中选择您认为最主要的 2 项）
签订供货合同 □　　提升公司形象 □　　拓展公共关系 □
联络老客户 □　　开发新客户 □　　推介新产品 □
交流信息和技术 □　　其他收获（请简要列出）________
您认为本次展会上与您业务相关的参展企业占所有参展企业的比例是________%</td></tr>
<tr><td colspan="6">今年内您参加同类会展活动共________个
本展览上的营销费用占您年内同类会展活动参展预算的大约________%
下届是否有意继续参展：是 □　　否 □　　尚难确定 □</td></tr>
<tr><td colspan="7">为方便与您保持长期联系，请留下您的联系方式。
姓名：　　职务：　　联系电话：　　传真：
电子邮箱：　　邮寄地址：</td></tr>
</table>

附件 3-3：

观众意见调查表

<table>
<tr><td colspan="2">公司名称</td><td colspan="5"></td></tr>
<tr><td colspan="2">主营业务</td><td colspan="5"></td></tr>
<tr><td rowspan="8">满意度调查</td><td>（请在右侧相应格子内打钩）</td><td>很满意</td><td>满意</td><td>一般</td><td>不满意</td><td>很不满意</td></tr>
<tr><td>1. 总体评价</td><td></td><td></td><td></td><td></td><td></td></tr>
<tr><td>2. 实现贸易效果</td><td></td><td></td><td></td><td></td><td></td></tr>
<tr><td>3. 组织、接待、服务</td><td></td><td></td><td></td><td></td><td></td></tr>
<tr><td>4. 宣传效果、展商（观众）质量</td><td></td><td></td><td></td><td></td><td></td></tr>
<tr><td>5. 产品、技术新颖度、实用度</td><td></td><td></td><td></td><td></td><td></td></tr>
<tr><td>6. 价格、展出成本</td><td></td><td></td><td></td><td></td><td></td></tr>
<tr><td colspan="6">您认为本展览存在的主要问题和您的建议：</td></tr>
<tr><td rowspan="2">参观意向调查</td><td colspan="6">参观本展览您的主要收获包括：
（请从中选择您认为最主要的 2 项）
签订采购合同 □　学习新技术 □　了解新产品 □
寻求合作伙伴 □　了解市场情况 □
其他收获（请简要列出）＿＿＿＿＿＿＿＿</td></tr>
<tr><td colspan="6">下届展览是否有意参展或参观：（请从中选择一项）
有意参展 □　无意参展但会继续参观 □　无意继续参观 □</td></tr>
<tr><td colspan="7">为方便与您保持长期联系，请留下您的联系方式。
姓名：　职务：　联系电话：　传真：
电子邮箱：　邮寄地址：</td></tr>
</table>

填表说明

1.鉴于不同主办机构会展统计标准不尽相同，为保持数据的一致性和可比性，特就以上表格中的若干项目说明如下：

①请在填写前仔细阅读《中国农业会展分类标准》(附件2)第一章的内容，对照相应标准做出选择，每行最多只能选择一个。

②举办周期指两届会展活动之间的间隔时间，如为定期，则办展频率应填写为“一年二期”、“二年三期”、“一年一期”、“三年二期”、“二年一期”等形式。

③“多地巡回”指会展活动在多个地点轮流举办，其中至少2个地点举办2届及以上。

④主要同期活动主要指各类与展览同期举办、主题相关的经贸论坛、洽谈会、产品推介会、展销活动、技术交流会、产品使用培训、景观展示、娱乐表演等活动，请择要填写。

⑤指授权或同意将本机构名称列入“支持机构”并对外宣传的部门机构。

⑥指在省部级以上单位注册备案或经省部级以上单位审核批准。

⑦指获国际知名展览认证机构，如UFI、IAEE等的认证，并获相关证书。

⑧举办省(区、市)展商指参展企业注册经营地点在会展活动举办地省内，省外或境外企业在举办地的代理或分支机构不算此类。

⑨高技术展商指企业获高新技术企业认定，或产品通过国家绿色、有机认证的参展商。

⑩老展商指累计参加该展会2次及以上的展商。

⑪专业观众应指在主办机构数据库中有登记注册，并从主办方获取会刊的付费(若会刊对观众免费则此条件不计)观众。

⑫举办省(区、市)专业观众指注册经营地点在会展活动举办地省内的公司或居住地在会展活动举办地省内的个人。

⑬非专业观众指未经主办方注册登记、无法获得准确信息的观众，主要指社会公众。

⑭展商行业相关度为参展企业对参加同一会展活动的所有企业中与自身业务相关的企业所占比例的评价的算术平均值，其值介于0～100%之

间，通过对"展商意见调查表"(附件 3-2) 中"您认为本次展会上与您业务相关的参展企业占所有参展企业的比例是 %"项所得数据算出。

⑮指会展活动期间直接达成的贸易合同总金额，没有在会展活动期间签订协议的不应计入，应计入下一项之"意向贸易额"，"总成交额"不应在"意向贸易额"项下重复计算。

2. 此表应如实、详尽填报，表格可根据内容自行调整，无准确数据的项，请填写"N/A"，不要空项。

3. 为保证以上数据的真实性，参加分类认定的会展项目须对展商和观众发放统一格式的意见调查表(见附件 3-2，3-3)，并将不少于展商总数 15％和专业观众总数 5％的意见调查表(原始表)随"中国农业会展分类指标信息表"一同报送。

首届中国农民艺术节简要总结

首届中国农民艺术节(以下简称艺术节)由农业部、文化部、中国文联共同主办,中国农业博物馆、中国民间文艺家协会、北京市农委具体承办,于2010年6月16—21日在北京全国农业展览馆顺利举行。有关情况如下:

一、基本概况

(一)各方领导高度重视。中共中央政治局委员、国务院副总理回良玉宣布艺术节开幕,全国人大常委会副委员长、民进中央主席严隽琪,全国政协副主席、中国文联主席孙家正和农业部、文化部、中国文联主要领导,以及来自全国各省区市的有关领导出席开幕式。原全国政协主席李瑞环题写了"中国农民艺术节"。联合国粮农组织驻北京代表处代表、联合国教科文组织驻北京代表处代表、菲律宾环境与自然资源部区域执行主任、联合国全球重要农业文化遗产项目官员等出席了世界农业文化遗产保护研讨会。

(二)社会各界积极支持。著名表演艺术家赵本山出任艺术节形象大使,著名美术大师韩美林亲自修改审定了艺术节会标和吉祥物的设计方案,国家一级导演倮倮的团队编导了艺术节的文艺表演,著名作曲家刘青为艺术节会歌《为农民喝彩》精心谱曲,央视著名主持人朱迅、张泽群主持了开幕式文艺演出,知名表演艺术家郁钧剑、阎维文、蔡国庆、吕薇和青海玉树的形象大使央金兰泽等与各地千余位农民艺术家同台演出。

(三)文艺表演盛况空前。来自全国22个省区市十几个民族的近50个农民演出队,在开幕式上奉献了一份热烈喜庆、带有浓厚乡土气息的"农风·农情·农乐"大型广场乡土艺术盛宴。艺术节期间,先后举办6场地方特色鲜明,形式多样,风格各异,具有鲜明民族特色和地方特色的农村艺术表演专场演出,演出节目近百个。

(四)活动举办精彩纷呈。"一村一品"展有29个省区市和两个特邀单位参展,展出农民文化艺术"一村一品"项目140多个。农业非物质文化遗产展演把展和演有机结合，活态展出文化农产品的生产加工过程和技艺，共展出了饮食、塑刻、印染、织绣等六大类38个项目。民间剪纸精品展囊括了全国不同地域的250幅剪纸精品。农民画精品展展出全国20多个省份近40个地区的400多幅的农民画精品，是近年来规模最大、参展地区最多的一次农民画的盛会。新生代农民工主题摄影展展出优秀作品120幅，是行业内资深专家在全国报名参展的4 000余幅作品中遴选出来的，反映了新生代农民工的需求，真实地再现了新生代农民工的审美情趣和艺术追求。中国传统艺术与工艺礼品展以“弘扬中华传统艺术，发展农村文化产业”为主题，吸引了来自全国各地的300多家工艺美术师、工艺品生产企业、民间手工艺人及其艺术作品参加展览。搏艺宋庄——北京画家村落集群艺术展以“飞腾、释放、舒展”为主题，参展者有来自北京宋庄画家村、798艺术机构、草场地艺术机构的近200位艺术家，参展作品包含油画、国画、书法、雕塑等不同风格和流派的作品，表达了现代农民艺术的多种艺术形态，展现了当代中国新农民多姿多彩的艺术风貌。

二、主要成效

首届艺术节成效卓著，影响深远。《人民日报》评论指出，这是“新中国成立以来首次举办的国家级的农民艺术节，是我国农业文化产业和农村乡土艺术的集中展示”。舆论界称之为“艺术的盛会，农民的节日”。

（一）搭建了一个展演农民艺术的大平台。首届艺术节以“展示新农村、描绘新生活”为主题，积极探索政府扶持引导、社会广泛参与、农民群众真正成为主体的农村文化建设的长效机制，为保护开发农村文化艺术资源，推动农村题材艺术作品的创作，促进不同农村地区文化艺术的观摩与交流，培养农村实用文艺人才，加快农村文化市场培育，促进农村演艺产业的发展，健全和完善农村公共文化服务体系，搭建展示平台，创造交流机会，提供宝贵经验，增强可持续发展动力，奠定了基础。同时，激励农民兄弟们在农余时间进行文化活动，推广、普及和提高文化艺术，在进行文化活动的同时使当地的文化遗产得到保护、挖掘，并得以更好地传承。首届农民艺术节期间，有数百位农民艺术家无偿捐赠了近千幅（件）艺术精品。这些杰作是国家农耕文化的优秀遗产，被中国农业博物馆永久收藏。

中国农民艺术节开幕式文艺演出，以金、木、水、火、土为载体，表现了农民艺术本身就是植根于泥土之上的一个个鲜活的生命。金、木、水、火、土也对应稻、黍、稷、麦、菽五谷,东、西、南、北、中五方,农、林、牧、副、渔五业,青、赤、黄、白、黑五色,春木、夏火、秋金、冬水、和土。整场节目编排和演出形式新颖独特,不同于任何其他大型活动开幕式的演出形式,打破了常见的舞美灯光晚会模式,转而在农耕文化和农民艺术本身下功夫。来自全国各地的一千多名演员从上场开始就不再下场,共同在金、木、水、火、土五个表演区内轮番献艺、同时表演。大家互为红花、互做绿叶,你方唱罢我登场,你演出时我伴舞,演员在《金之歌》、《木之舞》、《水之灵》、《火之恋》、《土之韵》五大板块中变换着乾、坤、震、巽、坎、离、艮、兑的八卦阵势,此起彼伏,互相喝彩,用最质朴、最纯粹、最民间、最乡土的传统艺术形式,以回归自然的广场艺术形态,贡献了一场饱含农耕文明韵味和乡土艺术特性的,令人振奋、啧啧称奇的精彩演出。

(二)拓展农业产业化新领域、实现"一村一品"新突破。源于古老农耕文明的农民艺术也与时俱进,有了新的时代内容,并且逐步形成文化产业,在建设社会主义新农村、促进农民增收等方面发挥了重要作用。随着社会的发展,农村产业结构逐渐开始部分调整和转移,呈现出农村经济发展升级换代的趋势。农民已经从单纯向城市提供肉、蛋、菜等实物农产品发展到同时向城市提供"文化农产品",锣鼓、高跷、舞龙、皮影、剪纸、泥塑等纷纷进城,在丰富城市居民文化生活的同时也增加了农民收入,从而优化了农村产业结构。民间工艺加工、民间艺术表演、民俗风情展演、乡村文化旅游等休闲娱乐性"文化农产品",已经成为农村的新兴产业,有的地方甚至成为龙头和支柱产业。

充分挖掘传统文化艺术,坚持以农耕文化资源为依托,按照"一村一品"模式,大力发展特色文化农产品,将成为农业产业化发展的新领域。本届农民艺术节上,"一村一品"成为农民艺术产业化的最佳阐释。举办农民艺术节就是顺应了这样的发展势头。其中的"一村一品"展,共展出了140多个来自全国各地的文化农产品"一村一品"项目。河南省商丘市民权县北关镇王公庄村有"画虎第一村"的美称,全村1 366人中就有700多人从事绘画产业,有人负责画画,有人负责装裱,有人负责销售。2009年的产值达到3 000万元,还辐射带动了周边的3个县从事相关产业。陕西省凤翔县六营村全村有1 000多人从事泥塑产业,户均年增收四五万元,凤翔泥塑从旧时乡村"耍货",变成了赠给美国前总统克林顿等世界名人的尊贵礼品,远销东南亚和欧美各国。这些参展的"一村一品"项目从业农民数百人、数千人至上万人不等,"忙时务农,闲时从艺",显著增加了收入,特别是在贫困偏远不发达地区，这已成为农民致富增收的一条途径。农民艺术节挖掘中华悠久、灿烂的农耕文化宝藏，推动文化农产品发展，赋予传统农业产业、产品新的市场内涵和价值，从而延长、优化了农业产业链，增加产业附加值，实现“一村一品”的新突破。受到了专程前来参观的日本“一村一品”创始人的平松守彦先生的高度赞赏。

（三）展示了成果、推动了交流，促进了贸易。首届农民艺术节展出各类农民艺术作品近万件，展品种类繁多，题材丰富，内容全面，基本反映了中国农民艺术的总体概貌。艺术节通过多种形式的展出，向广大观众昭示了我国农民艺术的发展成就和辉煌前景。这些作品纯朴真实、风格独特、化腐朽为神奇、变平凡为高雅。有的大气磅礴、有的精妙入微、有的靓丽雅致、有的巧夺天工，凝聚了华夏子孙的聪明才智、荟萃了农耕文化的绚烂多姿、展现了乡土民俗的魅力。

首届农民艺术节前来参加展览、交流、洽谈的农村艺人 2 000 多人、前来参加汇演的各地演员近 1 500 人，携带制作工具和材料进行现场展演的传承人有 200 多人，此外还有各地牵头组织单位的领队和工作人员近 1 000 多人。参加世界农业文化遗产保护学术研讨会的代表近 100 多人。这些人员多数是来自不同的省区市的农民艺人，原来与外界交流较少。通过参加这样大型的艺术节，扩大了接触范围、交流了艺术、开阔了视野。以北京展区为例，在短短的 6 天时间内，接待了 5 万多名包括各地农民在内的观众，与 500 多位业内人士进行了交流或洽谈。农民艺人王瑞清只在三号馆用半平米的展台展出一组泥塑作品，观众的留言都写满了两本留言簿。

首届农民艺术节洽谈贸易活动活跃、成效显著。以青海省为例，青海展厅内最具代表性的热贡唐卡、镶丝唐卡、互助盘绣、湟中农民画、丹噶尔皮绣等特色产品受到了不少中外客商的青睐。热贡艺术大师娘本创作的一幅唐卡被外国友人以 120 万元的价格购买走；青海丹噶尔皮绣研制开发有限公司现场订单销售 500 幅皮绣作品；青海唐蕃手工艺进出口贸易有限公司现场销售镶丝唐卡 20 幅。据统计，青海省农牧民企业和个人在本届艺术节上现场销售达 260 万元、与国内外客商共达成协议项目资金 1 236 万元。其他各省也都十分重视农民艺术产品订货和贸易洽谈工作，取得了比较理想的成效。农民艺术节开辟了文化农产品流通的渠道，促进文化农产品贸易订货，是对农民文化产业进行引导、扶持的有力举措。

（四）新闻报道充分、观众参观踊跃、社会反响强烈。本届农民艺术节发出的记者证近300个，前来采访报道的中央和地方新闻单位233家，仅报刊发表的专题文章、宣传报道就已达300多篇（条）。农民艺术节开幕后，人民日报、光明日报、经济日报、农民日报、中国艺术报、人民网、新华网等媒体或头版、或整版、或专版、或连续对中国农民艺术节作了深入、系统、全面地报道。中央和地方的电视媒体对艺术节的报道更加热烈。艺术节开幕前夕，央视新闻频道连续播出了7集专题片——《小节看农民艺术》；开幕后，央视一套新闻联播节目报道了4次，央视新闻频道报道了5次，央视七套报道了7次并滚动播出《30秒中国农民艺术节公益宣传片》123次，北京电视台报道了6次，辽宁电视台报道了11次；山东、山西、陕西、四川、宁夏、重庆、湖南、内蒙古、云南、青海等省级电视都对农艺术节作了相关系列报道。特别是新华社刊发了题为："首届中国农民艺术节散记——让农民有更多这样节日"的文章后，包括中华人民共和国中央人民政府网（中国要闻版）等媒体纷纷转载，引起了各地方媒体的积极响应。

农民艺术节得到各地组团单位高度赞扬。云南楚雄展团代表周兵谈起农民艺术节激动地说，艺术节精彩纷呈，不愧为一个民族团结的盛会；甘肃代表阎万贵说，艺术节是新中国成立以来第一次举办，它是全国亿万农民展示其才艺的平台，这对于农民，特别是生活在偏远山区的农民能够有这样一个机会在北京的舞台宣传推介自己感到非常自豪；新疆代表努尔说，农民艺术作品的真挚、纯朴，带有原生态的自然美是艺术家、艺术大师创作文化艺术的源泉；北京代表于大勇接着说，首届农民艺术节为广大农民创造了集中展示乡村文化艺术和宣传地方文化的平台，使广大农民眼界开阔，脱贫致富，为当地经济发展做出贡献。

首届艺术节社会公众参观踊跃，反映良好。艺术节主会场展演期间，观众络绎不绝，时不时就会在入口安检处排起了等候入场的队伍，展厅内的观众也是熙熙攘攘，有的在观看展演、有的在与参展艺人交流、有的在观赏或拍照作品，据统计，6天的开幕活动共接待了十余万社会公众。观看了开幕式表演的北京观众陈女士说，全国各地独具特色的表演，韵味十足，演出太精彩了，精彩超出了我的想象，两个小时的表演很有看头，在北京要是有这样一个永久性表演舞台就好了，这样我们可以在城市欣赏到这样地道的乡土艺术了。有网友评论说，这次农民艺术节是北京今年继汽车展之后的又一盛会。

三、突出特点

(一)权威性。艺术节是由政府主导、跨部门、跨行业的国家级盛会。政府主导作用的发挥是农民艺术节成功的关键。它体现在四个方面,其一,党和国家领导人出席开幕式,各有关部委领导莅临指导。其二,主办单位作为政府"三农"和文化艺术的主管部门,投入大量人力物力资源。其三,主流媒体的鼎力支持。中宣部新闻局专门下发文件,各新闻媒体广泛宣传报道了中国农民艺术节的盛况。其四,这次农民艺术节的最大特点是各地政府参加的积极性高。在自愿参加、缺少财政预算的条件下,各省区市如此踊跃参加首届农民艺术节,实属罕见。大部分省市区的领导或农业厅局的领导亲自带队参加艺术节,许多省区市主管部门负责人不畏辛苦,坚持始终,保证了艺术节的顺利圆满成功。山西省刘维佳副省长率农业、文化、文联等厅(会)组织农民参加艺术节,拨出300多万元的省长基金用于筹办这次艺术节,省农业厅左义河副厅长,始终坚持在筹备和展出的第一线。四川省内江市委市政府知道北京举办农民艺术节的消息后,市委召开常委会紧急动员部署,拨出65万专款用于筹备农民艺术节。艺术节筹备期间,内江农民如同过节一样高兴,政府把艺术节作为展示新时期农民精神面貌的舞台,精心推荐展演项目,组织农民参加艺术节。

(二)公益性。农民艺术节始终坚持公益性原则,这是本届艺术节得到社会各界大力支持的重要原因。在筹备和举办艺术节期间,不管是明星大腕,还是其他知名人士;不管是组织者,还是参与者;不管是台前,还是幕后,大家都热心为农民办事,无私奉献。目的就是为农民朋友服务。中国端砚发源地广东肇庆白石村的梁佩阳是一位农民"制砚艺术大师"。他在接受媒体采访时说,自己参加过40届广交会及各种全国性、地方性的博览会、展览会,但觉得"这一次最值得","不收我们一分钱,还提供这么好的平台。"他觉得很有收获,并表示"以后我还要参加。"

坚持农民艺术节的公益性与其主要承办单位农业博物馆的服务三农、弘扬农耕文明宗旨是一致的。艺术节是博物馆发挥社会公益职能的重要举措。其受益对象不仅仅有农民艺人和广大农民,更有城市居民。观众对首届中国农民艺术节的活动发出这样的感慨:"太精彩了!农民艺术节有表演、有展览,还有其他各项丰富多彩的活动,让我们看到了来自农民兄弟的最纯朴、最原生态的歌舞节目、技艺展示,感受到了来自他们的智慧和创造力。”

（三）综合性。首届农民艺术节坚持推动农民文化产业发展与满足农民精神需求相结合，坚持乡土艺术进城与现代艺术下乡结合，坚持一个主会场与众多分会场相结合。在具体运作上，坚持展览、演出、会议相结合，有学术探讨、信息发布等会议，有广场、舞台和空中等不同高度的演出，有作品展示、技艺演示、项目图示等多样化的展览。这次农民艺术节把汇演、展览和会议多元组合，打造了“节”的氛围。使农民、艺术、节庆完美结合，开创了一种新的大众文化形式。

开幕式以文艺演出为主，并贯穿艺术节始终。文艺演出凸显了三个特点：一是创意精妙、别出心裁、打破模式、开创新篇；二是乡土乡情、赏心悦目、气势恢宏、场面震撼；三是舞美设计简单、洗练而不同凡响，符合我国农耕文化根源性文化内涵的最本质特征。

世界农业文化遗产保护学术研讨会得到联合国粮农组织和联合国教科文组织的支持，规格和学术水平之高，是类似的学术研讨会前所未有的。会议交流了农业文化遗产工作领域中的新进展、新成果，针对当前国内外农业文化遗产理论和实践中的一些热点和难点问题，展开了跨学科、跨地域的研讨，对农业文化遗产的科学保护，将产生积极的影响。

展览设计精美、展品丰富、地域特色浓郁。七个展览涉及一村一品项目、农业非物质文化遗产与技艺、农民画、剪纸、摄影、传统与现代艺术作品等多方面、多种类，各具特色。展示方式是展演结合，既展示各种艺术门类的代表性作品，又演示制作流程和技艺，解说艺术品的文化内涵，表演带着乡土气息的民间艺术，古朴纯真、乡村生活气息浓郁。让观众身临其境，感受中华农耕文明的魅力。

第八届中国国际农产品交易会简要总结

在党中央、国务院亲切关怀下，2010年10月18—22日，第八届中国国际农产品交易会（以下简称农交会）在郑州国际会展中心成功举办。中共中央政治局委员、国务院副总理回良玉和全国政协副主席白立忱出席开幕式并视察了农交会，回良玉副总理宣布农交会开幕。有关简要情况如下。

一、基本情况及成效

本届农交会由农业部、河南省人民政府主办，国家发展改革委、财政部、商务部、海关总署、质检总局、全国供销总社、中国贸促会协办，以"转变发展方式，推进现代农业"为主题，与第三届中国郑州农业博览会同时、同地联合举办，融合两会优势，展馆规模、参展企业和签约成交均创历届之最。

今年是"十一五"最后一年，又是战胜各种特大自然灾害影响农业再夺丰收的一年，农交会的召开恰逢党的十七届五中全会胜利闭幕，各地企业参展踊跃，展会气氛热烈。本届农交会共有来自全国各省（区、市）、新疆生产建设兵团、台湾及水产行业共34个展团和美、日、英等16个国家的2 000多家企业参展，境内外20多个国家的1万多名采购商参加了交易洽谈。本届农交会贸易成交金额560亿元，比上届增长33%，成为展示农村改革发展成果的重要窗口、推动农业交流的品牌展会和促进农产品贸易的权威平台。社会各界对农交会反响热烈，参观人数30多万人次，参会的境内外媒体有200多家，记者300多人，网络直播新闻信息2 000多篇，网上农交会每日访问点击数超过10万，普遍赞扬农交会为宣传"三农"工作、展示农业精品、促进农产品贸易发挥了重要作用。

二、主要特点

本届农交会气势宏大、主题突出、展品精美、展示生动、交易活跃，主要有以下特点：

（一）展出规模大。本届农交会总展示面积10.3万米²，其中室内展示面积6.5万米²，为历届之最，分别设立了综合展区、行业十强龙头企业展区、创意农业展区、国际展区、农业装备展区和河南省特色农产品展区共6个展示版块。

（二）活动内容丰富。农交会期间，组委会举办了采购商专场、现代农业发展峰会、农业投融资洽谈会、农业产业化七大行业十强授牌仪式、国际采购洽谈会、贸易成交签约仪式等多项活动；河南、新疆等9个省（区、市）还分别举办了12场特色产品发布会、推介会。

（三）参展企业档次高。本届农交会参展企业多为各地的农业产业化龙头企业，其中国家级重点龙头企业达200多家，特别是米业、面食业、畜禽业、水产业、奶业、茶业、果蔬加工业等7大行业领军企业参展，充分展现了我国农业企业的整体实力和良好形象。

（四）展品丰富精美。近3 000种无公害、绿色、有机农产品及地理标志登记产品引人注目。12大类农业装备产品在室外广场展示，涵盖先进适用农机具、水利机械、畜牧机械、加工机械、沼气设备等，丰富精美的展品倍受客商青睐，吸引了众多市民驻足参观。

（五）展示形式新颖。通过展、销、商、会、网等形式，多层次、多视角地展示了农业新产品、新技术、新成果，首次以网络三维全景方式对展览现场进行了直播，河南农业信息中心联合中国移动及河南电视台，组织种植、水产和畜禽养殖等专家通过12316“三农”热线开展现场信息咨询解答，收到很好效果。很多展团增加了特装展位，使特装展位比重提高到90%，展示的整体性更强，效果更佳。

（六）科技含量高。本届农交会推出的一大批具有较高推广价值的深加工产品和实用技术、现代农业装备等，充分体现了我国农业科技进步与发展水平，展示了“十二五”现代农业发展前景。特别是设立的现代农业示范园和创意农业展区，给广大观众演示了生态农业、观光农业和“一村一品”等农业发展的新理念、新模式，令人耳目一新。

中国绿色食品 2010 上海博览会简要总结

中国绿色食品 2010 上海博览会于 2010 年 10 月 18 日在上海举行，是绿色食品事业开创以来举办的第 11 届全国性绿色食品专业博览会。从 2010 年开始，绿博会上升为由农业部主办。本届绿博会共有全国 31 个省市区的 41 个绿色食品管理机构组织 700 家绿色食品企业、3 000 多种绿色食品产品参加，取得了圆满成功。

一、主要成效

一是展示了成果。今年是绿色食品事业创立 20 周年，在绿博会开幕式上举办了绿色食品 20 周年图片展，全面展示了绿色食品事业 20 年发展的辉煌成就。许多参展产品特色鲜明、质量过硬、包装精美、档次很高，充分体现了绿色食品精品品牌形象；参展企业大多是国家级和省级农业产业化龙头企业，实力强、影响大，充分体现了绿色食品产业发展的水平。

二是促进了贸易。本届绿博会有上千家中外采购商到会洽谈采购，交易活跃，产销对接、经贸合作成果显著。根据组委会统计，本届绿博会总交易额 62.8 亿元，其中，签约额 14.6 亿元，意向金额 47.9 亿元，零售额 2 600 万元。签订经贸与技术投资合作意向项目 398 个。本届绿博会不仅吸引了一批国内大型超市、批发市场、星级酒店、餐饮企业、食品商店、行业商会到会洽谈订货，而且还为学校、政府机关、军队、国有大型企业等单位的食品集团采购提供了便利。黑龙江北大荒米业与家乐福超市签订大米销售合同 5 000 吨，金额达 4 000 万元。广西金穗农业投资有限公司与来自上海、浙江宁波、内蒙古的客商签订 3 个香蕉销售订单，金额共计 1 500 万元。本届绿博会还通过精心安排，更加突出了贸易主题。为了促进厂商合作和产销对接，组委会在会前向国内外的大型食品采购和零售集团以及商业流通企业发出了 1 000 多份邀请函，并首次邀请 7 家绿色食品专业营销商参展，设立洽谈专区，取得了较好的效果。广州绿博隆商业有限公司与 118 家企业达成了合作意向，即将签约 13 家。北京国绿特食品发展有限公司共与100多家企业进行了洽谈,与50余家企业达成了合作意向,确定合作企业10余家。本届绿博会将采购商专场活动时间增加为两天,受到厂商欢迎。部分地区还在绿博会期间组织了农超对接、招商说明会、产品推介会、项目签约会等一系列商贸促销活动,如吉林省绿色农产品推介会和项目签约仪式、绿博隆招商采购洽谈会、上海西郊国际农产品展示直销中心产销对接会等,均取得了较好的效果。

三是增进了交流。借助绿博会,各地绿色食品企业之间、绿色食品生产企业与经营企业之间以及绿色食品工作机构之间相互交流了绿色食品产业发展的经验,获取了大量有关绿色食品产业发展领域的政策、技术、市场、贸易等方面的信息和动态。绿博会期间,组委会还举办了"中国绿色食品市场与发展研讨会",来自政府、高校的高层专家、绿色食品生产企业和贸易商代表在研讨会上发表了精彩演讲,深入交流了绿色食品专业流通体系建设与市场营销模式。

四是扩大了影响。会前,中心和各地绿办面向全社会作了大量的宣传工作。10月28日,在绿博会召开前夕,组委会在北京召开了新闻发布会,向部分中央主流媒体宣传了绿色食品事业,发布了绿博会专题信息。《农民日报》10月20日开始设立绿博会专版,开展倒计时宣传。《农村工作通讯》杂志进行了两期封底宣传。绿博会期间,中央电视台第七频道、农业部信息中心、农民日报、中国食品报等中央新闻媒体以及上海市有关新闻单位对绿博会作了集中的宣传报道。中心开设了绿博会网站,《绿色食品》杂志也对绿博会进行了持续地宣传。绿博会期间,中心发放还发放了《绿色食品知识讲座》光盘。以绿博会为契机开展的一系列宣传活动,进一步扩大了绿色食品事业的社会影响。

二、收获体会

一是各级领导的重视、关心和支持是办好绿博会的重要前提。绿博会一直离不开各级政府和领导的重视、关心和支持。多年以来,部分地方把办好绿博会作为推动本地区绿色食品事业发展的一个重要措施,加强组织领导,加大专项经费支持力度。部分地方省政府和农业部门的主管领导还亲临绿博会指导,开展组织协调工作。本届绿博会,同样得到了农业部和地方政府及有关部门的领导的支持。农业部张玉香总经济师、青海省邓本太副省长、农业部农产品质量安全监管局马爱国局长、上海市农委孙雷主任等领导出席开幕式并参观指导工作，各省有40多位厅局级领导随各展团指导。

二是绿色食品厂商的积极参与是办好绿博会的关键。近几年，随着绿色食品品牌知名度和影响力的不断提升，绿博会的效果不断扩大，绿色食品企业的参展积极性越来越高，来自国内外的采购商也越来越多，给绿博会注入了持续发展的生命力。通过参加绿博会，许多绿色食品企业的产品进入了国内大中城市的高端市场，部分产品打入了国际市场。绿博会满足了一大批中外采购商对绿色食品产品的需求，并与部分绿色食品企业建立起了长期稳定的合作关系和渠道。同时，通过绿博会搭建的平台，绿色食品厂商不仅实现了交易订货的目标，而且展示了企业形象，了解了行业动态，获取了市场信息，增进了交流与合作。

三是新闻媒体的广泛宣传是办好绿博会的重要条件。每届绿博会，我们都得到了新闻媒体的广泛关注和积极支持，不仅集中宣传了绿色食品事业发展成果和品牌形象，也为绿博会的成功举办营造了良好的舆论环境和社会氛围。近几年，绿博会宣传实现了“三个配合”：即会前广泛宣传、会中集中宣传、会后深度宣传配合；中心、各省绿办、举办地绿办互动宣传配合；平面媒体、网络媒体、电视广播媒体宣传配合，效果明显。本届绿博会召开前后及展会期间，除了地方组织开展的宣传外，我们还组织《农民日报》、《中国食品报》、《中国商报》、中国农业信息网、中国绿色食品网、中央电视台第七频道，以及《解放日报》、《文汇报》、《新民晚报》、上海电视台、上海广播电台等几十家中央和地方新闻媒体对绿博会作了大量及时的宣传报道。

四是各地绿办的工作成效是办好绿博会的重要保障。紧紧依靠整个绿色食品工作系统的力量，发扬团队精神，是办好绿博会的重要保障。为办好每一届绿博会，多年以来，全国绿色食品工作系统上下齐心协力，全力以赴做了大量的筹备和组织工作，付出了大量的心血。各地绿办主任领导亲自带队，统筹协调，认真落实组委会的各项工作，在招展招商、宣传组织、展区设计、贸易洽谈等方面做了大量深入细致的工作，为绿博会成功举办奠定了扎实的工作基础。本届绿博会组委会共评出了25个优秀组织奖和15个组织奖。

2010 信息化与现代农业博览会简要总结

在全国上下认真贯彻落实党的十七届五中全会精神，推进现代农业建设和加快农业发展方式转变的重要时期，由农业部、工业和信息化部共同主办的“2010 信息化与现代农业博览会”于 2010 年 11 月 20—22 日在京成功举办。有关情况如下。

一、基本情况

本届博览会是对现代信息技术在“三农”领域应用的一次大检阅，既充分展示了农业信息化的巨大成就，更进一步明确了以现代信息技术改造传统农业、提升现代农业的发展方向，激发了社会相关各界投身农业生产经营信息化的活力，增添了大力推进农业农村信息化的信心和决心，实现了展示发展成果、促进交流合作和推动农业农村信息化全面发展的预期目标。有以下几个主要特点：

（一）各方重视，参展踊跃。本届博览会受到了国家领导的亲切关怀和高度重视，全国政协副主席罗富和亲临博览会视察指导，农业部、工信部、监察部、水利部、气象局等多部委领导，及有关省领导参加了开幕式并进行了现场参观，对举办博览会的重要意义和博览会的展示内容、表现形式给予了高度评价。农口各系统、各相关部门及工商企业参展踊跃，农业系统内部种植、农机、畜牧、兽医、农垦、乡企、渔业等行业积极行动，精心组织；全国农业教学科研单位、29 个省区市农业部门克服困难，积极筹措资金，创新设计；电信运营商、IT 企业、信息服务商等工商企业积极赞助，广泛交流与洽谈，博览会气氛热烈。本届博览会共有 113 个部门或单位参展，参展项目达 230 余个。

（二）内容丰富，精彩纷呈。本届博览会紧紧围绕信息化与现代农业发展的主题，设计了综合、行业、地方、科技、企业五大展区，展示了丰富而精彩的信息技术改造传统农业的新成果和新进展，特别是节水灌溉自动化控制、农作物重大病虫害可视化预报、大型畜牧业食品安全追溯、草原防火实况演练、渔政指挥信息系统观摩、自动导航拖拉机挂接变量施肥机、果园自动对靶喷雾机、三维激光地形测量车、农技推广三方互动点播及专家咨询诊断信息系统等先进实用技术，金农工程、“三电合一”等重大信息化工程以及电子商务平台等成果的展示，充分显示了先进信息技术和项目对现代农业的巨大推动力，给观众留下了深刻印象。

（三）交流活跃，互动性强。博览会期间，同期举行了农业部与中国联通共同推进农业农村信息化战略合作框架协议的签约仪式，并围绕信息化与现代农业分别举办了高峰会议和通信服务助力现代农业、设施农业物联网应用、农业电子商务等多场专题讲座和报告会。博览会期间，各参展单位和企业同台展出，互相学习，相互借鉴，并在交流中达成了一批合作签约意向，找到了共同开发的项目，达到了优势互补、互动联动、共同提高的目的。参展代表充分利用高峰会议和讲座的机会，与农业信息化领域专家们进行了深入的探讨和交流，对下一步深入推进信息技术的应用和农业农村信息化工作意义重大。

（四）形式新颖，可看性强。本届博览会特装展位 44 个，占总展出面积的 85%以上，设计新颖，形式精美，视觉冲击力和可看性强。博览会上，无人驾驶拖拉机、黄瓜自动采摘机器人、智能化种植养殖现场演示等实物情景展示受到观众们的青睐，全息投影技术、3D 电子沙盘等现代展示手段更是让观众们耳目一新，社会各界对博览会表现出极大兴趣，博览会气氛热烈。据不完全统计，在短短的三天里，本届博览会参观人员达五万人次。博览会期间，组委会通过网上直播，在农业部网站上对本届博览会进行了全程报道，全景再现，持续扩大博览会影响，使其成为永不落幕的信息化与现代农业博览会。

二、收获体会

（一）对创新工作思路，用信息化推动现代农业发展的意识更强。信息化是当今时代的主题，推进农业信息化是建设现代农业、加快转变农业发展方式的必然选择。本次博览会通过现代信息技术在农业领域的应用展示，使大家充分认识到我国现代农业已经进入了以信息技术为重要推动力的新阶段。当前，信息技术发展日新月异，只有大力推进农业信息化，以现代信息技术改造和装备农业、以充分和畅通的信息资源引导农业，才能切实提高现代农业发展水平和农业国际竞争力，使之立于不败之地。

（二）对创新工作机制，合力推动农业农村信息化的共识更强。博览会既有各级政府部门工作的展出，也有各类企业的展示，特别是各地与工商企业合作成果的展出，充分说明了推动信息服务社会化的重要意义。全面推进农业信息化，既需要政府部门发挥主导作用，也需要工商企业等社会力量的广泛参与，坚持“政府主导、社会参与、市场运作、多方共赢”的原则，不断探索新型发展模式和服务方式，这是深入推进农业信息化的长久之策。

（三）对创新工作方式，全面提升农业农村信息化的信心和决心更强。通过博览会的精彩展示和专题讲座等交流的方式，大家既看到了成绩，也找到了差距，进一步统一了思想，增强了新形势下做好农业农村信息化工作的责任感和使命感，找准了今后一段时间农业农村信息化工作的发展方向，明确了工作的着力点和关键点，切实增强了加快发展农业农村信息化的决心和信心。

关于 WTO 农业协议政府一般服务中的农产品营销促销服务体系专题研究报告

中国加入 WTO 后，农产品市场进一步开放。面对国际农产品市场的激烈竞争，在遵守 WTO 规则、严格履行农业协议的同时，用好用足 WTO 有关规定和协议条款，特别是充分利用其“绿箱”政策措施，加大对农业的保护支持力度，是促进我国农业增效、农民增收、农产品国际竞争力增强的重要战略举措。

卓有成效地开展农产品“营销和促销服务”，是绿箱政策条款中“政府服务计划”的一项重要内容，也是现代市场经济条件和 WTO 框架下，实现农业持续、稳定发展的必然选择。而这项重要政策措施在我国现行财政预算制度中至今仍是空白，其后果不言而喻、不容忽视。本专题旨在从我国农业和农村经济发展的实际出发，认真研究和借鉴 WTO 有关成员国的经验与做法，就怎样进一步加强政府对农业的保护和支持，调整农业投资的方向和重点，构建既符合我国国情、又与国际接轨的农产品营销和促销服务体系，提出一些对策建议。

一、大力开展农产品营销促销服务，是新世纪新阶段加快农业和农村经济发展的重要举措

按照 WTO 农业协议“政府服务计划”中“一般服务”的规定：“营销和促销服务，包括与特定产品有关的市场信息、咨询和促销，但不包括目的不明确的可为卖主用来降低销售价格或为买主带来直接经济利益的开支”。根据 WTO 成员国的一般通行做法，政府开展农产品营销和促销服务，主要包括以下几个方面：①组织开展市场调研，研究分析国内外农产品（分品种、分区域、分时间跨度）生产、销售状况和市场动态，进行市场细分，为生产经营者确定目标市场提供依据；②搭建沟通国内国外农产品市场信息的网络平台，及时收集、分析和向社会发布国内外农产品市场价格信息、供求信息

和预测信息，协调产销关系，发展电子商务；③在政府指导、资助下，由各类行业协会等非经营性团体开展面向国内国外的农产品展示博览、品牌推介、广告宣传和诊断咨询等活动，有效地开拓国内外市场；④加强农产品市场体系建设，完善市场服务功能，构建多元化的营销渠道，推广先进适用的营销方式和技巧，提高流通效率；⑤制定和组织实施农产品流通中的分级包装标准，方便农产品的运输、贮藏和交易。

新世纪新阶段我国农业和农村经济发展面临新的背景特征：一是在农业和农村经济的运行机制上，已由传统的计划经济转入社会主义市场经济轨道。目前我国90％的农产品收购、95％以上的农产品销售已实行市场定价、自由购销，市场机制、市场力量已在农业和农村经济运行中处于主导地位。二是在农产品供求格局上，告别了过去长期短缺的状况，转变为总量平衡、丰年有余，许多农产品出现了结构性、阶段性过剩。农业和农村经济的发展模式已由过去的供给决定型即能生产什么、生产多少就生产什么、生产多少，转变为需求导向型即必须按照市场需求变化确定发展速度，安排农业生产的品种、规模和布局。三是随着经济全球化、市场一体化趋势的加快和我国加入 WTO 后所面对的新形势，如何使农业免遭国际市场的重大冲击并增强其竞争力，进一步开拓国内外市场，是一项亟待解决的重要课题。

上述三大特征决定了农产品市场流通和营销促销在新世纪、新阶段农业和农村经济发展中的重要性、先导性。近些年党中央、国务院根据主要工农业产品全面出现买方市场的新特点和全球经济增速减缓、消费增长乏力的新背景，确立把扩大内需、开拓国内外市场作为促进我国国民经济持续稳定发展的一项根本战略方针，已收到有目共睹的绩效。党的十六大报告明确提出："统筹城乡经济社会发展，建设现代农业，发展农村经济，增加农民收入，是全面建设小康社会的重大任务。"同时强调指出，实现这一重大任务的重要措施之一，是"开拓农村市场，搞活农产品流通，健全农产品市场体系"。市场流通和营销促销行业通过把新的优质农产品及其特点介绍给消费者，可以引导和激励消费，把潜在需求转化为现实消费，并进而创造新的消费需求，不断开拓市场。

近两年农业和农村经济结构调整取得了明显进展，对增加农民收入起到了重要作用。同时，农产品卖难、农民增产不增收的现象反复出现、此伏彼起的现实也告诉我们，有必要对已有的思维定式、操作路径进行一些反思和适当调整。从根本上说，结构调整是手段而不是目的，实现农业增效、农民增收才是根本目标和出发点。结构调整是农业增效、农民增收的必要前提或条件，但不是充分条件。马克思有句名言："每一种商品都只能在流通过程中实现它的价值；它是否实现它的价值，在多大程度上实现它的价值，这取决于当时市场的状况。"(《马克思恩格斯全集》第 25 卷，人民出版社 1974 年 11 月第 1 版第 720 页)道理很简单，任何一项产品再好，质量再高，只有把它卖出去才能实现其价值。就社会再生产过程而言，生产出来的产品只有在合理的价位上卖出从而取得相应的回报，社会再生产才得以顺利进行。改革开放 20 多年了，现实中把搞活农产品市场流通和营销促销当作"倒来倒去不当行为"的非议固然已不占上风，但是，从思想理念到实际操作中依然"重生产轻流通"的现象不乏有之。

据《中国第一次农业普查资料》，1996 年全国 21 383 万个农户中，农业户(含纯农业户和以农为主的兼业户)有 19 309 万户，占 90.3%，非农业户仅 2 074 万户，占 9.7%。在农业户中，以种植业为主的户达 18 709 万户，占农业户的 96.7%。这就是说，全国有 87.5%的农户是主要靠种地为生的。对于如此面广量大、小规模分散经营的农户来说，不仅获取市场信息、适应市场变化的难度较大，不可能一蹴而就，而且，农民学习掌握先进适用技术以调整种植业结构，也非"一日之功"，而需要有个过程并支付一定代价。但这 80%以上的农户总得种地是眼下不争的事实，不种或少种粮油就得多种蔬菜、瓜果等经济作物。因此，在农产品供大于求的背景下，如何搞好农产品市场流通和营销促销服务，大力开拓国内外市场，使农民生产出来的东西能及时卖出去并力争卖个好价钱，可以说是新世纪新阶段农业和农村经济工作的一个重要着力点。

二、美国、日本、欧盟等国家和地区政府开展农产品营销和促销服务的主要经验与做法

(一)美国

美国政府开展农产品营销和促销服务有一套比较完整的方案和做法：

1. 与农产品进口国合作，共同开展所在国市场调研。美国政府安排专项资金，由农业部采取与有关农产品进口国家(政府部门、研究机构、大专院校等)合作的方式，共同研究进口国各类农产品生产、流通和消费现状及其趋势，为扩大农产品出口提供决策依据。例如，近些年美农业部经济研究局已与中国国家体改委(办)、国务院发展研究中心等单位合作，先后对

中国的小麦、玉米、大豆、棉花、蔬菜、水果、肉类等产品的生产、消费和进出口状况,进行了系统的专题研究。又如,美农业部市场服务局分别与俄罗斯、匈牙利等国家合作,共同研究如何改善俄、匈两国的粮食运输、储备、港口设施状况,以利于扩大美粮食出口。

2.利用美驻外机构和人员进行国外农产品市场调研。美农业部国外农业局在许多驻外使馆派有农业参赞或专员,专门负责及时收集、整理所在国各类农产品的生产、消费状况和贸易途径,以便于对国外农产品市场趋势做出综合分析与判断。

3.健全的国内农产品市场信息体系和规范的运作制度。美国从1915年开始推行市场信息服务,至今已有80多年的历史,形成了一套比较完善、规范有效的国内农产品市场信息服务体系和制度。一是通过立法,以保证市场信息工作的客观、公正、有效及其经费来源。法律授权美国农业部市场服务局(简称AMS)为美国政府市场新闻计划项目的执行机构,负责收集、发布农产品市场信息,法律规定市场信息工作的经费以专项形式纳入政府年度财政预算拨款。二是市场信息服务的整个流程由美国农业部市场服务局统一管理,各州协助执行。在全国各主产州、批发市场、拍卖场、装运点等设有市场新闻办公室,其工作人员都是联邦政府或州政府雇员,一律经严格培训后持证上岗,人员工资和业务经费由财政预算列支。三是信息收集、发布工作标准化、规范化。各州和各地的市场新闻办公室每天定时收集信息、撰写市场报告,并按时传送给市场服务局。农业部和各地通过各种媒体按规定发布每日、周、半月、月、双月、季度及年度信息和新闻报告。

此外,美农业部的国家农业统计局建立了从上到下一整套统计信息服务体系。该局每年发布340多种统计信息报告,涉及120多种农产品的生产、加工与消费、库存以及农业投入品价格等数据信息。

4.建立农产品对外贸易综合信息网,及时发布国际农产品市场的相关信息。由美农业部的世界农业展望委员会牵头,负责协调市场服务局、经济研究局、农业统计局、国外农业局以及农业气象和遥感部门的国内、国外各类农产品、商品预测项目。按照美国国会的要求,美农业部每个月对世界农产品市场的供求形势进行一次预测。每月的第二个星期四,世界农业展望委员会会同部内各有关单位官员和专家,"封闭"起来共同会商审定各种农产品的预测数据,最终形成代表农业部的官方预测,经农业部长签字后于次日上午8:30向外界正式公布,全美和全球可以通过互联网了解其信息，各国新闻媒体都可以转发报告的内容。公布的主要内容包括对世界主要谷物、油料和畜产品的供求预测数据，以及上月发生的影响世界各种农产品供求数量变化的事件及其影响程度。此外，美农业部还于每年2月中旬召开由世界许多国家负责农业信息工作的官员与专家参加的世界农业展望会，既相互沟通各种农产品预测信息，又有利于扩大美农产品的国外市场销路。

5.政府资助、扶持各类农产品的行业团体、协会和企业走出美国，进行国外市场开发。美国国会早在1954年7月通过的《农产品贸易发展和援助法案》(通称第480号公法)，是一个专门的权威性很高的农产品营销和援助法案。依据此法案，美国农业部国外农业局长期与国内各类农产品的行业团体、协会合作，并给予财政支持，引导有出口潜力的供应商与进口国家的政府、企业或贸易协会合作，积极寻找国外市场机会。补贴的方式，对个别供应商企业的品牌促销最多补贴其所需费用的50%，对行业团体的一般促销活动补贴90%的经费。如美国肉类出口协会，1999年度(1999.7—2000.6)联邦政府预算补贴832万美元，该协会主要从事三方面的促销活动：一是市场开发，包括产品推销、贸易洽谈、宣传攻关、让消费者知情等；二是贸易服务，包括沟通买卖双方，进行产品与市场调研，通过互联网发送信息；三是咨询服务，为企业提供市场准入以及解决贸易争端的知识技巧。

6.政府资助举办或组织参加国内、国际农产品展示博览会、品牌推介或报告会，以及进行广告宣传等促销活动，帮助生产者及其他供应商有效地开拓国内外市场；或在一些国家、地区设立农产品贸易办事处，为出口市场开发提供方便。加利福尼亚州是全美第一农业大州，2002年2月15日加州食品和农业局发布消息称，决定推行一项促销本地农产品计划，鼓励居民购买当地生产的农产品，州政府为此拨款500万美元，加上有农业组织和公司捐助，总投资高达1 080万美元，加州葡萄生产协会、苹果生产协会、鲑鱼生产协会等纷纷报名参加这项促销计划。

7.制定和推广实施统一的农产品流通中分级包装标准和营销技术规范，以利于提高农产品交易效率。美国农业部市场服务局制定了畜牧、蔬菜、瓜果等一系列农产品的等级标准和规格化包装标准，这些标准不仅在美国国内得到普遍推广，方便了农产品交易，而且还通过与有关国家和地区开展制定实施这类标准和营销技术方面的合作，最终达到向国外推销美农产品的目的。

8.政府扶持，加强农产品市场体系建设。有关研究报告显示，在美国的整个商业中，批发业占有十分重要的地位，批发业的交易额占美国全年商品销售额的63%(冯昭奎、小山周三，1996)。另据美国农业部市场服务局1999年提供的情况，美国的农产品批发市场主要分为“农场主市场”(Farmer Market)和“终点市场”(Terminal Market)两类，二者分别相当于我国的农产品产地市场和销地市场。批发市场建设的筹资方式，既有“私人合伙型”、“社会团体型”，也有政府资助或政府以地产入股的，还有完全由政府独资兴办和管理的，如位于亚特兰大市的佐治亚州立农场主市场，就是由州政府投资、所有与管理。

(二)日本

日本政府开展农产品市场营销和促销服务主要包括以下几个方面：

1.组织开展国内外市场调研。日本除了大米以外的许多农产品都需要大量进口，国内生产农产品的成本和价格都远远高于国际市场。日本政府为了保护本国的农业生产和农民利益，安排专项资金，由日本农林水产省食品流通局等单位和有关协力事业机构、科研机构开展经常性的国内外市场调研，掌握市场动态，有些调研活动还与有关国家合作进行。如在上个世纪80年代，日本政府资助协力事业机构与我国一家农业研究单位合作，共同研究中国的大米、玉米生产、消费和进出口状况及其趋势，为日本政府制定保护大米生产、进口饲料的有关决策提供参考依据。

2.政府资助各级农协举办各类农产品展览展销和广告宣传活动，旨在树立本国或国内一些地区农产品的形象，增强其竞争力。日本政府在开展国内外市场调研的基础上，确定重点促销品种，资助各级农协在主产地举办展览促销活动，鼓励地区之间开展农产品质量、品牌的竞争，提高经认证的产地品牌(粘贴标识)农产品的形象和知名度，并利用多种媒体进行大范围的、隆重的广告宣传，以期得到广大消费者的认同，即“本县、本地区的产品比其他地区和县、乃至比国外同类产品的质量好”，最终达到扩大国产农产品销量的目的。

3.政府出资建设一大批农产品批发市场。据日本农林水产省食品流通局市场课的统计，日本全国有农产品中央批发市场88个，地方批发市场1 611个，未达到规模的其他批发市场902个，三类批发市场合计2 601个。日本的农产品批发市场体系及其运作制度，被世人公认为是在生鲜农产品流通领域的一项杰出创造。日本政府一贯把开办农产品批发市场作为一种公益性事业。建设中央批发市场所需资金由政府从国库拨款和公益企业金融公库贷款解决；规模较大的地方批发市场建设资金也来源于国库拨款和公库贷款。2002年日本政府预算拨款13.94亿日元用于食品流通的效率化和物流的高度化，60.15亿日元用于农产品批发市场的功能化。

4.政府资助生产者建立农产品集货分销渠道。一是扶持县和县以下基层农协建立农产品加工、包装和分销中心，支持引进购置预冷设施、冷藏链、控温运输设备和包装材料，以提高其货物集散能力；二是对生产者开办农产品直销商店，在设施建设上给予资金扶持；三是扶持订单生产，鼓励生产者组织与消费者团体的沟通与合作；四是扶持扩大利用本国农产品为原料的食品加工技术开发。

5.政府资助农产品市场信息系统的建设与运转。日本的农产品市场信息体系由3个系统组成：一是农林水产省建立和直接管理的日本生鲜食品流通情报中心。该中心有150多名工作人员，属国家事业编制。主要负责收集、分析处理和发布国内国外蔬菜、水果、水产品、肉类等生鲜食品的市场价格行情、供求变动趋势。二是由农产品中央批发市场联合会主办的市场销售信息系统。它已实现了国内88个中央批发市场、600多个地方批发市场和各地海关的联网，各地批发市场每天销售各种农产品的数量和海关每天的农产品进出口通关量实时联网发布，生产者和销售商均可方便地从网上获得每天、每月、年度的各种农产品精确到公斤的销售量。三是由日本农协主办的农产品产销信息系统。主要收集、发布1 800多个基层农协提供的各种农产品产量和产品成本、价格等信息。凭借以上3个农产品市场信息系统提供的信息，每一个农户对国内乃至国际市场上哪些农产品好销、价格高低、生产总量做到心中有数，据此调整自己的种养业结构和经营方向。前两个信息系统的建设、运行经费由政府提供，对农协主办的信息系统给予一定的经费补助。2002年日本政府预算拨款1.53亿日元，专门用于农产品市场信息、食品安全信息的体系建设与提供服务。

（三）欧盟

目前，欧盟的农业政策大体分为六大项：农业市场政策、农业结构政策、农业地区政策、农业社会政策、农业环境政策和面向消费者的农业和食物政策。欧盟的农业补贴政策主要与前五项政策直接相关。其具体支持方式；一是价格补贴；二是收入直接补贴；三是提供农业公共服务支出，包括农业科研推广、检测检验、市场营销体系建设、基础设施建设等；四是信贷和税收政策；五是贸易促进，包括出口补贴和出口信贷，设置技术性贸易壁垒，营销宣传，信息服务，贸易咨询，扶持行业团体、协会开拓国外农产品市场，以及通过多边或双边贸易谈判促进对方降低关税、开放市场；六是农业保险。（刘振伟等，2002.9）

欧盟于1999年3月通过了新的共同农业政策改革方案，即《2000年议程》，提出今后一个时期（2006年以前）欧盟共同农业政策要在保持现有农业预算支出水平的基础上，以"高竞争力、可持续性和优质产品"为目标，减少价格支持，增加支持食品质量与安全和市场营销促销服务的力度，进一步适应、开拓欧盟内部市场和国外市场。

欧盟成员国政府十分重视市场信息服务和促销宣传活动。法国农业部门分国家、大区和省三级，共同完成国内外农产品市场信息的收集、发布工作，政府还资助农业行业协会、合作社联盟开展市场信息服务，组织大农场和加工营销商参加全国或世界性的农业博览、贸易交流活动，增加农产品出口机会。德国的农业信息体系由两部分组成，农业生产信息的调查和收集由联邦统计局组织，州、县、乡各级统计机构共同完成；而市场信息的收集、发布工作由政府资助的半官方、非赢利的农业和食品市场价格信息报告中心负责组织实施。

（四）韩国

韩国的农产品主要供国内消费，并需要进口部分农产品。韩国农业政策的基本目标是保障国内食物供给，增强与进口农产品的竞争力，稳定农民收入。即使如此，据韩国农林部国际农业局统计，2000年韩国政府对农业一般服务中用于营销促销服务的资金达242亿韩元。

韩国政府出资开展农产品营销促销服务主要有以下几种方式：

——大力资助、扶持农协和农业生产者进入农产品流通领域。1997年韩国政府颁布了《农产品流通改革具体推进对策》，其主要内容是确立以生产者组织为中心的农产品产销流通体系，并促进农产品规格化、品牌商标化。据此，政府一是支持农产品集产地（相当于中国的小规模产地市场）购置必要的设备，对农产品进行粗加工整理，便于运销出去。二是支持具有一定规模的生产者组织建立农产品包装中心，把农产品集中、分级、包装后成为"均等的商品"。三是为生产者开办产地加工厂提供经营咨询和补贴。四是资助、鼓励农协创办共销场、直销场和在大城市的大型商业设施中设置销售专柜。如1997年政府扶持农协中央和地方农协在汉城（现首尔）开设了"生产者综合展示直销场"。（丁来强、郑进，1999.5）

——政府出资建设农产品批发市场。韩国的农产品批发市场从计划规划、布局选址、资金筹措，全部由政府负责，作为一项公益性事业进行建设和管理。韩国共有农产品批发市场 83 个，平均每个市、道(省)有 1～2 个大型农产品批发市场，成为农产品营销的主要渠道，并有效遏制了农产品市场建设中的无序竞争、重复建设现象。

——为农民提供市场信息服务。一是由政府农渔系统建立了较为完善的市场信息服务体系；二是政府补贴支持农业科研机构、大专院校和县郡级农业推广机构为农民提供国内外市场信息和营销咨询服务。

——支持农协和生产者举办或参加国内外的农产品展览、品牌推荐等活动，突出宣传韩国的产品比进口农产品的质量好。

三、我国政府开展农产品营销、促销服务的现状及其国际比较

随着我国农业市场化改革与发展的不断深入，除部分粮食以外的绝大多数农产品实现了市场定价、自由购销，各级政府对搞活农产品市场流通工作越来越重视。特别是 20 世纪 90 年代末我国告别了农产品供给长期短缺的局面，粮食、棉花、蔬菜、水果、肉类、水产品等大宗农产品由卖方市场转变为买方市场，价格持续走低，为解决农产品卖难问题，各级政府在开展营销促销服务方面动了不少脑筋，做了许多工作，取得了积极成效。各地的主要做法是：①加强了农产品市场营销体系建设，以集贸市场为基础、批发市场为枢纽、配送和连锁经营为先导的农产品市场营销网络业已初步形成。②建立了连接部、省、地(市)和少部分县的农业市场信息系统，信息收集、加工处理和发布工作有了起色。③陆续举办了全国或区域性的农产品博览展销和推介活动，对宣传和推销地方品牌产品、名优产品收到了一定效果。④一些地方由省政府或县、乡政府牵头，有针对性地组织产区基层干部到一些大中城市销区进行市场调研，并注意发挥一些行业协会的作用，为农民牵线搭桥，寻找农产品销售机会。⑤通过扶持龙头企业，推动农业产业化，实行生产、加工、运销一体化经营，以利于解决农产品的销售问题。

同时应当看到，总体上说，由于我国农业从传统的计划经济轨道转入市场经济轨道的时间还不长，农产品供求格局发生根本性变化、普遍出现“卖难”也还是近几年的事，因此，各级政府在开展农产品营销促销服务方

面还刚刚起步，存在一些比较突出的问题。一是观念意识不到位。受习惯思维约束，人们一方面为农民生产出来的东西卖不动而犯难，另一方面，对WTO框架下政府开展农产品营销促销服务的重要性认识不足，自觉性不高，道道不多，甚或感到很陌生、茫然。二是体系建设不到位。农产品市场营销体系和市场信息体系都不够健全，基础设施薄弱，功能不配套，地区之间也不平衡。三是制度规范不到位。各级政府对开展营销促销服务缺乏统筹规划。目前总的说，一方面是组织开展国内外市场调研、及时准确地收集发布信息、举办展览博览等营销促销活动尚不充分，但同时也存在工作目标不够明确，统筹协调不够，随意性大，达不到预期效果和重复浪费等问题，亟待在总结已有实践基础上借鉴国外的有益经验，加以规范化、制度化。四是资金投入不到位。农产品市场体系和市场信息体系的建设资金及其运作经费、开展市场调研、举办展览博览等各类促销活动的经费缺乏保障。

尤其值得重视和解决的问题是，各级政府尚没有将开展农产品营销促销服务的资金纳入政府的财政预算科目。可以说，这是政府对农产品营销促销服务不到位的关键所在，也是我国与美国、日本、欧盟和韩国等WTO成员国政府的一个明显差距，见表1。根据表1数据可计算得出各国政府对农业“一般服务”和“市场促销”支持强度的年平均变动情况，见表2。

表1　美国、日本、欧盟和中国政府对农业的“一般服务”支持指标

国家	美国（百万美元）		日本（10亿日元）		欧盟（百万欧元）		中国（亿元人民币）	
年份	1986—1988	1995—1998	1986—1988	1995—1998	1986—1988	1995—1998	1991—1995	1996—2000
一般服务支持合计	152 333	24 564	1 267	2 077	10 040	9 984	1 933	4 574
1. 研究和开发	1 457	2 030	46	73	1 042	1 352	10	27
2. 农业学校	0	0	29	29	93	654	未包括	未包括
3. 检验服务	384	583	8	10	156	218	未包括	未包括
4. 基础设施	3 027	3 111	1 008	1 722	1 122	1 407	165	523
5. 市场促销	9 266	17 287	22	28	2 950	4 383	0	0

续表 1

国家	美国（百万美元）		日本（10 亿日元）		欧盟（百万欧元）		中国（亿元人民币）	
年份	1986—1988	1995—1998	1986—1988	1995—1998	1986—1988	1995—1998	1991—1995	1996—2000
6. 公共储备	0	49	43	61	4 643	1 661	904	2 043
7. 其他	1 098	1 517	110	154	33	310	1 266	1 979

注：美国、日本、欧盟的数据是采用经济合作与发展组织（OECD）方法计算；中国的数据是根据《中国统计年鉴》、《中国财政统计年鉴》的有关资料，运用 OECD 方法进行对照处理的结果。

资料来源：范小建主编：《加入 WTO 以后的中国农业政策调整》，中国农业出版社 2002 年 10 月出版。

表 2　美国、日本、欧盟和中国对农业“一般服务”和“市场促销”支持强度年平均变动情况

国家		美国（百万美元）		日本（10 亿日元）		欧盟（百万欧元）		中国（亿元人民币）	
年份		1986—1988	1995—1998	1986—1988	1995—1998	1986—1988	1995—1998	1991—1995	1996—2000
一般服务支持	年平均额	5 077.7	6 141	422.3	519.2	3 346.7	2 496	386.6	914.8
	后阶段年平均额比前阶段年平均额增长%	20%		23%		−25.4%		140%	
其中：市场促销	年平均额	3 022	4 321.7	7.3	7.0	737.5	1 097.9	0	0
	后阶段年平均额比前阶段年平均额增长%	43%		−4%		50%		—	

从表1和表2可以得到以下判断：

其一，20世纪80年代后半期至90年代后半期，各国政府用于对农业的一般服务支持（包括研究开发、农业教育、检验服务、基础设施、市场促销、公共储备及其他等7项）平均每年的资金强度，美国从50.78亿美元增加到61.41亿美元，增长20%；日本从4 223亿日元增加到5 192亿日元，增长23%；欧盟从33.47亿欧元减少为24.96亿欧元，下降25.4%；中国由386.6亿元人民币（1991—1995年平均）增加到914.8亿元人民币（1996—2000年平均），增长1.37倍。表明近些年中国政府对农业一般服务支持强度是增长最快的，有利于改变中国农业产业基础薄弱的状况。

其二，按照上述同样的时间序列，各国政府对农业一般服务支持中用于农产品促销服务的资金强度，美国从30.22亿美元增加到43.22亿美元，增长43%；日本从7.3亿日元减少为7.0亿美元，下降4%，这可能与日本是个农产品进口大国有关；欧盟从73.75亿欧元增加到109.79亿欧元，增长50%；而中国政府财政预算中至今用于农产品促销服务的资金为零，在实践上对开展农产品促销服务极为不利，因此，急需在我国财政预算中增设“促销服务”科目，并使之达到足够的资金强度。

其三，根据表2可以计算出，各国政府平均每年对农业一般服务支持中用于促销服务所占的比重变化，美国从59.5%上升到70.3%；日本从1.7%下降为1.3%；欧盟从22.0%上升到44.0%；中国的比重一直为0。表明美国和欧盟作为世界上最大的农产品出口国家和地区，近些年政府对农业的一般服务中大大加强了促销服务的力度。

其四，从表1计算出，中国政府对农业一般服务支持资金的变动构成中，“九五”（1996—2000年）时期与“八五”（1991—1995年）时期相比，五年间用于基础设施的资金增长了2.17倍，占一般服务支持的比重由8.5%上升到11%；用于公共储备的资金增长了1.7倍，占一般服务支持的比重由47.2%上升到49.0%。可见，在中国政府对农业一般服务支持中，用于基础设施和公共储备的资金增长最快，并占了大头。诚然，我国政府近些年加强农业基础设施和粮棉等重要农产品的公共储备是必要的。而在我国财政预算中未安排促销服务资金，即使考虑到多年来各级政府在实际操作中挤出一些资金，支持了一些展览博览活动即“政府搭台、企业唱戏”，以及市场信息体系建设等，但与美国、欧盟用于促销服务的资金占一般服务支持的70%和44%相比，显示出我国政府在支持农产品营销促销方面，是个很大的缺憾，极不利于开拓我国农产品国内外市场。

另外，美国总统布什于2002年5月13日签署公布了美国新农业法案即《2002年农场安全与农村投资法案》，生效期6年。新农业法案决定，在按照1996年农业法案原规定标准2002—2007年平均每年政府各项农业补贴111亿美元的基础上，增加86.5亿美元（柯炳生，2002.9），其中用于“市场开发计划”包括“市场准入计划”（指开发、保持和扩大农产品市场）、“国外市场开发计划”、“新兴市场计划”（指开拓潜在市场）、“在线专家咨询”、“全球化市场战略”（指增加出口机会、消除海外市场贸易壁垒等）和“出口促进项目”（指资助出口商同特定市场中补贴价格的商品进行竞争）的资金，每年增加11亿美元以上，相当于美国政府1995—1998年平均每年用于促销服务资金43.2亿美元的基础上增加了1/4。

四、政策建议

改革开放20多年来，我国农业在建立生产者激励机制和推进农产品购销市场化方面下了很大功夫，取得了成功。同时应当看到，农业、农民、农村即“三农”问题至今仍是制约我国经济社会发展与现代化进程的“瓶颈”，纵然有多方面的原因，但长期以来国家对农业的投入不足，投入支持的结构不合理是根本性因素。我国政府对农业的支持在资金强度、使用结构和操作有效性等方面，都与农业发达国家有很大差距。目前对农业的国内支持总量（不含大江大河和生态环境治理）仅占农业总产值的3.6%，明显低于WTO多数成员国5%～20%的水平。特别是WTO规则所允许的“政府服务计划”即“绿箱”政策一系列条款，远没有充分运用起来，国内政府各部门对农业的支持总量尚不及美国联邦政府农业预算的1/5。（薛亮等，2002.9）

近两年来，我国工农业产品全面转入“买方市场”，农业和整个国民经济发展面临的一个突出矛盾是市场需求约束，党和政府确立把扩大内需、开拓国内外市场作为促进国民经济持续、稳定发展的一项长期战略方针，市场流通已从短缺经济时代的末端产业上升为先导产业。如前所述，长期以来我国政府财政预算用于支持农产品营销促销服务的资金为零的局面，再也不能继续下去了。为此提出以下建议：

（一）与时俱进，转变观念，把政府支持营销促销服务作为实现农业增效、农民增收、农产品国际竞争力增强这一目标的重要举措，摆到重要位置

新阶段农业和农村工作的中心任务，是对农业和农村经济结构进行战略性调整、增加农民收入。对此大家已成共识。同时应当看到，当今结构调整的背景和主要矛盾，不是“产”而是“销”，不是看你能不能把东西生产出来、生产了多少，而是看你的产品有没有销路、能不能把产品及时卖出去并成为新的盈利点、增收点。可见，营销促销、开拓市场，在农业、农村经济乃至整个国民经济运行中的地位和作用，已经显著不同于以往。因此，要与时俱进，转变观念，真正树立政府支持营销促销服务、开拓市场的理念，把它作为解决农业新阶段面临的结构调整难、农民增收难、抵御国外农产品涌入冲击难等问题的一项重要措施，扎扎实实探索出路子，抓出成效。

（二）从我国实际出发，借鉴国外的有益经验与做法，确定政府支持农产品营销促销服务、开拓市场的基本方略

用好用足 WTO“绿箱”政策措施，是我国加入 WTO 后抓住机遇，应对挑战，避害兴利，从整体上提高我国农业和农村经济的素质与效益，增强农产品竞争力的战略选择。我们熟悉和灵活运用 WTO“绿箱”政策还需要有个过程，而对政府支持营销促销服务的内容与形式，无论在政策理念还是实践操作上更是“软肋”。如前所述，我国在这方面与国外相比，确有很大差距。

据此，要进一步认真研究和掌握 WTO“绿箱”政策各项条款的背景及其实质内涵，从我国实际出发，借鉴美国、日本、欧盟和韩国等国家的经验与做法，确定政府支持农产品营销促销服务、开拓国内外市场的基本方略。我们认为，从财政预算角度，主要有以下两条：

第一，进一步加大政府对农业保护支持的资金强度，同时调整财政预算支出结构，把支持农产品营销促销服务列入各级财政预算专项科目，并确保资金足额及时到位。

第二，政府支持农产品营销促销服务、开拓市场的主要方面包括：资助

开展市场调研，寻找市场机会和贸易途径；出资建设沟通国内外农产品市场信息的网络平台，并提供有效的信息服务；出资扶持建设大型农产品批发市场（尤其是产地市场）和多种营销渠道；资助举办或参与国内国际大型农产品展示博览、品牌推介、广告宣传等活动；资助开展有关营销知识技巧、贸易洽谈、解决贸易争端等方面的培训、咨询活动，等等。

（三）按照上述构想，初步匡算的中央财政每年支持营销促销服务所需经费的预算建议

1. 举办农产品洽谈会、博览会 6 000 万元，其中国内 3 000 万元，国际 3 000 万元。 围绕我国重要农产品每年在国内举办一系列全国性产销衔接、展示、洽谈活动，邀请国内农产品生产、流通、加工、外贸等单位及外商参加，促进产销对接，寻找市场机会。计划重点围绕农业部确定的优势农产品和其他名特优新农产品，在集中大量上市前分期分批举办。涉及的农产品主要包括大豆、小麦、玉米、甘蔗、苹果、柑橘、牛羊肉、奶牛、水产品等优势农产品和大米、棉花、羊毛、蔬菜、热带水果、小杂粮等重要或特色农产品。每年举办 15 次全国性农产品产销洽谈会，每次活动政府补助 200 万元，共需要财政专项资金 3 000 万元，主要用于宣传发动、资料印刷、活动组织、场地租用及展会期间工作人员的交通、食宿等开支的补贴。同时，每年在不同国家和地区共举办 10 次中国农产品博览会，集中展示中国品牌农产品，提高国际知名度，拓展国际市场。每次活动政府提供 300 万元资助，共需要财政专项经费 3 000 万元，用于博览会活动的公共开支。展示活动由政府委托有关行业协会，组成组委会具体承办。

2. 组团参加国际农产品展销会 5 000 万元。 对国际上重要的农产品展销会，由政府牵头，发动国内相关企业参加，组团集体赴国外参展，扩大中国农产品的影响，积极寻求农产品贸易机会与合作伙伴，开辟贸易渠道。每年计划支持 100 家大型农业产业化龙头企业出国参展，每个企业由政府资助参展活动费用 50 万元，主要用于展品收集、保鲜、运输及场地租用、宣传等开支补贴。共需要财政专项资金 5 000 万元。组织工作由有关行业协会具体负责。

3. 建立和运行中国农产品网上展销厅 5 300 万元。 利用互联网技术，建立一个开放的公共农产品信息展示、销售平台，分品种、分区域、图文并茂地展示全国各地的农产品信息，信息内容用中、英两种文字同时表述，方便各地统一推介农产品，扩大市场影响，也便于国内农产品运销、加工、外

贸企业和国外客商及时查询有关的农产品信息,加强产销衔接。此项目需要基本建设投资5 000万元,主要用于网上展厅的硬件设备购置、数据库建设等。同时需要每年安排300万元财政专项资金,用于支持网络运行。网上展销厅由农业部牵头,各地农业部门参与,共同建设与维护。

4. **农产品营销促销公益广告1.5亿元,其中国内1亿元,国际5 000万元。**大力举办农产品广告宣传活动,利用报纸开辟农产品营销与促销专栏,广播电台开辟农产品营销促销联播,电视台设置农产品营销促销专题节目,印制和广泛散发农产品宣传资料。这些活动,每年需要财政专项经费1亿元。同时,每年在我国农产品出口潜力大的一些消费国,利用当地媒体制作一些中国农产品的公益性广告,宣传和树立中国农产品的良好形象,需要财政专项经费5 000万元。此项工作由农业部牵头组织,宣传内容由地方农业部门协助解决。

5. **农产品市场信息体系建设和信息收集、发布2.4亿元。**政府投资建立全国、全球的农产品市场信息网络平台,汇集、处理、交换和发布各地农产品产销动态、市场价格、商品供求以及相关的政策法规、市场准入、投资环境等信息,并提供资助在全国主要农产品产区、批发市场、大型超市、连锁企业、加工与外贸企业建立2 500个市场信息采集站,在国外建立100个信息采集点。需要基本建设资金1.7亿元,其中网络平台建设4 000万元,信息采集站建设1.3亿元(每个站投资5万元用于配备信息设备)。同时,每年需要财政安排专项资金7 000万元,支持网络运行。其中,国内信息站运行费补贴5 000万元(每个站补贴2万元),国外信息站运行费补贴2 000万元(每个站补贴20万元)。此项工作由农业部牵头组织实施,并负责网络的日常维护管理。

6. **国际农产品市场调研2 000万元。**组织专家、学者和经营者对农产品出口对象国(包括现实的和潜在的)市场和政策进行调研,分析预测市场趋势,跟踪各国对我产品反补贴、反倾销措施的动向,为开拓国际市场、采取有效应对措施提供决策依据。每年支持40项(次)市场调研活动,每项(次)政府资助50万元,共需要财政专项经费2 000万元。此项工作由农业部负责组织实施。

7. **全国农业系统农产品出口促进资金1亿元。**国家每年安排财政专项资金1亿元,地方政府配套一定比例,用于支持重点省份和主要农产品出口基地开展营销与促销活动。此项工作由农业部负责组织、协调。

8. **制定和推行流通中农产品分级包装标准1 500万元。**根据方便交易、提高流通效率的需要，每年制定 100 个农产品分等分级标准和规格化包装标准，每个标准 10 万元，需要财政专项经费 1 000 万元。同时，每年国家安排 500 万元财政专项资金，用于支持标准的推广应用。此项工作由农业部组织实施。

9. **农产品批发市场基础设施改扩建和营销渠道建设 10 亿元。**农产品批发市场是我国农产品市场体系的中心环节，是农产品跨区域流通的主要渠道。批发市场的设施状况与服务功能直接影响农产品流通的能力与效率。应借鉴日本、韩国等国家的经验，把农产品批发市场作为一项重要的公益性事业，政府对农产品批发市场基础设施建设提供投资支持。从 2003 年开始，每年支持 100 家具有全国性影响的大型农产品批发市场进行基础设施改扩建，完善服务功能，对每个市场支持投资 1 000 万元，每年需要资金 10 亿元，连续支持 5 年，在全国形成一批骨干农产品批发市场。此项工作由农业部组织实施。

以上各项总计，每年需要资金 16.88 亿元，其中，需要财政安排专项资金 4.68 亿元，计划部门安排预算内基本建设投资 12.2 亿元。

（四）扶持引导、充分发挥各类行业协会、农民合作组织、农民经纪人在农产品营销促销活动中的重要作用

随着我国社会主义市场经济体制的逐步完善和政府职能的进一步转变，各类行业团体、协会等中介组织在协助政府加强行业指导与管理，制定实施行业规范，协调行业行为与利益，加强行业自律，依法维护行业自身权益，特别是在开展以营销促销服务、开拓市场为主要内容的行业自我服务，包括市场调研、信息提供、培训咨询、品牌宣传、商贸洽谈、公关促进等方面，将担负越来越重要的角色。这也是许多市场经济发达国家行之有效的经验。今后我国政府支持农产品营销促销服务的许多具体活动，可以也应当采取政府资助、委托有关行业团体、协会等中介组织去办的操作方式，以达到预期效果。

农业部办公厅关于2009年农产品促销工作情况的通报

农办市[2009]28号

各省(自治区、直辖市)农业(农林、农牧)厅(局、委、办),新疆生产建设兵团农业局:

去年下半年以来,我国农产品市场遭遇了金融危机和自然灾害的严重冲击。面对农产品外需减弱、内需不足、价格下行等严峻形势,各级农业部门立足服务农业农村经济工作大局,把农产品营销促销作为今年重要任务,超前谋划,主动应对,加大力度组织开展各类营销促销活动,千方百计搞活市场流通。据不完全统计,今年全国县级以上农业部门累计举办农业展会及各种展示推介活动700多场次,开辟网络促销专栏或举办网上对接会6 000多个,组织参加海外大型展会10多场,实现贸易成交金额3 230多亿元。经过不懈努力,农产品市场总体呈现产销两旺、平稳运行态势,全年没有出现大范围的农产品滞销卖难或脱销断档,有力地促进了农业农村经济稳定发展。与此同时,各级农业部门在狠抓农产品促销的过程中,不断深化职能转变,切实加强公共服务,在信息预警、品牌创建、市场建设与调控等方面迈出了新的步伐。

一、活动与成效

2009年我部主动部署和推动实施了农产品营销促销,开展了一系列活动,这些活动的开展对促进农产品产销衔接、化解市场异常波动,确保在农业好收成之年农民获取好收益发挥了重要作用。

(一)积极谋划部署促销。年初,我部即召开常务会议,对全年农业展会及营销促销活动进行专题研究部署。3月印发《2009年农产品促销活动简介》,及时发布全年重点营销促销活动信息。6月组织各地提早开展产销形势摸底预判,制定有针对性的促销预案。7月召开重点大型农业展会新闻发布会，引导产销双方积极参展。根据生产供应季节性特点，先后于5月份和8月份两次发出通知，指导各地做好农产品营销促销工作。年初还预先安排应急促销资金，应对滞销卖难突发情况。

（二）强化示范带动促销。我部主办的第七届中国国际农产品交易会于9月份在吉林长春顺利召开，展示面积38万米^2，参展企业约2 000家，5 000多家采购商参加交易洽谈，参会观众170多万人次，实现贸易成交额420亿元，参会境内外媒体有200多家，展会期间相关报道10万余条，均创历届之最，农交会已经成为国内权威性最强、影响最广泛、效果最显著的农业展会，在农产品品牌创建和营销促销中的龙头引领地位进一步得到巩固和加强。在农交会的带动下，全国各地农业部门举办农业展会及各类农产品营销促销活动的积极性明显提高。据不完全统计，今年以来累计举办700多场次，参展企业63 000多家，实现贸易成交额3 000多亿元。

（三）增加应急专项促销。针对季节性、结构性、区域性或突发事件引发的农产品滞销卖难问题，我部制定了应急和专项促销工作机制。7月，面对新疆农产品一度面临的较大销售压力，我部立即组织东部重点批发市场和经销商前往新疆，采购葡萄等20多种产品近65万吨，价值21亿多元。9月，在苹果大量上市前期，我部在陕西洛川举办苹果产销对接活动，组织签订苹果购销协议63万多吨，价值近27亿元。11月，在柑橘集中采收旺季，我部在江西赣州举办柑橘产销对接活动，组织签订柑橘购销协议56万吨，价值约17亿元。11月，面对广西香蕉出现价跌滞销，我部迅速组织北方重点批发市场和经销商赶赴广西主产区，现场落实香蕉采购合同12.5万吨，超过从11月到年底广西香蕉可上市量的五分之一，并签订85.7万吨的购销协议，超过广西香蕉年产量的40%，购销金额约12亿元。

（四）开展网络宣传促销。今年，农业系统及农业行业内继续整合网络促销平台相关资源，突出供求信息发布，强化点对点交易配对功能，进一步加大了网络促销平台建设力度。目前，中国农业信息网“供求一站通”注册用户超过35万个，“网上展厅”注册会员企业和产品达到2万多个，今年以来已累计发布农产品供求信息35万余条，访问覆盖范围超过30多个国家和地区。据不完全统计，今年各地农业部门累计组织在农业网站发布农产品供求信息120多万条，开辟网上促销专栏或举办网上对接会6 000多个，实现对接金额200多亿元。

（五）加强海外市场促销。今年在出国经费大幅度压缩的情况下，着眼于发挥我国在劳动密集型农产品上的比较优势，农业部继续积极支持国内农产品生产加工和贸易企业走出去参与国际竞争，努力扩大我国农产品在国际市场的影响力。先后以中国展团名义组织200余家企业，赴德、日、美等国参加德国国际有机产品博览会、日本东京国际饮料食品展、美国波士顿国际水产品展等10个国际性大型知名展会，统一参展、统一装修、统一推介，支持企业拓展海外贸易机会，累计实现贸易成交30多亿元，有效地巩固了传统市场、开发了新兴市场。

二、做法与特点

今年是农产品营销促销服务力度最大的一年。各地积极探索务实高效的方式方法，营销促销意识明显加强，新的运作机制加快形成，工作推动不断深入。主要表现在以下几个方面：

（一）营销促销成为农业部门落实职能转变的新重点。一是组织领导明显加强。很多地方年初就明确了全年促销活动安排，制定了操作性较强的实施方案，确保了促销工作的顺利进行。一些地方如海南、湖南等地成立了农产品促销领导小组或农产品促销工作联席会议制度，进一步加强了部门协作。二是资金投入明显加大。通过调整涉农支出结构，支持产区开拓农产品市场。如重庆安排2亿元专项资金用于建设农产品市场、鼓励农产品营销促销，其中6 000万元用于柑橘推介活动、广告宣传和销售奖励等，并规定今后产业发展资金中必须安排一定比例用于相关内容。三是促销服务更加主动。积极在主产区举办市场开拓对接活动，如江西先后举办南丰蜜橘文化节、新余蜜橘节、吉安葡萄节，广泛邀请经销商深入基地洽谈贸易；积极开展异地宣传推介活动，如山东烟台、湖北宜昌、陕西铜川、内蒙古额济纳旗等先后在北京举办了苹果、柑橘和伽师瓜推介会，组织本地客商到销区闯市场，推动特色优势产品走出去。

（二）农业展会成为农产品营销促销的大平台。各地更加注重扩大展会的知名度，增强展会的吸引力和凝聚力，提高展会促销实际效果。行业或专业性展会品牌效应扩大。中国国际渔业博览会、中国绿色食品博览会、全国名优果品交易会等一批大型展会影响力不断提升，如连续举办十四届的中国国际渔业博览会已经发展成为亚洲最大的专业水产展，也是仅次于欧洲布鲁塞尔渔业展览的全球第二大专业水产展。区域性农业展会带动能力增强。今年以农业部名义参与联办的省级展会就达30多场，一批展会如浙江农博会、安徽农产会、湖北农博会、湖南农博会、海南冬交会、西部农博会、宁夏菜博会、辽宁农博会等服务区域主导产业发展的作用不断提高。各地普遍反映，通过举办或参加农业展会，达到了宣传展示农业精品、提升农产品形象、密切产销联系、推进农产品贸易、开拓农产品市场的效果。同时，农业展会还促进了农业交流与合作，加速了农业产业化进程，并带动了地方经济发展。

（三）重点批发市场成为农产品营销促销的生力军。一是在应急促销中的作用更加突出。在我部应对新疆农产品卖难、广西香蕉滞销等突发事件中，重点批发市场积极响应政府号召，坚持社会责任和经济效益并重，迅即落实采购合同，开展市场让利促销活动，发挥了生力军作用，既缓解了产区的销售压力，又丰富了销区的市场供应。二是在提前化解市场风险中的作用更加突出。在今年举办的产销对接活动中，重点批发市场在加大应季农产品销售力度的同时，还积极与产区签署长期购销协议，建立了稳定的合作关系和购销渠道，为主产区产业持续发展提供了可靠保障。三是在行业交流发展中的作用更加突出。重点批发市场紧紧依托中国农产品市场协会这个桥梁和纽带，共享农产品产销信息，加强相互交流与合作，进一步优化了农产品大市场、大流通、大协作的功能格局。

（四）各类媒体成为农产品营销促销的新力量。一是加速了农业品牌化进程。如江西在中央电视台、凤凰卫视台等境内外大型媒体和本地主流媒体的黄金时段，投放南丰蜜桔、赣南脐橙、江西绿茶等特色农产品广告宣传片。重庆正在策划设计与制作重庆柑橘视觉形象标识系统及重庆柑橘应用推广系统。传统媒体以其直观、形象等特点，扩大了品牌知名度，增强了市场竞争力。二是促进了农产品产销信息传播。如浙江设立“农民信箱”，对农民采用实名制登记注册，与手机同步联网使用，所有信息只要通过“农民信箱”发布，所有的注册用户手机都会收到。网络媒体以其成本低、受众广、不受时间限制等特点，使得农产品产销信息的传播更为快捷。三是深化了农产品市场意识。各种媒体对农产品营销促销工作的宣传报道，使得以市场为导向的理念深入人心，为农产品营销促销注入了新活力。

（五）促销方式创新成为农产品营销促销的新亮点。一是主攻细分目标市场。如海南定位于特色热带农产品“冬菜北上”，在北京等13个大城市建立农产品流通办事处，不断加快农产品出岛出海进宾馆、进超市步伐。二是设立销区专营窗口。如湖南在东北、西北、华中等16个省市建立了63个椪柑专营窗口；宁夏设立清真牛羊肉外销窗口90多个，辐射约旦、马来西亚等国际市场。三是与农业多功能有机结合。立足都市型现代农业，以旅游、观光、休闲农业带动农产品销售，如北京在郊区主产区县相继举办“鲜桃季”等活动，向市民推荐京郊果品种植园和采摘节。四是发展电子商务。如广东建设开通了“广东农产品交易网”专业农业电子商务平台，目前已完成 17 个地级以上市的交易网子站建设。五是发展订单生产。加快连锁经营推进步伐，减少中间流通环节，推动产销建立更为直接紧密的联系。六是完善市场信息服务。如海南建立了现代市场信息视频系统，直接与全国 14 个大城市的农产品批发市场和省内 2 个货运码头、1 个航空港、5 个农产品运销市场对接，提供更加快捷、准确的市场信息。

三、思考与启示

近年来，我国粮油等大宗农产品在国家宏观政策措施的调控与支持下，市场运行总体平稳，但受多种因素影响，鲜活农产品滞销卖难现象时有发生，特别是柑橘、苹果、马铃薯、香蕉、牛奶等市场波动明显。对此，中央领导和社会各界高度关注，胡锦涛总书记曾分别于去年底和今年底就解决好宁夏固原马铃薯、广西香蕉销售问题专门作出重要批示。对近年的鲜活农产品市场滞销进行调查研究发现，滞销多发在主产区、偏远地区、少数民族地区和经济欠发达地区，这些地区农产品市场和信息体系基础设施建设滞后，或相关生产发展较快但产业链条和产业簇群发育不足。总结一年来的农产品促销工作，有以下几点启示：

（一）必须更加注重农产品市场开拓，解决好生产发展和市场开拓不协调的问题。随着农业结构调整不断深化和优势区域布局逐步形成，鲜活农产品已经成为农民增收的重要支撑，但一些地方只注重抓生产，不注意抓市场，产品滞销时有发生，不仅影响了农民生产积极性，也引发了干部与群众的矛盾。加强农产品市场开拓，帮助农民顺利销售生产出来的农产品，是推动主产区农民收入稳定增长的客观需要，也是新时期农业部门转变职能、强化公共服务的重要内容。从国际上看，也符合 WTO“绿箱”政策范畴，是发达国家的普遍做法。今后，各级农业部门应在坚持毫不放松农业生产稳定发展的同时，切实转变以往重生产轻流通的惯性思维，牢固树立市场开拓意识，发挥农业部门联系农民、了解生产的行业优势，积极协调有关部门，努力增加财政投入，更加自觉、更加主动地把农产品市场开拓列入重要议事日程，努力化解市场风险，推动农产品产销协调发展。

（二）必须更加注重农业信息监测、分析和发布，解决好引导、预警和服务问题。由于缺乏有效的信息预警机制，导致农民在安排生产时难以真正做到以市场为导向，产后也因信息对农产品流通的引导作用发挥不充分，农民往往不知道销路在哪里。今后，应在加快农业信息化基础设施建设的同时，突出抓好农业信息监测、分析和发布三个环节，品种上实现粮棉油等大宗农产品和肉蛋奶鱼瓜果菜等鲜活农产品全覆盖，内容上实现生产、消费、价格、库存、进出口等全口径，时效上实现日周月季年高频率，着力提高农业信息服务水平。监测重点是完善体系，创新调查方式，扩大数据来源，提高数据质量，为开展农业信息分析夯实基础。分析重点是提高水平，充实专家队伍，引入科学模型，加强研判预警，增强分析结果的准确性和预测结论的权威性。发布重点是确保时效，运用网络、报纸、电视、手机等各类渠道，保证生产经营者及时得到相关信息。此外，要注重对不良信息的监测、评估与应对，避免过度炒作影响市场运行。

（三）必须更加注重农产品质量和品牌建设，解决好生产量和商品量、品质和品牌的协同推进问题。调查总结发现，即使在鲜活农产品出现滞销卖难的同一地区、同一时节，品质好的、品牌硬的产品依然畅销价好。2008年陕西苹果、宁夏马铃薯是这样，今年广西的香蕉也是这样，如在广西其他香蕉价格短时间内由0.7元/斤降至0.3元/斤且严重滞销情况下，“绿水江”牌香蕉价格在0.9元/斤却依然供不应求。有的经销商在拿“海南香蕉”的果品箱装广西的香蕉外运销售。这再一次启示我们抓好生产质量、抓好品牌建设的重要性。从长远看，提高产品质量是增强市场竞争力的重要基础，推行品牌战略是提升市场竞争力的有效途径。今后应大力推广标准化生产，优化种植品种结构，解决好鲜活产品采收及采后处理薄弱环节，改进产后质量分等分级与规格化包装，提高生产发展和产品上市质量。大力培育打造农产品品牌，深入推进无公害农产品、绿色食品、有机农产品和地理标志登记农产品认证，改善产品形象，加大宣传力度，增强品牌效应。

（四）必须更加注重农产品市场体系建设，解决好市场流通能力和生产提升能力相适应问题。鲜活农产品对市场快速集散依赖性大，对产地储藏保鲜能力要求高，流通与储藏能力的不足必然会造成滞销卖难。比如在今年发生香蕉滞销的广西，浦北县作为自治区最大的香蕉生产县，却没有一个专门的交易市场。因此，应该像重视粮棉油大型生产基地建设一样重视产地批发市场建设。要在积极争取扩大农业投资的过程中，不断优化农业投资结构，把产地批发市场建设作为投资重点，改善交易设施，着力提高产地的商品集散能力和储藏保鲜能力。加快批发市场管理条例出台步伐，明确其公益性质，建立政府投资为引导、社会多元化投入的机制，推动产地批发市场体系不断完善。进一步完善鲜活农产品运输“绿色通道”政策，提高农产品流通效率。

（五）必须更加注重完善鲜活农产品支持保护政策，解决好充分发挥市场调节和政府调控两只手作用的问题。鲜活农产品因其生产、品性和布局等自身特点，市场已经完全放开，加上缺乏有效的调控，市场异动难以避免。但纵观国内外好的作法和经验，在继续发挥市场机制基础性地位和作用的同时，若能够建立起差别性、针对性强的鲜活农产品支持保护政策体系，做到合理适度调控，确保生产供应总体平稳是可及可能的。如对生猪、家禽、奶业等生产供应周期相对较长的产品，国家可以采取生产补贴、良种补贴、政策性保险、国家储备等措施，调控市场运行；对蔬菜、水果等生产供应周期相对较短的产品，可以借鉴韩国等国家做法，由地方政府设立价格稳定基金，制定保护生产者利益的最低价格，当市场价格低于最低价格时，由指定农产品经营企业按指定数量入市收购，免费提供给低收入群体。此外，要研究建立鲜活农产品贸易促进支持政策，鼓励和引导企业拓展国际市场，平衡国内供求。

请各地结合并贯彻落实中央经济工作会议、中央农村工作会议和全国农业工作会议精神，在认真总结本地区近年来农产品促销成功经验和学习借鉴其他地区农产品促销典型做法的基础上，把农产品促销作为 2010 年强化农业部门公共服务职能的重点工作，切实加强组织领导，不断完善工作机制，积极创新工作方式，及早作出部署安排，加快提升农产品促销工作水平，为保持农业农村经济持续稳定发展的良好势头发挥应有作用。

二〇〇九年十二月二十九日